A MENSURAÇÃO DA REALIDADE
A QUANTIFICAÇÃO E A SOCIEDADE
OCIDENTAL – 1250-1600

FUNDAÇÃO EDITORA DA UNESP

Presidente do Conselho Curador
Antonio Manoel dos Santos Silva

Diretor-Presidente
José Castilho Marques Neto

Assessor Editorial
Jézio Hernani Bomfim Gutierre

Conselho Editorial Acadêmico
Aguinaldo José Gonçalves
Álvaro Oscar Campana
Antonio Celso Wagner Zanin
Carlos Erivany Fantinati
Fausto Foresti
José Aluysio Reis de Andrade
José Roberto Ferreira
Marco Aurélio Nogueira
Maria Sueli Parreira de Arruda
Roberto Kraenkel
Rosa Maria Feiteiro Cavalari

Editor Executivo
Tulio Y. Kawata

Editoras Assistentes
Maria Apparecida F. M. Bussolotti
Maria Dolores Prades

ALFRED W. CROSBY

A MENSURAÇÃO DA REALIDADE

A QUANTIFICAÇÃO E A SOCIEDADE
OCIDENTAL – 1250-1600

Tradução
Vera Ribeiro

Copyright © 1997 by Cambridge University Press
Título original em inglês: *The measure of Reality.*
Quantification and western Society, 1250-1600

Copyright © 1997 da tradução brasileira:
Fundação Editora da UNESP (FEU)

Praça da Sé, 108
01001-900 – São Paulo – SP
Tel.: (011) 232-7171
Fax.: (011) 232-7172
Home page: www.editora.unesp.br
E-mail: feu@editora.unesp.br

Dados Internacionais de Catalogação na Publicação (CIP)
(Câmara Brasileira do Livro, SP, Brasil)
Índice para catálogo sistemático:

Crosby, Alfred W.
  A mensuração da realidade: a quantificação e a sociedade ocidental, 1250-1600 / Alfred W. Crosby; tradução Vera Ribeiro. – São Paulo: Editora UNESP, 1999. – (UNESP/Cambridge)

  Título original: The measure of reality.
  ISBN 85-7139-244-7

  1. Europa – História – 476-1492 2. Europa – História – 1492-1648 3. Historiometria 4. História – Metodologia 5. Civilização medieval I. Título. II. Série.

99-2265   CDD-940

Índices para catálogo sistemático:
1. Europa: Civilização: História   940

Editora afiliada:

Asociación de Editoriales Universitarias
de América Latina y el Caribe

Associação Brasileira de
Editoras Universitárias

Retirai o número de todas as coisas, e todas as
coisas perecerão. Retirai o cálculo do mundo,
e tudo ficará envolto em tenebrosa ignorância,
e aquele que não souber contar não poderá
distinguir-se do resto dos animais.
Santo Isidoro de Sevilha (c.600)

E eles continuam a vir, recém-chegados das
nações para as quais o estudo daquilo que pode
ser pesado e medido é uma paixão obsedante.
W. H. Auden (1935)

SUMÁRIO

Nota preliminar   9

Prefácio   11

Parte I – A conquista da pantometria   15

1 Pantometria: uma introdução   17

2 O modelo venerável   33

3 Causas necessárias mas insuficientes   57

4 Tempo   81

5 Espaço   99

6 Matemática   111

Parte II – Riscando o fósforo: a visualização   127

7 Visualização: uma introdução   129

8 Música   137

9 Pintura   159

10 Contabilidade   187

Parte III – Epílogo   209

11 O novo modelo   211

Índice remissivo   223

NOTA PRELIMINAR

Os europeus ocidentais estiveram entre os primeiros, se é que não foram os primeiros, a inventar os relógios mecânicos, os mapas com precisão geométrica, a contabilidade com partidas dobradas, as notações algébricas e musicais exatas e a pintura em perspectiva. No século XVI, havia mais gente pensando quantitativamente na Europa Ocidental do que em qualquer outra parte do mundo. Assim, esses europeus tornaram-se líderes na ciência, na tecnologia, nos armamentos, na navegação, na prática comercial e na burocracia, e criaram muitas das maiores obras-primas da música e da pintura ocidentais.

A mensuração da realidade discute a momentosa passagem da percepção qualitativa para a percepção quantitativa na Europa Ocidental, no final da Idade Média e durante o Renascimento. Essa mudança possibilitou a ciência moderna, a tecnologia, a prática comercial e a burocracia. Afetou não apenas o óbvio – como as medições do tempo e do espaço e a técnica matemática –, mas, de maneira igual e simultânea, a música e a pintura, assim provando que a mudança foi ainda mais profunda do que se supunha.

PREFÁCIO

Este é o terceiro livro que escrevo, em minha busca permanente de explicações para o espantoso sucesso do imperialismo europeu. Os europeus não foram os mais cruéis dentre os imperialistas, tampouco os mais bondosos, e não foram os primeiros nem os últimos. Mas foram singulares na medida de seu sucesso. É possível que conservem essa distinção para sempre, pois é improvável que alguma divisão dos habitantes do mundo venha um dia a desfrutar novamente vantagens tão extremadas em relação a todos os demais.

Ciro, o Grande, Alexandre, o Grande, Gênghis Khan e Huayna Capac foram grandes conquistadores, mas todos se restringiram a não mais de um continente e, na melhor das hipóteses, a uma fração de um segundo. Foram homens caseiros, se comparados à rainha Vitória, em cujo império (para ressuscitar um velhíssimo lugar-comum) o sol literalmente nunca se punha. E nunca se punha tampouco nos impérios da França, da Espanha, de Portugal, da Holanda e da Alemanha, em seus dias de glória. As explicações desse triunfo, populares na Europa por volta de 1900, foram alimentadas pelo etnocentrismo e justificadas pelo darwinismo social. Consistiam, simplesmente, em afirmar que os membros da espécie humana mais sujeitos a dolorosas queimaduras solares eram os brotos mais recentes, mais altos e, com toda a probabilidade, os últimos da esfolhante árvore da evolução. As pessoas de tez pálida eram os seres humanos mais inteligentes, mais enérgicos, mais sensíveis, mais avançados em termos estéticos, e também os mais éticos. Tudo conquistavam porque assim mereciam.

Hoje, isso se afigura hilariantemente improvável, mas, que outras explicações existem? Escrevi livros sobre as vantagens biológicas que desfrutaram os imperialistas brancos. Suas doenças dizimaram os índios americanos, os polinésios e os aborígines australianos. Seus animais e plantas, cultivados e agrestes, os ajudaram a "europeizar" vastas extensões do mundo e a transformá-las em lares confortáveis para os europeus.[1] Entretanto, à medida que ia desempenhando meu papel de determinista biológico, incomodou-me a impressão de que os europeus haviam alcançado um sucesso incomparável no envio de navios, através dos oceanos, a destinos predeterminados, e em sua chegada a esses locais de destino com uma superioridade em matéria de armamentos – por exemplo, com canhões superiores aos dos otomanos e chineses; incomodou-me a impressão de que eles eram mais eficientes do que qualquer um para administrar sociedades anônimas e impérios de extensão e graus de atividade sem precedentes – de que eram, de modo geral, muito mais eficientes do que deveriam ser, pelo menos a julgar por seus próprios precedentes e pelos de outros. Os europeus não eram tão magníficos quanto acreditavam, mas souberam organizar grandes coletâneas de pessoas e capital e explorar a realidade física em busca de conhecimentos úteis e de poder, de um modo mais eficiente do que qualquer outro povo da época. Por quê?

A resposta dos manuais, enunciada em termos simples, é: ciência e tecnologia – e é certo que foi assim durante gerações, e ainda é em grandes áreas do mundo. Contudo, se recuarmos o olhar para o século XIX e além dele, até os primórdios do imperialismo europeu, veremos pouca ciência e tecnologia como tais. A vantagem dos ocidentais, creio eu, residiu, inicialmente, não em sua ciência e tecnologia, mas em sua utilização de hábitos de pensamento que, *com o tempo*, iriam permitir-lhes avançar com rapidez na ciência e na tecnologia, e que, entrementes, deram-lhes habilidades administrativas, comerciais, navais, industriais e militares de importância decisiva. A vantagem inicial dos europeus residiu no que os historiadores franceses chamaram de *mentalité*.

Durante o fim da Idade Média e o Renascimento, despontou na Europa um novo modelo de realidade. Um modelo quantitativo foi começando a substituir o antigo modelo qualitativo. Copérnico e Galileu, assim como os artesãos que aprendiam sozinhos a fazer um

---

[1] *Ecologial Imperialism*: The Biological Expansion of Europe, 900-1900. Cambridge University Press, 1986; *The Columbian Exchange*: Biological and Cultural Consequences of 1492. Westport, Conn.: Greenwood Press, 1972; *Germs, Seeds, and Animals*: Studies in Ecological History. Armonk, N. Y.: Sharpe, 1994.

bom canhão após outro, os cartógrafos que mapeavam os litorais das terras recém-descobertas, os burocratas e empresários que administravam os novos impérios das Companhias das Índias Oriental e Ocidental, e os banqueiros que conduziam e controlavam os fluxos da nova riqueza, todas essas pessoas estavam refletindo sobre a realidade em termos quantitativos, em caráter mais sistemático do que qualquer outro membro de sua espécie.

Nós os vemos como iniciadores da mudança revolucionária, o que eles sem dúvida foram, mas eles foram também herdeiros de mudanças de *mentalité* que vinham fermentando já havia séculos. Este livro diz respeito a essas mudanças.

Escrever este livro foi para mim uma grande batalha, e eu nunca o teria concluído sem meus inúmeros aliados. Agradeço à Fundação Guggenheim e à Universidade do Texas, pelo tempo e dinheiro; e agradeço à Biblioteca do Congresso, pelo acesso a seu acervo e pelas recomendações e opiniões de sua equipe. Sou grato a Brenda Preyer, Robin Doughty, James Koschoreck e André Goddu, por verificarem os capítulos pertinentes a suas respectivas especialidades. Martha Newman e Eduardo Douglas avançaram passo a passo pelo manuscrito inteiro e me salvaram de muitos erros. Sou particularmente grato a Robert Lerner, que leu todo o manuscrito com cuidado e examinou longos trechos dele meticulosamente, e que me içou de inúmeros precipícios. E, por último, agradeço a meu editor de Cambridge, Frank Smith, que leu meu livro todas as vezes que o escrevi e reescrevi, o que foi uma provação de Sísifo.

Parte I

A CONQUISTA DA PANTOMETRIA

> Pantometria [do grego παντο– Panto–, tudo +
> o gr. –μετρια, medida.]
> 1 Mensuração universal: ver cits. *Obs.* [1571
> Diggs (*título*) Prática Geométrica, chamada
> Pantometria, dividida em três Livros,
> Longimetria, Planimetria e Estereometria.]
> *Oxford English Dictionary*

1

PANTOMETRIA: UMA INTRODUÇÃO

> Toda cultura vive dentro do seu sonho.
> *Lewis Mumford (1934)* [1]

Em meados do século IX d. C., Ibn Khurradadhbeh descreveu a Europa Ocidental como uma fonte de "eunucos, escravos de ambos os sexos, brocado, peles de castor, cola, sabres e espadas", e pouca coisa mais. Um século depois, outro geógrafo muçulmano, o grande Masudi, escreveu que os europeus tinham a mente embotada e a fala desgraciosa, e que, "quanto mais ao norte se encontram, mais estúpidos, rudes e embrutecidos são eles".[2] Isso era o que qualquer muçulmano sofisticado esperaria dos cristãos, particularmente dos "francos", como eram conhecidos os europeus ocidentais no mundo islâmico, porque essas pessoas, quase todas bárbaras, viviam na remota costa atlântica da Eurásia, longe do coração das culturas superiores islamíticas.

Seis séculos depois, os francos haviam no mínimo igualado, e chegado até a ultrapassar os muçulmanos e todos os outros povos do mundo em alguns tipos de matemática e de inovações mecânicas. Achavam-se no primeiro estágio do desenvolvimento da ciência-e-tecnologia, que viria a ser a glória de sua civilização e a arma contundente de sua expansão imperialista. Como foi que, entre os séculos IX e XVI, aqueles labregos rudes conseguiram tudo isso?

---

[1] Lewis Mumford. *Technics and Civilization*. New York: Harcourt, Brace & World, 1962. p.28.
[2] Bernard Lewis. *The Muslim Discovery of Europe*. New York: Norton, 1982. p.138-9.

Qual foi a natureza da mudança ocorrida naquilo que, em francês, viria a ser chamado de sua *mentalité*? Como uma preliminar necessária a qualquer tentativa de resposta a isso, devemos examinar essa mentalidade, no período iniciado em 1500. Ela foi o efeito e, passando a conhecê-la, saberemos melhor o que procurar em matéria de causas.

O *kitsch* é um olho mágico através do qual podemos ver amostras, se nem sempre dos lugares-comuns de uma sociedade, pelo menos daquilo em que ela pensa com a mais viva intensidade, e até do *modo* como pensa. Como prova disso ofereço a gravura da *Temperança*, que na época era a mais prestigiosa das antigas Virtudes, feita por Pieter Bruegel, o Velho, em 1560[3] (Figura 1). Um lema em latim, impresso abaixo do original, era um perfeito lugar-comum ("Devemos certificar-nos de não nos entregarmos a prazeres fúteis, à extravagância ou a uma vida de luxúria, mas também de não vivermos, por força de uma ganância avara, na imundície e na ignorância"),[4] mas o artista, de olho nas vendas, certificou-se de que praticamente tudo o mais na gravura fosse novo, ou, pelo menos, recém-aplaudido. Ninguém teria disposição nem possibilidade de criar um quadro como esse quinhentos anos antes, ou, se considerarmos sua totalidade, nem mesmo cem anos antes, assim como ninguém poderia criar um mapa da América.

Vêem-se intelectuais progressistas, dedicados com afinco a seus ofícios, em torno da figura da *Temperança*. O quinhentos foi um grande século para a astronomia e a cartografia – foi o século de Nicolau Copérnico e de Gerard Mercator –, de modo que, no alto da parte central, um astrônomo temerário, balançando-se sobre o Pólo Norte, mede a distância angular entre a Lua e alguma estrela vizinha. Um colega, mais abaixo, tira uma medida similar da distância entre dois pontos da Terra. Logo abaixo, à direita, há um conjunto de instrumentos de medida – compassos, um esquadro de pedreiro e um peso de prumo, entre outras coisas – e algumas pessoas a utilizá-los. É óbvio que Bruegel presumia que seus contemporâneos e seus fregueses em potencial se orgulhassem de sua capacidade de medir, de obrigar uma realidade fugidia a ficar imóvel e se submeter à aplicação do quadrante e da régua T.

---

3 Minha interpretação dessa gravura baseia-se largamente em H. Arthur Klein, Mina C. Klein. *Peter Bruegel the Elder, Artist*. New York: Macmillan, 1968. p.112-6.
4 H. Arthur Klein. *Graphic Worlds of Peter Bruegel the Elder*. New York: Dover, 1963. p.243-5.

A MENSURAÇÃO DA REALIDADE 19

FIGURA 1 – Pieter Bruegel, o Velho. *Temperança*, 1560. H. Arthur Klein, *Graphic Worlds of Peter Bruegel the Elder*. New York: Dover Publications, Inc., 1963. p.245.

O canto superior direito da gravura é dedicado à violência. Nele, todas as pessoas e instrumentos – o mosquete, a besta e a munição – estão associados à guerra, que se poderia conceber como a ocupação central dos europeus no século de Bruegel. Na Idade Média, as batalhas tinham sido resolvidas através de embates entre aristocratas a cavalo, mas a tecnologia militar havia-se modificado e, a essa altura, as batalhas eram dominadas pelos confrontos entre grandes blocos de infantaria, compostos de plebeus munidos de armas "de afastamento", como lanças, bestas, arcabuzes, mosquetes e canhões. Liderar os novos exércitos exigia mais do que a coragem e um assento sólido no lombo do cavalo de guerra.

Os manuais militares do século XVI comumente incluíam tabelas de quadrados e raízes quadradas para orientar os oficiais na disposição de centenas e até milhares de homens nas novas formações de combate do Ocidente renascentista: quadrados, triângulos, pinças, quadrados bastardos, quadrados largos, e assim por diante.[5] Os oficiais, quando eram bons, tinham agora que "avançar penosamente pelo amplo mar da Álgebra & dos números",[6] ou recrutar matemáticos para ajudá-los. Iago, o velho soldado e vilão de *Otelo*, de Shakespeare, desdenhou de Cássio como um "Aritmético" que "nunca dispôs uma tropa no campo de batalha",[7] mas esses artífices dos números haviam-se tornado uma necessidade militar.

O novo tipo de guerra havia reduzido os soldados de infantaria a números. Eles, mais até do que os homens das falanges gregas e das legiões romanas, aprenderam a se portar como autômatos. Começaram a fazer uma coisa que desde então temos considerado característica dos soldados: marchar com passo marcado. Nicolau Maquiavel, militar e teórico político, declarou que, "assim como o homem que dança e mantém o ritmo da música não pode dar um passo em falso, o exército que observa adequadamente o rufar de seus tambores não se desordena com facilidade".[8] Os manuais e os instrutores militares

---
5 Bernabe Rich. *Path-Way to Military Practise (London 1587)*. Amsterdam: Da Capo Press, 1969.
6 Thomas Digges. *An Arithmeticall Militaire Treatise Named Stratioticos (London 1571)*. Amsterdam: Da Capo Press, 1968. p.70.
7 William Shakespeare. *Othello*, ato 1, cena 1, versos 18-30.
8 Nicolau Maquiavel. The Art of Warr. In: *The Works of Nicholas Machiavel*. London: Thomas Davies et al., 1762. p.44, 47, 54. Ver também William H. McNeill. *The Pursuit of Power*: Technology, Armed Force, and Society since A.D. 1000. Chicago: University of Chicago Press, 1982. p.128-34.

reduziram as complicadas manipulações das lanças e armas de fogo, feitas pelos soldados da infantaria, a uma série de movimentos distintos – vinte, trinta, quarenta –, todos exigindo aproximadamente a mesma concentração e duração. François Rabelais riu-se dos soldados que funcionavam como "um perfeito mecanismo de relógio",[9] uma espécie de maquinaria da qual teremos muito mais a dizer no Capítulo 4.

Na gravura de Bruegel, logo abaixo dos dois canhões, na parte superior direita, vêem-se cinco homens, provavelmente discutindo o conteúdo do grande livro que se encontra a seu lado, muito provavelmente a Bíblia. Foram disputas como essas que levaram os homens a fundir canhões e a transformar soldados de infantaria em escapos e dentes de engrenagens. Logo abaixo dos debatedores, um professor ensina crianças a ler. A alfabetização era cada vez mais importante para os ambiciosos. Até os sargentos precisavam ser alfabetizados, "pois é difícil desincumbir-se bem, de Memória, das inúmeras coisas de que ele será encarregado".[10]

Um século antes, Johann Gutenberg havia padronizado as letras góticas, moldando-as numa das faces de pequenos cubos de metal de dimensões uniformes, a não ser pela largura (pois, afinal, o "M" é mais largo do que o "I"). Ele os alinhava em bloco, como fileiras de soldados num desfile, juntava-os firmemente com calços e, em seguida, comprimia esse bloco sobre o papel, imprimindo uma página inteira de cada vez. Seu produto mais famoso foi a Bíblia de Mazarino: 42 linhas por página, cada uma com cerca de 2.750 letras, com margeação à esquerda e à direita.[11]

A parte inferior esquerda da gravura é dedicada a uma enxurrada de cálculos. Um mercador conta seu dinheiro, com o qual medimos todas as coisas. Um contador faz cálculos em algarismos indo-arábicos, e um homem – um camponês? – parece estar rabiscando contas nas costas de um velho alaúde ou fole. O que é a marca junto à sua mão? Parece uma versão desenhada de uma talha, uma vara de madeira com entalhes que serviam para indicar os valores numéri-

---
9 François Rabelais. *The Histories of Gargantua and Pantagruel*. Trad. J. M. Cohen. Harmondsworth: Penguin Books, 1955. p.141.
10 Digges, *Stratioticos*, p.87.
11 Michael Clapham. Printing. In: Charles Singer et al. (Org.) *A History of Technology*. Oxford: Clarendon Press, 1957. v.3, p.386-8; Bíblia de Gutenberg, Humanities Research Center, University of Texas, Austin.

cos: um entalhe largo para um florim, outro mais estreito para suas subdivisões.[12]

Logo atrás, continuando no sentido horário, há um pintor (o próprio Bruegel?) com as costas voltadas para nós, possivelmente constrangido. Nessa gravura, Bruegel violou a diretriz primordial da perspectiva renascentista, que ditava que os quadros fossem geometricamente coerentes e não incluíssem mais de um ponto de vista. Bruegel amontoou uma porção de cenas, cada qual com sua própria perspectiva. As pessoas e objetos do lado direito têm uma relação espacial (ainda que vaga) com alguns degraus que indicam a terceira dimensão, elevando-se, ou seja, recuando para os fundos (a parte superior). Em contraste, as linhas do órgão, à esquerda, estendem-se diretamente para longe do espectador, em direção a um horizonte não visível, porém obviamente mais baixo. O astrônomo e o cartógrafo flutuam autonomamente num espaço surrealista.

O efeito é desconexo, mas Bruegel sabia muito bem o que estava fazendo. Ele e seus clientes estavam familiarizados com as regras geométricas da perspectiva renascentista e, ao rompê-las, ele soube indicar a independência de cenas que, de outro modo, seriam contíguas, dando a cada uma delas uma perspectiva independente. (Haverá muito mais sobre a perspectiva renascentista no Capítulo 9.)

Imediatamente acima do artista aparecem diversos músicos e um trabalhador braçal que bombeia o fole de um órgão. Os cantores entoam uma melodia lida num texto. São crianças e adultos de várias idades e, portanto, de vários timbres vocais, e são acompanhados pelo órgão, por uma sacabuxa, um cornetim e outros instrumentos. É provável que estejam entoando uma melodia polifônica, e, se assim for, certamente precisarão de partituras. O quinhentos foi o século de Josquin de Prés e Thomas Tallis, a idade áurea da polifonia litúrgica, uma espécie de música tão complicada, que a melhor maneira de executá-la – ou, talvez, a única possibilidade de executá-la – era com a ajuda de notações escritas. A notação musical renascentista, tal como a nossa, que descende dela, compunha-se de linhas que indicavam, de cima para baixo, a altura das notas, e de figuras que indicavam a ordem das notas e pausas, todas as quais tinham a mesma duração ou eram múltiplos ou frações exatas umas das outras. Tallis, um dos

---

[12] Karl Menninger. *Number Words and Number Symbols*: A Cultural History of Numbers. Trad. Paul Broneer. Cambridge, Mass.: MIT Press, 1969. p.251.

contemporâneos de Bruegel, viria a compor *Spem in alium*, com *quarenta* partituras separadas, possivelmente para o quadragésimo aniversário da rainha Elizabeth, em 1573.[13] Esse motete é o *nec plus ultra* da abordagem quantificatória do som, até hoje não superado como demonstração de brilhantismo do contraponto.

Para mostrar que sua época não era toda feita de guerra, trabalho e técnicas complicadas, Bruegel incluiu, no canto superior esquerdo, uma referência ao teatro contemporâneo, com bufão e tudo. O pintor parece ter tido um bom faro não apenas para as tendências em vigor, mas também para as futuras. Lope de Vega nasceria dois anos depois de Bruegel terminar esse desenho, e Shakespeare, dois anos depois disso.

A *Temperança* em si ocupa o centro do quadro. Com a mão esquerda segura um par de óculos, símbolo da sagacidade, e com a direita, rédeas que se ligam a um freio em sua boca, representando o autodomínio. Ela usa esporas nos sapatos (controle sobre um grande poder) e uma cobra enrolada na cintura à guisa de cinto (controle das paixões pecaminosas?). Ergue-se sobre uma pá de moinho, a maior contribuição isolada da Europa medieval para a tecnologia energética. Bem no centro do quadro – certamente não por acaso –, ela traz na cabeça o que era, na época, o mais tipicamente europeu de todos os aparelhos destinados a medir quantidades: o relógio mecânico, cujo tique-taque titânico já vinha ribombando nos ouvidos da Europa fazia 250 anos.[14]

A gravura de Bruegel é uma espécie de *pot-pourri* do que mexia com a atenção dos europeus ocidentais urbanos por volta de 1560, daquilo que poderíamos chamar de sonho do Renascimento ocidental. A coleção é uma miscelânea de tal ordem que não é fácil dar nome a esse sonho. Ninguém estava interessado em sua coerência interna, nem tampouco pensava nele como um todo. Tratava-se de um anseio, uma demanda de ordem. Muitas das pessoas do quadro de Bruegel aparecem empenhadas, de uma ou de outra maneira, em visualizar a matéria que compõe a realidade como agregados de unidades uniformes, como elementos de quantificação: léguas, milhas, graus de ângulos, letras, florins, horas, minutos, notas musicais. O Ocidente estava tomando a decisão (ou, pelo menos, tomando ma-

---
13 Paul Doe. Tallis, Thomas. In: Stanley Sadie. (Org.) *The New Grove Dictionary of Music and Musicians*. London: Macmillan, 1980. v.18, p.544.
14 Klein, *Graphic Worlds of Peter Bruegel the Elder*, p.243-5.

joritariamente a decisão) de tratar o universo em termos de quantidades uniformes em uma ou mais características, quantidades estas freqüentemente consideradas como dispostas em linhas, quadrados, círculos e outras formas simétricas: pautas musicais, pelotões de soldados, colunas de livros de escrituração contábil, órbitas planetárias. Os pintores pensavam nas paisagens como cones ou pirâmides visuais geometricamente exatos, cujo foco era o olho do observador. A façanha sem precedentes, e até hoje ímpar, que o Renascimento alcançou na pintura, a mais puramente visual das artes e ofícios, era, a presumirmos que as épocas realmente têm um *Zeitgeist* [espírito de época], previsível ou até mesmo inevitável; mas estou indo depressa demais.

A opção do Ocidente renascentista consistiu em perceber, visualmente e de uma vez só, o máximo possível da realidade, característica esta que foi, na época e séculos depois, a mais típica de sua cultura. Essa opção estendeu-se até mesmo ao que era menos visual e mais efêmero, ou seja, a música. Numa página, podem-se ver vários minutos de música de uma vez só. Não se pode ouvi-la, é claro, mas se pode *vê-la* e adquirir um conhecimento instantâneo de todo o seu arco através do tempo. A opção renascentista na música consistiu em limitar as variações, reduzir a improvisação. Ela fez a mesma opção na guerra, coreografando os atos dos homens que se desnorteavam no terror enevoado da batalha. O século XVI parece ter sido o primeiro em que os generais da Europa Ocidental praticaram tática usando soldadinhos de chumbo numa mesa.[15]

Que nome devemos dar a esse empenho em decompor as coisas, as energias, as práticas e as percepções em partes uniformes, e em contá-las? Reducionismo? Sim, mas essa é uma categoria muito frouxa; não nos ajuda a relacionar com outros avanços a resposta que Nicolau Tartaglia deu, em 1530, a uma indagação sobre quanto se deveria inclinar um canhão para cima, para que ele lançasse a bala a maior distância possível. Ele disparou com uma colubrina duas balas de peso igual, com cargas iguais de pólvora, uma usando uma elevação de 30 graus e a outra, de 45. A primeira atingiu 11.232 pés veroneses e a segunda, 11.832.[16] Isso é quantificação. É assim que se

---

15 J. B. Kist. *Jacob de Gheyn*: The Exercise of Arms, A Commentary. New York: McGraw-Hill, 1971. p.6; J. R. Hale, *War and Society in Renaissance Europe, 1450-1620*. Baltimore: Johns Hopkins Press, 1985. p.144-5.
16 A. R. Hall. *Ballistics in the Seventeenth Century*. Cambridge University Press, 1952. p.38-42.

estende a mão para a realidade física, afastam-se seus cachinhos encantadores e se a agarra pela nuca.

Nós, que, nas palavras de W. H. Auden, vivemos em sociedades "para as quais o estudo daquilo que pode ser pesado e medido é uma paixão obsedante",[17] temos dificuldade de imaginar uma alternativa para nossa abordagem da realidade. Para fins de comparação, precisamos de exemplos de um outro modo de pensar. Os textos de Platão e Aristóteles celebram uma abordagem *não*-metrológica, ou até *anti*metrológica, e têm a vantagem adicional de ser representativos do apogeu do modo de pensar de nossos ancestrais.

Esses dois homens tinham uma opinião mais elevada da razão humana do que nós, mas não acreditavam que nossos cinco sentidos fossem capazes de uma mensuração exata da natureza. Assim, Platão escreveu que, quando a alma depende dos sentidos para obter informações, "ela é arrastada pelo corpo para o âmbito do variável, desvia-se de sua rota e fica confusa e tonta".[18]

Os critérios desses dois gregos para dividir informações nas categorias daquilo de que podemos ter bastante certeza e daquilo de que nunca estaremos certos eram muito diferentes dos nossos. Você e eu estamos dispostos a concordar em que os dados brutos da experiência cotidiana são variáveis e em que nossos sentidos são frágeis, mas acreditamos dispor de uma categoria que os dois filósofos não julgavam possuir: uma categoria de coisas suficientemente uniformes para justificar que as meçamos, tornando-se então possível calcular médias e medianas. Quanto à confiabilidade de nossos sentidos para tirar essas medidas, apontamos para aquelas dentre nossas realizações que se baseiam na fidedignidade deles: os teares automáticos, as naves espaciais, as tabelas atuariais, e assim por diante. Essa não é uma resposta sólida – talvez nossos sucessos sejam acidentais –, mas é um exemplo da maneira como os seres humanos costumam avaliar sua capacidade: em outras palavras, o que é que funciona ou não funciona? Por que Platão e Aristóteles, que foram realmente brilhantes, abstiveram-se de usar a categoria daquilo que é proveitosamente quantificável?

Há no mínimo dois aspectos a frisar aqui. Primeiro, os antigos definiam a mensuração quantificadora de um modo muito mais res-

---

17 W. H. Auden. *The English Auden*: Poems, Essays and Dramatic Writings, 1927-1939. London: Faber & Faber, 1986. p.292.
18 Edith Hamilton, Huntington Cairns. (Org.) *The Collected Dialogues of Plato*. Princeton, N. J.: Princeton University Press, 1961. p.62.

trito do que nós e, com freqüência, rejeitavam-na em favor de alguma técnica de aplicação mais ampla. Aristóteles, por exemplo, afirmou que o matemático só media as dimensões depois de "retirar todas as qualidades sensíveis, como, por exemplo, o peso e a leveza, a dureza e seu oposto, e também o calor e o frio e outros contrários sensíveis".[19] Aristóteles, "o Filósofo", como o chamava a Europa medieval, considerava a descrição e a análise mais úteis em termos qualitativos do que em termos quantitativos.

Nós diríamos que o peso, a dureza, a temperatura "e outros contrários sensíveis" são quantificáveis, mas isso não está implícito nem nessas qualidades nem na natureza da mente humana. Nossos psicólogos infantis declaram que os seres humanos, mesmo na primeira infância, exibem indícios de ser inatamente dotados da capacidade de contar entidades descontínuas[20] (três biscoitos, seis bolas, oito porcos), mas o peso, a dureza e outros que tais não nos parecem ser quantidades de entidades descontínuas. São estados, e não coleções; e, o que é pior, muitas vezes são mudanças fluidas. Não podemos contá-los tal como são; temos de vê-los com os olhos da mente, quantificá-los de modo arbitrário, e depois contar as quantidades. Isso é fácil de fazer com a medida da extensão – por exemplo, esta lança tem tantos pés de comprimento, e podemos medi-la colocando-a no chão e subdividindo seu comprimento em partes diminutas. Mas, quanto à dureza, ao calor, à velocidade, à aceleração – de que jeito havemos de quantificá-los?

O que se pode medir em termos de quantidades não é tão simples quanto pensamos nós, que temos a vantagem retrospectiva dos erros de nossos ancestrais. Por exemplo, no século XIV, quando os estudiosos do Merton College, de Oxford, começaram a pensar nos benefícios de medir não apenas o tamanho, mas também qualidades fugidias como o movimento, a luz, o calor e a cor, eles foram em frente, deram asas à imaginação e falaram em quantificar a certeza, a virtude e a graça.[21] E, de fato, se um sujeito consegue pensar em medir o calor antes da invenção do termômetro, por que há de presumir a exclusão da certeza, da virtude e da graça?

---

19 W. D. Ross. (Org.) *The Works of Aristotle*. Oxford: Clarendon Press, 1928. v.8, p.1061a.
20 B. Bower. Babies Add up Basic Arithmetic Skills. *Science News*, 142, 29 ago.1992, p.132.
21 J. A. Weisheipl. Ockham and the Mertonians. In: J. I. Catto. (Org.) *The History of the University of Oxford*. Oxford: Oxford University Press, 1984. v.1, p.639.

Em segundo lugar, diversamente de Platão e Aristóteles, nós, com poucas exceções, abraçamos o pressuposto de que a matemática e o mundo material têm uma relação íntima e imediata. Aceitamos, como um fato que dispensa explicação, a idéia de que a física, a ciência da realidade palpável, deve ser intensamente matemática. Essa proposição, no entanto, não prescinde de explicações; é um milagre sobre o qual muitos sábios tiveram dúvidas.

A matemática-que-vai-além-de-contar-os-dedos-das-mãos-e-dos-pés originou-se, provavelmente, nos avanços obtidos em medidas como as que eram necessárias para pesar os grãos para a venda e para contar e anotar as grandes quantidades de ovelhas e outros animais em mercados como os que havia ao longo do Tigre e do Indo, para medir a marcha celeste, a fim de escolher o dia adequado para o plantio, e para fazer o levantamento topográfico dos campos encharcados e geograficamente descaracterizados do Egito, depois das enchentes do Nilo. No entanto, a mensuração prática e a matemática divergiam e, desde então, tenderam a manter essa separação. Pesar, contar e demarcar topograficamente eram atividades corriqueiras, ao passo que a matemática revelou ter qualidades transcendentais, que inebriavam aqueles que tentavam alcançar a verdade para além da tela da mundanalidade. Os agrimensores devem ter conhecido o teorema de Pitágoras (o quadrado da hipotenusa de um triângulo reto ângulo é igual à soma dos quadrados de seus outros dois lados) durante séculos, antes que um membro de sua profissão reconhecesse as suas implicações filosóficas e místicas. Esse teorema, decidiu o agrimensor, era a prova da presença do transcendental; era abstrato, perfeito, e constituía um referencial tão misterioso quanto o aparecimento de um arco-íris em meio à neblina e às chuvas de vento. Depois, esse protopitagórico retirou-se a duras penas dos campos lamacentos e, provavelmente, fundou uma ordem religiosa. Desde então e até hoje, a matemática pura e a metrologia têm sido assuntos separados.

A primeira, dizia Platão, era pertinente à filosofia, com a qual se iria "apreender o verdadeiro ser". A segunda dizia respeito ao efêmero: a guerra, por exemplo, na qual o soldado precisava conhecer matemática, para dispor adequadamente suas tropas; e o comércio, no qual os lojistas tinham que saber aritmética, para manter o controle das compras e vendas.[22]

---

22 *The Republic of Plato*. Trad. Francis M. Cornford. New York: Oxford University Press, 1945. p.242-3.

Platão recomendava um distanciamento do mundo material, porque ele "está sempre em devir e nunca é", e que nos voltássemos para "aquilo que sempre é e não tem devir".[23] Ele orientou nossa atenção para a beleza, a bondade e a virtude absolutas, e para o triângulo, o quadrado e o círculo ideais, para abstrações que tinha certeza de existirem, independentemente do mundo material. Ele tinha certeza de que só era possível alcançar o conhecimento dessas entidades por meio do "intelecto puro". O intelecto podia iniciar sua viagem rumo à conquista do saber filosófico pelo estudo da matemática. Platão recomendava que os reis-filósofos em potencial estudassem matemática, "até chegarem, com a ajuda do pensamento puro, a discernir a verdadeira natureza do número".[24]

É difícil saber ao certo o que ele pretendia dizer com isso, mas podemos dar uma ilustração. Platão chegou à conclusão de que o número de cidadãos do Estado ideal corresponderia a 5.040 habitantes. Esse número parece uma escolha sensata, por talvez representar o número aproximado de pessoas capazes de, ao mesmo tempo, ouvir um indivíduo falar, sem nenhuma amplificação especial, mas não foi por essa razão que Platão o escolheu. Ele o escolheu por ser o produto de 7 x 6 x 5 x 4 x 3 x 2 x 1.[25] Isso constitui um misticismo matemático, e o caminho que vai dele para a numerologia é mais curto do que o que leva às partidas dobradas na contabilidade.

Aristóteles inclinava-se a achar que faltava lastro ao platonismo. Em contraste com seu grande mestre, ele honrava aqueles que chutavam seixos e, em meio à sua dor, insistiam em que um dedo quebrado no pé era prova de que os seixos eram reais. Ele aceitava os dados sensoriais – *mas* duvidava de que a matemática fosse de grande serventia para interpretá-los. A geometria, por exemplo, era muito boa e tudo o mais, porém os seixos nunca eram perfeitamente esféricos e as pirâmides nunca eram perfeitamente piramidais, portanto, de que adiantava tratá-los como tais? A pessoa inteligente percebia, é claro, que um seixo era maior do que outro, mais ou menos arredondado do que outro, mas não perdia tempo tentando medir com exatidão uma coisa tão variável quanto a realidade material.

---

23 *Collected Dialogues of Plato*, p.1161.
24 *Republic of Plato*, p.242.
25 Carl B. Boyer. *A History of Mathematics*. Princeton, N. J.: Princeton University Press, 1968. p.96.

A ciência (e um bocado de outras coisas que caracterizam as sociedades modernas) pode ser definida como o produto da aplicação da matemática, com sua precisão platônica, às realidades cruas de Aristóteles. Contudo, a matemática abstrata e a metrologia prática tanto repelem quanto atraem uma à outra. Alguns personagens da civilização mediterrânea clássica – Ptolomeu, por exemplo – entrelaçaram-nas com grande sucesso, mas elas se desenredaram nos últimos séculos do Império Romano do Ocidente e se separaram no início da Idade Média. Outros gênios de outras civilizações – a maia e a chinesa, por exemplo – obtiveram triunfos intelectuais usando técnicas matemáticas para analisar e manipular medidas, mas, também nessas sociedades, o teórico e o prático acabaram divergindo. Quando os espanhóis chegaram aos litorais de Yucatán e da América Central, no século XVI, os maias estavam em depressão intelectual e já não vinham aperfeiçoando sua matemática e seu calendário.[26] Quando os espanhóis e os portugueses chegaram ao leste da Ásia, os chineses haviam esquecido os relógios gigantescos da dinastia Sung, e seu calendário era falho e assim se manteve até que os jesuítas os ajudaram a consertá-lo.[27]

A história indica que os ciclos de avanço e retrocesso – no caso, a combinação da matemática abstrata com a mensuração prática –, seguidos pelos cabeceios, cochilos e esquecimentos, são a norma da história humana. A singular realização intelectual do Ocidente consistiu em unir a matemática e a mensuração e em impor-lhes a tarefa de dar sentido a uma realidade sensorialmente perceptível, a qual os ocidentais, numa desabalada demonstração de fé, presumiram ser temporal e espacialmente uniforme e, portanto, passível de tal exame. Por que terá o Ocidente conseguido levar a bom termo o que não passou de um casamento forçado?

Como, quando e por que os europeus transitaram ou começaram a transitar de seu começo mensurativamente duvidoso para – ou, pelo menos, em direção a – as artes, as ciências, as técnicas e tecnologias rigorosas que Bruegel fez desfilarem diante de seus clientes, em sua *Temperança*? Como, quando e por que os europeus foram

---

26 Alvin M. Josephy. *The Indian Heritage of America*. New York: Knopf, 1969. p.209-12.
27 Albert Chan. Late Ming Society and the Jesuit Missionaries. In: Charles E. Ronan, Bonnie B. C. Oh. (Org.) *East Meets West*: The Jesuits in China, 1582-1773. Chicago: Loyola University Press, 1988. p.161-2.

além da simples acumulação de dados sensoriais, qual ratos-carregadores que colecionassem quinquilharias brilhantes? Como, quando e por que eles escaparam à sina de ficar eternamente uivando para a Lua da realidade platônica? O "como" constitui a essência deste livro. O "porquê" talvez seja o grande mistério da civilização ocidental, uma charada imersa num enigma, e tema da segunda metade deste livro. O "quando" talvez seja a mais fácil das três perguntas, e podemos tentar respondê-la imediatamente.

O contato da civilização ocidental com a quantificação certamente remonta, pelo menos, ao neolítico (meu rebanho tem doze cabras e o seu, apenas sete), mas passaram-se milênios antes que ela se transformasse numa paixão. Ptolomeu, Euclides e outros matemáticos da Antigüidade mediterrânea haviam-se dedicado com proveito às questões da mensuração e da matemática, mas poucos europeus ocidentais compreendiam, ou sequer tinham acesso a seus textos no começo da Idade Média. Os ocidentais acreditavam na Bíblia, onde se dizia que Deus "ordenou todas as coisas conforme sua medida, seu número e seu peso" (Livro da Sabedoria, 11:20), mas, por volta do ano de 1200, aproximadamente, prestavam pouca atenção deliberada ou deliberativa à concepção da realidade como quantificável.

Os mestres pedreiros das catedrais góticas, que erguiam prédios de proporções agradáveis, que raras vezes desabavam, constituíam uma espécie de exceção, mas sua geometria era puramente prática. Eles não conheciam Euclides e, como os bons carpinteiros de hoje, praticavam a geometria manipulando, muitas vezes literalmente, algumas figuras geométricas básicas: triângulos, quadrados, círculos, e assim por diante. Sua tradição era de transmissão predominantemente oral e, no trabalho, a mensuração era uma questão de o mestre apontar para a pedra com a vareta de seu ofício e dizer: *"Par cy me le taille"* (Corte aqui para mim).[28]

Depois, entre 1250 e 1350, não tanto na teoria, mas na aplicação prática, houve uma mudança acentuada. Provavelmente podemos reduzir esse século a cinqüenta anos, de 1275 a 1325. Alguém construiu o primeiro relógio e o primeiro canhão mecânicos da Europa, aparelhos esses que obrigaram os europeus a raciocinarem em ter-

---

28 Lon R. Shelby. The Geometrical Knowledge of Mediaeval Master Masons, *Speculum*, v.47, p.397-8, 409, jul. 1972; Erwin Panofsky, *Gothic Architecture and Scholasticism*. Latrobe, Pa. Archabbey Press, 1956. p.26, 93.

mos de um tempo e um espaço quantificados. As cartas marítimas de *Portolano*, a pintura em perspectiva e a prática contábil das partidas duplas não podem ser datadas com exatidão, pois foram técnicas emergentes, e não invenções específicas, mas podemos afirmar que os exemplos remanescentes mais primitivos de todas três datam desse meio século, ou de um momento imediatamente posterior.

Roger Bacon mediu o ângulo do arco-íris, Giotto pintou com a geometria em mente, e os músicos ocidentais, que por várias gerações tinham estado compondo um tipo pesado de polifonia, chamado *ars antiqua*, alçaram vôo com a *ars nova* e começaram a compor o que chamavam de "canções compassadas com precisão". Nunca tornou a haver nada que se parecesse muito com esses cinqüenta anos, até a virada do século XX, quando o rádio, a radioatividade, Einstein, Picasso e Schönberg arrastaram a Europa para uma revolução similar.[29]

A marca da quantificação surgiu quando a Europa Ocidental, por volta de 1300, atingiu seu primeiro pico populacional e de crescimento econômico, e persistiu enquanto o Ocidente tropeçava num século de horrores, de colapso demográfico, de guerras crônicas, de devastações intempestivas, de uma Igreja desacreditada, de períodos cíclicos de fome e ondas de infecções, a pior das quais foi a Peste Negra. Durante esse século, Dante escreveu sua *Comédia*; Guilherme de Occam brandiu sua navalha incisiva; Ricardo de Wallingford construiu seu relógio; Machaut compôs seus motetes; e um comandante italiano ordenou que um timoneiro rumasse do Cabo Finisterre até a Inglaterra, através da baía de Biscaia, seguindo uma rota escolhida não pela consulta a palavras orais ou escritas, mas a uma carta marítima. Outro italiano, possivelmente alguém que tinha um interesse no barco em questão, fez uma coisa que se assemelhou a um balanço contábil. Para o historiador, isso é como ver um gavião ferido ser arrastado por uma corrente térmica invisível e subir cada vez mais alto.

---

29 Stephen Kern. *The Culture of Time and Space, 1880-1918*. (London: Weidenfeld & Nicolson, 1983.

2

O MODELO VENERÁVEL

> O desejo mais profundo da mente, até em suas operações mais complexas, é paralelo ao sentimento inconsciente do homem diante de seu universo: é uma insistência na familiaridade, um apetite de clareza. Para o homem, compreender o mundo é reduzi-lo ao humano, imprimindo-lhe sua marca.
>
> *Albert Camus* (1940)[1]

Pantometria foi um dos neologismos que surgiram em número cada vez maior nas línguas da Europa, na primeira metade do segundo milênio cristão, como uma das palavras convocadas a existir pelas novas tendências, instituições e descobertas. *Milione* e *America* foram outras. Uma onda geral do *mais*, nos anos 1200, tornou obsoleta a expressão *mil milhares*, incômoda e raramente usada, e inspirou um substituto conveniente: *milione*. Colombo, Américo Vespúcio e outros similares criaram a necessidade de *America*, passados cerca de dois séculos. Essas palavras foram chispas lançadas pelas rodas da sociedade ocidental, que davam guinadas e rangidos contra as laterais das antigas relheiras. As guinadas e rangidos são o tema deste livro, mas primeiro temos que examinar as relheiras, isto é, a visão da realidade que a maioria dos europeus ocidentais medievais e renascentistas aceitava como correta.

Podemos começar deixando de lado a palavra *relheira*. Com o tempo, a antiga visão da realidade teve de ser descartada, mas servirá

---

[1] Albert Camus. *The Myth of Sisyphus*. Trad. Justin O'Brien. New York: Vintage Books, 1991. p.17.

muito bem por um milênio e meio, e por bem mais do que isso, se considerarmos que boa parte dela também foi o padrão do mundo clássico. Ela proporcionou o meio para que dezenas de gerações entendessem o que as circundava, desde as coisas que estavam ao alcance da mão até as estrelas fixas. Não, melhor do que *relheira* é *trilha*, com suas conotações de repetição, conveniência e facilidade, embora também ela seja de aplicação genérica demais para ter grande utilidade. Darei à antiga visão o nome de Modelo Venerável – "venerável" por ser realmente muito velho e digno de respeito.

O Modelo Venerável preservou o quase monopólio do senso comum europeu por inúmeras gerações, porque tinha o cunho da civilização clássica e, o que é mais importante, coadunava-se em linhas gerais com a experiência factual. Ademais, atendia à necessidade de uma descrição do universo que fosse clara, completa e apropriadamente assombrosa, sem causar estupefação. Ilustrando: qualquer um podia ver que o céu era vasto, puro e sumamente diferente da Terra, mas também que ele girava em torno da Terra, a qual, apesar de pequena, era o centro de *tudo*.

O Modelo Venerável proporcionava estruturas e processos com que era possível conviver emocionalmente, além de se poder compreendê-los intelectualmente – por exemplo, um tempo e um espaço de dimensões humanas.

O tempo era assombroso, mas não a ponto de ultrapassar a capacidade de compreensão da mente. Eusébio, em *c*. 300 d. C., declarou que Deus criara o universo, dera corda no tempo e o pusera em funcionamento 5.198 anos antes da Encarnação. O Venerável Beda, por volta do ano de 700, tinha certeza de que a criação era ainda mais recente: segundo seus cálculos, a cifra correspondia a 3.952 anos antes da Encarnação.[2] Nenhum ocidental bem conceituado da Idade Média ou do Renascimento sugeriria que o número de anos decorridos desde o alvorecer dos tempos, desde a Criação até o presente, passando pela Encarnação, pudesse chegar a 7.000. Umas 250 a 300 gerações humanas bastariam, certamente, para incluir a totalidade do tempo, desde o começo até o presente e o inevitável fim. (É claro que os ocidentais acreditavam na infinitude – ela era um atributo de Deus –, mas a infinitude era a antítese do tempo, e não sua extensão.)

---

2 Ernst Breisach. *Historiography*: Ancient, Medieval, and Modern. Chicago: University of Chicago Press, 1983. p.82, 92.

O espaço também era vasto, mas não a ponto de nos embotar a mente. Gossoin de Metz, escrevendo por volta de 1245, calculou que, se Adão tivesse começado a andar imediatamente após sua criação, a um ritmo de 25 milhas por dia (o que era uma boa caminhada, mas não excessiva para um homem moço e sadio), ele ainda teria que caminhar uns 713 anos para chegar às estrelas fixas. Algumas décadas depois, Roger Bacon calculou que uma pessoa que andasse 20 milhas por dia levaria 14 anos, 7 meses, 29 dias e mais uma fração para atingir a Lua. Para alguns dos estudiosos mais bem informados do Ocidente, a extensão do universo ainda podia ser descrita em termos de passadas.[3]

A *realidade* (palavra que usarei com o sentido de tudo o que é material no tempo e no espaço, além dessas duas dimensões em si) tinha dimensões humanamente compreensíveis e funcionava de maneiras que as pessoas eram capazes de entender, ou com as quais podiam compatibilizar-se, mas isso não significava que fosse essencialmente uniforme. Elas percebiam a realidade como uma espécie de coisa desigual e heterogênea, o que hoje talvez seja uma atitude rara, mas que no passado era comum e foi compartilhada, por exemplo, com os chineses distantes e incontestavelmente sofisticados.[4] Ao norte do Equador, os gatos, digamos, poderiam estar sempre correndo atrás dos ratos, e nunca o contrário, mas quem seria capaz de dizer o que acontecia nos antípodas? E que cristão poderia duvidar de que Matusalém vivera 969 anos, no primeiro período depois da Criação, por mais improvável que fosse essa longevidade nos dias em curso?

Os europeus lidavam com a heterogeneidade essencial da realidade, reconhecendo-a até nas manifestações mais imediatas: as chamas subiam e as pedras caíam não porque tivessem quantidades diferentes de uma mesma coisa abstrata, o peso, mas porque eram diferentes, *ponto final*. A realidade não era, entretanto, absolutamente caótica – isso, aliás, seria muito angustiante –, mas sua previsibilidade não derivava dela em si, e sim do Deus uno e único. "O Criador

---

[3] Albert Van Helden. *Measuring the Universe*: Cosmic Dimensions from Aristarchus to Halley. Chicago: University of Chicago Press, 1985. p.35-8; *The Opus Majus of Roger Bacon*. Trad. Robert B. Burke. New York: Russell & Russell, 1962. v.1, p.251.
[4] Derk Bodde. *Chinese Thought, Society, and Science*: The Intellectual and Social Background of Science and Technology in Pre-Modern China. Honolulu: University of Hawaii Press, 1991. p.104.

ordenou de tal modo as leis da matéria", escreveu Guilherme de Cantuária, "que nada pode acontecer em Sua criação senão de acordo com Sua justa ordem, seja ela boa ou má."[5]

Porventura isso a tornava quantificável por meros seres humanos? Era bem possível que sim, presumindo-se que Deus se dignasse ser razoável em termos humanos, embora a obsessão dos investigadores com a incomensurável causa primeira, Deus, viesse por muito tempo a desviar a atenção das causas secundárias imediatamente perceptíveis e possivelmente mensuráveis – a velocidade, a temperatura, e assim por diante.

Os adeptos do Modelo Venerável tinham um fraco pelo simbolismo, do qual é mais fácil fornecer amostras do que uma descrição abstrata. Voltemo-nos para alguns exemplos, um da geografia (espaço) e um da historiografia (tempo). Os cristãos concordavam em que a crucificação de Jesus era o eixo de todo o tempo – e, portanto, do mundo. Jerusalém, o palco dessa crucificação, devia ser o centro da superfície habitada da Terra. Porventura não dissera Ezequiel, 5:5, prevendo a agonia de Cristo, "Esta é Jerusalém: instalei-a no meio das nações e terras que estão a seu redor"?

Era comum os europeus medievais acreditarem que o centro tinha que estar localizado no Trópico de Câncer, ficando os continentes, tal como então conhecidos, ao redor dele: a Ásia a leste, a África a sudoeste e a Europa a noroeste. Quando o bispo Alculf visitou Jerusalém no século VII, encontrou uma coluna erguida no local onde o contato com a Cruz de Cristo havia ressuscitado um morto. Essa coluna, escreveu ele, fornecia uma prova de que a cidade se encontrava no trópico: ao meio-dia, no solstício de verão, a coluna não lançava nenhuma sombra. No século XI, o papa Urbano II, no sermão que lançou a Primeira Cruzada, também descreveu Jerusalém como "o centro da Terra" (e, além disso, como estando situada no meio de uma "terra mais frutífera do que todas as outras, semelhante a outro paraíso de delícias").[6] Quando *sir* John Mandeville (provavelmente

---

5 Benedicta Ward. *Miracles and the Medieval Mind*: Theory, Record and Event, 1000-1215. Philadelphia: University of Pennsylvania Press, 1987. p.31.
6 The Pilgrimage of Alculfus. *The Library of Palestine Pilgrim's Text Society*. London, 1897. v. 3, p.16; Donald A. White. (Org.) *Medieval History*: A Source Book. Homewood, Ill.: Dorsey Press, 1965. p.352. Bernardo, o Sábio, observou a posição central de Jerusalém por volta do ano de 870; ver John B. Friedman. *The Monstrous Races in Medieval Art and Thought*. Cambridge, Mass.: Harvard University Press, 1981. p.219-20.

um personagem de ficção, mas isso não vem ao caso) viajou pelo Oriente Médio, trezentos anos depois, ele repetiu a convicção comum de que Jerusalém ficava situada no centro da parcela do globo ocupada pelos seres humanos.[7] Terá alguém verificado o ponteiro de um relógio de Sol para ver se Jerusalém ficava no trópico? Não mais do que verificaríamos a prova fornecida pelo gnômon consultando o Novo Testamento. A centralidade de Jerusalém não precisava de confirmação: era histórica e teologicamente óbvia.

A totalidade da história, na opinião de muitos, incluindo os historiadores, estava incorporada no esquema dos Quatro Reinos, derivados de um trecho do Livro de Daniel. Nabucodonosor sonhou com uma estátua com a cabeça de ouro, o peito e os braços de prata, o ventre e as coxas de bronze, as pernas de ferro e os pés de ferro misturado com barro. (Os pés de barro ainda persistem em nosso aforismo sobre a fraqueza inevitável até mesmo dos poderosos.) A cabeça, segundo acreditavam os antigos europeus, representava o império da Babilônia, a ser sucedido por impérios de prata, bronze e ferro, num total de quatro. O último, feito de ferro, teria uma longa duração, e era freqüentemente identificado com o Império Romano, que duraria, sob uma ou outra forma, até os acontecimentos que levariam diretamente ao fim dos tempos. Isso obrigava os cristãos a um truque de mágica, identificando os impérios carolíngio e otomano como romanos. Identificá-los de outro modo significaria destruir um símbolo de valor inestimável, que unia um passado sagrado e distante, um presente fugaz e um futuro sagrado e iminente.[8]

Agora, já alertados a não pensar que o "senso comum" foi comum a todas as eras, podemos proceder a uma rápida avaliação de três facetas do Modelo Venerável: o tempo, o espaço e aquilo que hoje nos parece um meio muito útil de medir e pensar nessas dimensões – a matemática. Faremos um giro por um milênio, desde o declínio do Império Romano até a Idade Média e o Renascimento, à procura de material para nossa avaliação. Nossos critérios não incluirão necessariamente a respeitabilidade intelectual, mas a distribuição e a duração: com que grau de generalização e por quanto tempo os europeus ocidentais sustentaram uma determinada atitude? Adotare-

---

7 M. C. Seymour. (Org.) *Mandeville's Travels*. London: Oxford University Press, 1968. p.142. Para uma discussão adicional, ver o Capítulo 53 de *Innocents Abroad*, de Mark Twain.
8 Daniel, 2:31-46; Breisach, *Historiography*, p.83-4, 159.

mos uma "aproximação estática" (conceito de Carlo M. Cipolla), enfatizando um consenso de mil anos como se ele constituísse uma unidade. Isso é uma presunção, mas uma presunção útil. O "senso comum" de mil anos fará as vezes do pano de fundo contra o qual as inovações deverão aparecer com clareza.[9]

Comecemos pelo tempo. Os europeus não achavam que houvesse grande abundância dele, de tempo. Santo Agostinho fez advertências contra a afronta de alguém tentar calcular a totalidade do tempo, isto é, o número exato de anos decorridos desde o início dos tempos até o surgimento do Anticristo, o segundo advento de Cristo, o Armagedon e o fim dos tempos. Algumas pessoas tentaram, mesmo assim, mas nunca chegaram a um acordo quanto a uma cifra exata. Todas, entretanto, concordavam em que o dia do Juízo Final estava muito mais próximo do que o Início.[10]

Apesar disso, os europeus medievais freqüentemente prestavam pouca atenção aos detalhes do tempo. Eram capazes de datar acontecimentos com uma precisão minuciosa – por exemplo, um certo conde Charles foi assassinado "no ano de mil cento e vinte e sete, no sexto dia antes das Nonas de Março, ou seja, no segundo dia a contar do início do mesmo mês, quando eram decorridos dois dias da segunda semana da Quaresma, e o quarto dia estava para alvorecer no quinto Concomitante e na sexta Epacta" –, mas, normalmente, só os datavam em termos vagos. Para citar um exemplo dentre muitos, há um documento inglês datado de "depois que o rei e o conde Thierry de Flandres mantiveram conversações em Dover, antes que o conde partisse em viagem para Jerusalém".[11] Pedro Abelardo, o incomparável filósofo do Ocidente, no início do século XII, incluiu poucas datas em sua autobiografia; bastavam designações como "alguns meses depois" e "um dia".[12] Santo Tomás de Aquino, cuja proe-

---

9 Carlo M. Cipolla. *Before the Industrial Revolution*: European Society and Economy, 1000-1700. New York: Norton, 1980. p.v, xiii.
10 G. J. Whitrow. *Time in History*: The Evolution of Our General Awareness of Time and Temporal Perspective. Oxford: Oxford University Press, 1988. p.80-1, 131; Patrick Boyde. *Dante Philomythes and Philosopher*: Man in the Cosmos. Cambridge: Cambridge University Press, 1981. p.157.
11 Patrick J. Geary. (Org.) *Readings in Medieval History*. Lewinston, N. Y.: Broadview Press, 1989. p.420; M. T. Clancy. *From Memory to Written Record*: English, 1066-1307. Cambridge, Mass.: Harvard University Press, 1979. p.237.
12 Marc Bloch. *Feudal Society*. Trad. L. A. Manyon. Chicago: University of Chicago Press, 1961. v.1, p.74; Alexander Murray: *Reason and Society in the Middle Ages*. Oxford: Oxford University Press, 1978. p.175-7.

minência em vida e celebridade póstuma poderiam levar-nos a esperar por exatidão na cronologia registrada de sua vida, nasceu em 1224, 1225, 1226 ou 1227.[13]
Nossa dificuldade crônica com o tempo medieval e renascentista está em que, tal como um polvo, sua forma era não mais do que aproximada. Os europeus de antigamente tinham uma enorme tolerância para com o anacronismo. Por exemplo, no século VI, Gregório de Tours conheceu pessoas que tinham visto pessoalmente, no fundo do Mar Vermelho, as marcas das carroças deixadas pelos israelitas na fuga do exército do faraó, marcas estas miraculosamente renovadas após cada nova acumulação de limo.[14] Sendo assim, o ano exato do Êxodo não tinha uma importância marcante, e talvez nem sequer um grande interesse. O tempo, excetuada a extensão da vida individual, era visto não como uma linha reta, dividida em quantidades iguais, mas como um palco para a encenação do maior de todos os dramas – a Salvação *versus* a Maldição.

Os europeus ocidentais tinham várias maneiras de dividir esse palco temporal. As divisões em dois períodos (desde o Início até a Encarnação, e desta em diante) e em três períodos (da Criação aos Dez Mandamentos, dos Mandamentos à Encarnação, e desse acontecimento até o presente e o futuro, no Segundo Advento) eram conhecidas por todos os cristãos.[15] Um sistema mais obscuro, porém citado com freqüência, era o dos Quatro Reinos, derivado de uma passagem de Daniel que já examinamos. Santo Agostinho, o mais importante dos padres da Igreja ocidental, foi o principal arquiteto de um sistema de eras, divididas de acordo com os seis dias da Criação, acrescidos do sábado. As primeiras seis eras começavam, respectivamente, com a Criação, o Dilúvio, Abraão, Davi, o Cativeiro de Judá e o Nascimento de Cristo. A sexta se encerraria com o Segundo Advento. Depois disso haveria um sábado e, por último, a eternidade.[16]

---

13 James A. Weisheipl. *Friar Thomas D'Aquino*: His Life, Thought, and Work. Garden City, N. Y.: Doubleday, 1974. p.ix, 3.
14 Gregório de Tours. *The History of the Franks*. Trad. Lewis Thorpe. Harmondsworth: Penguin Books, 1974. p.75-6; Jacques le Goff. *La civilisation de l'Occident médiéval*. Paris: B. Arthaud, 1964. p.221-2; Murray, *Reason and Society*, p.175-7; William Langland. *Piers the Ploughman*. Trad. J. F. Goodridge. Harmondsworth: Penguin Books, 1966. p.82.
15 Breisach, *Historiography*, p.83-5; Historiography, Ecclesiastical. In: *The New Catholic Encyclopedia*. Washington, D. C.: Catholic University of America, 1967. v. 7, p.6.
16 Santo Agostinho, *The City of God*. Trad. Marcus Dods. New York: Modern Library, 1950. p.867.

As eras, qualquer que fosse seu número, eram qualitativamente diferentes. A Salvação era impossível para todos aqueles que tinham vivido antes de Cristo, fossem quais fossem suas virtudes, a menos que o Filho de Deus os resgatasse pessoalmente. Isso explica por que Dante deparou com homens retos como Homero, Horácio, Ovídio, Lucano, Sócrates, Platão e Ptolomeu no Limbo, e não no Purgatório ou no Paraíso.[17] As diferentes qualidades das diferentes eras podiam até causar diferenças quantitativas. Santo Agostinho sabia que as pessoas antediluvianas da Primeira Era tinham vivido centenas e centenas de anos – assim dizia a Bíblia – e eram também muito maiores do que seus contemporâneos. Assim diziam Virgílio e Plínio, o Moço, e, de tempos em tempos, as enchentes traziam à tona ossos impressionantemente grandes. Agostinho escreveu ter visto um dente humano tão grande que, se fosse dividido em dentes de tamanho normal, seria equivalente a uma centena.[18]

Essas crenças eram comuns, porque os europeus não tinham um conceito vívido da causação através do tempo, isto é, de uma sucessão de fatores, uns levando aos outros e efetuando mudanças significativas. As transições de uma era para outra tinham sido abruptas – por exemplo, o Dilúvio, a Encarnação – e, do ponto de vista humano, arbitrárias. Passar de predecessores gigantescos, que viviam séculos, para nós, pequenos e com uma curta duração de vida, e fazê-lo num espaço de apenas uns poucos milhares de anos, não é difícil, quando o indivíduo tem a idéia de um Deus onipotente ali onde muitos de nós temos uma idéia de evolução.

Os europeus ocidentais tinham um calendário razoavelmente preciso, que herdaram dos romanos, mais exatamente de Júlio César. Na época desse imperador, o ano civil ou oficial de Roma havia-se afastado tanto da sincronia com o ano solar que o equinócio da primavera ocorria no inverno. César, que nunca relutou em exercer o poder, declarou que o ano que hoje designamos como 46 a. C. deveria ter 445 dias, para fazer o ano civil coincidir com o ano solar. (Esse intervalo ficou conhecido como o "ano da confusão".) Dali por diante, o ano civil passaria a ter 365 dias, com um ano bissexto de 366 dias a cada quatro anos.

Esse calendário, o juliano, foi o padrão da cristandade durante um milênio e meio, mas muitos outros detalhes temporais continua-

---

17 Dante Alighieri. *The Divine Comedy:* Inferno. Trad. e org. Charles S. Singleton. Princeton, N. J.: Princeton University Press, 1970. p.40-5.
18 Santo Agostinho, *The City of God*, p.489-90, 867.

ram sem solução. A data do início de cada ano – 1º de janeiro, a escolha romana, 25 de março, Anunciação e a escolha cristã, ou o quê? – era um desses detalhes. A maneira de contar os anos era outra. Os romanos contavam os seus a partir da fundação de sua cidade e do início do reinado de um determinado imperador ou cônsul.[19] Os ocidentais faziam o melhor possível para seguir essa norma. O Sínodo de Hatfield (680 d. C.), por exemplo, foi realizado "no décimo ano do reinado de nosso mui devoto lorde Egfrid, rei dos nortumbrianos; no sexto ano do rei Ethelfrid, dos mercianos; no décimo sétimo ano do rei Aldwuolf, da Ânglia Oriental",[20] e assim por diante. Isso era um bocado incômodo e estava longe de ser universalmente informativo numa Europa descentralizada. Após séculos de confusão, o Ocidente adotou o sistema de Dionísio, o Pequeno, um monge do século VI que havia declarado que a Era Cristã se iniciara com a Encarnação de Cristo, no *anno Domini* (ou A. D.) número 1.[21]

Os ocidentais tinham a sorte de contar com o calendário juliano, mas ele não era perfeito. O ano solar real tem alguns minutos menos do que 365 dias e um quarto, de modo que o calendário juliano criava um número um pouquinho exagerado de anos bissextos. Isso não tinha a menor importância para os camponeses e os nobres, mas era de grande significação para os eclesiásticos meticulosos, em seu esforço de se adaptar a uma religião do Oriente Médio que tinha no calendário uma festa vertiginosamente móvel, chamada Páscoa. Os cristãos recorriam a uma combinação bizarra de calendários comuns, lunares e solares, para se certificar de que a Páscoa jamais caísse no mesmo dia da Páscoa judaica. O Concílio de Nicéia declarou, em 325, que a Páscoa deveria cair no primeiro domingo após a primeira lua cheia seguinte ao equinócio de primavera.[22] A Páscoa dispara de um lado para outro nas primeiras semanas da primavera [no Hemisfério Norte], como um reflexo em água corrente.

A dificuldade de fixar uma data para a Páscoa incomodava os doutos em astronomia e matemática. O dia de Ano Novo podia ser

---

19 Whitrow, *Time in History*, p.66-7, 74, 119; D. E. Smith. *History of Mathematics*. New York: Dover, 1958. v.2, p.661.
20 Beda. *A History of the English Church and People*. Trad. Leo Sherley-Price. Harmondsworth: Penguin Books, 1968. p.234.
21 Smith, *History of Mathematics*, v.2, p.661. Dionísio, o Pequeno, iniciou a era atual não pelo zero, mas pelo 1, o que constitui a razão por que a maioria de nós não sabe se o próximo milênio começará no ano 2000 ou em 2001.
22 Whitrow, *Time in History*, p.190-1.

este ou aquele, e o mesmo podia acontecer com o número de determinado ano, mas a Páscoa, na qual se comemorava a Ressurreição de Cristo, e a partir da qual eram contadas as datas de outras festas móveis, tinha que cair no domingo certo. Isso dependia da data do equinócio de primavera, que, pelo calendário juliano, empurrada pelo excesso de anos bissextos, ia-se encaminhando para o verão. No século XIII, a divergência entre essa data, segundo o calendário juliano, e a data efetiva era de sete dias, e, mais tarde, oito. Roger Bacon escreveu ao papa sugerindo que o calendário fosse reformado, mas seu conselho não deu em nada. Muitos dos maiores matemáticos e astrônomos da época – Regiomontanus, Nicolau de Cusa, Copérnico – estavam interessados nesse problema, mas as elites políticas e eclesiásticas e a massa da população eram tão indiferentes aos detalhes do calendário, que a reforma gregoriana (ver Capítulo 4) só veio no fim do período que estamos examinando.[23]

As horas, antigas unidades de medida do Oriente Médio que designavam as divisões do dia e da noite, eram as menores unidades com que as pessoas costumavam se importar. É claro que elas sabiam que havia intervalos menores, mas sabiam improvisar meios de lidar com eles: uma instrução culinária do século XIV orientava os novatos a cozinharem um ovo "pelo tempo que levardes para recitar um *Miserere*".[24] Mas as horas eram longas demais e importantes demais para ser objeto de palpites. O próprio Jesus dissera, em João, 9:9: "Porventura não são doze as horas do dia?" (implicando que doze eram também as da noite.)

A Europa não se distribuía dos dois lados do Equador, de modo que as durações do dia e da noite mudavam radicalmente durante o ano. Mesmo assim, cada um tinha de ter doze horas. Os europeus tinham um sistema de horas desiguais, semelhantes às dobras do fole de um acordeão, que se esticavam e se encurtavam de modo a garantir doze horas para o dia e doze para a noite, tanto no inverno quanto no verão.[25] Para agravar a confusão (a nossa, não a deles), essas

---

23 Gordon Moyer. The Gregorian Calendar. *Scientific American*, v.246, p.144-50, maio 1982; Smith, *History of Mathematics*, v. 2, p.659-60; Whitrow, *Time in History*, p.191.
24 Don Lepan. *The Cognitive Revolution in Western Culture, 1: The Birth of Expectation*. London: Macmillan Press, 1989. p.91.
25 O Yale College ainda usava esse tipo de horário em 1826, para tirar o máximo de vantagem da luz do Sol. Ver Michael O'Malley. *Keeping Watch*: A History of American Time. Harmondsworth: Penguin Books, 1991. p.4. O nosso atual horário de verão é nossa maneira pouco refinada de fazer a mesma coisa.

horas desiguais, que nos são conhecidas pelo menos na medida em que são duodecimais, não eram o tipo de horas vernáculas. A maioria das pessoas, quando não avaliava o tempo simplesmente dando uma espiada na posição do Sol no céu, pautava-se por um sistema temporal proclamado pelos sinos das igrejas, o meio de informação mais eficiente da época. Tratava-se do sistema, ainda seguido nos mosteiros de hoje, das sete "horas" canônicas – matinas, prima, terça, sexta, nona, vésperas e completas – que indicavam o momento de recitar algumas orações (Salmos, 119:164: "Sete vezes no dia eu vos louvo, pela justiça dos vossos juízos"). O sistema tanto atendia aos devotos quanto aos ímpios. No canto 15 do *Paradiso*, Dante fala dos sinos de sua Florença tocando a terça e a nona; e, quando assinala horários específicos em seu *Decameron*, Boccaccio refere-se a horas canônicas.[26]

Logo no início da Idade Média, havia apenas três dessas horas, que depois passaram a ser cinco e, finalmente, sete, e que nunca se ancoraram solidamente no tempo dos relógios. Eram faixas, e não pontos no tempo. Escolher o momento de tocar o sino da igreja enquanto elas perduravam era problemático. Tem-se uma idéia disso ao examinar a saga da heróica trajetória do *meio-dia*. A palavra [inglesa] *noon* deriva-se da hora canônica nona, cujo nome provém do latim correspondente à nona hora do dia, a qual, a contar do nascer do Sol, era originalmente soada por volta das 3 horas da *tarde*, ou 15 horas. Durante a Idade Média, o soar da nona foi migrando de volta pelo dia, até chegar a seu local final de repouso, o meio-dia, logo no início do século XII. Não há dúvida de que essa migração ocorreu em velocidades diferentes nos diferentes locais. Na Inglaterra do século XIII, onde os normandos e os saxões ainda não se haviam mesclado, formando os ingleses, esse processo parece ter sido particularmente complicado: *none* talvez significasse o meio da tarde em francês, mas era meio-dia em inglês.[27]

A longa marcha da nona talvez tenha-se originado com os monges, que não podiam comer até a nona "hora" nos períodos de jejum e, com isso, trataram de fazer que ela soasse cada vez mais cedo. Aliás, São Bento, provavelmente a figura mais importante da história do monasticismo ocidental, recomendou no século VI que a nona

---

26 Dante Alighieri. *The Divine Comedy*: Paradiso, canto 15, linha 98; Giovanni Boccaccio. *The Decameron*. Trad. G. H. McWilliam. Harmondsworth: Penguin Books, 1972; Giovanni Boccaccio. *Decameron*. Milano: Arnoldo Mondadori, 1985.
27 W. Rothwell. The Hours of the Day in Medieval France. *French Studies*, v.13, p.245, jul. 1959.

"fosse recitada um pouco mais cedo, por volta de meados da oitava hora". É provável que sua motivação tenha sido o esfaimante alongamento dos dias de verão.[28]

Segundo Dante, o soar da nona foi recuando para o meio-dia ou a sexta porque esta última significava seis. A sexta hora era "a mais nobre de todo o dia, e a mais virtuosa", porquanto seis era a soma de seus fatores, 1, 2 e 3, e por isso era nobre. (Falaremos dos números poeticamente simbólicos daqui a algumas páginas.) E assim, a leitura dos ofícios divinos foi gravitando para o meio-dia, com os primeiros deslizando para adiante e os últimos, para trás.[29] (Como é que isso funcionava na prática, não é fácil de entender.)

A migração do meio-dia ilustra uma característica certeira da maioria dos europeus medievais. A seu modo, eles se preocupavam tanto com o tempo quanto nós, só que seu modo era muito diferente do nosso. Tinha muito a ver com os valores simbólicos e pouco com a precisão.

O conceito de tempo adotado pelos europeus era crucialmente semelhante ao nosso em pelo menos um aspecto. A maioria dos seres humanos – platônicos gregos, navajos, hindus, maias – acreditava que os padrões do tempo, em suas dimensões maiores, assemelhavam-se aos padrões que estavam bem à nossa frente – o circuito das estações, o giro dos céus e assim por diante. Eles acreditavam num tempo cíclico, e não se preocupavam com a idéia de que ele se desenrolasse até o fim. Os europeus ocidentais também reconheciam os ciclos da vida, porque os anos, inegavelmente, eram uma ronda repetitiva de estações, todo pôr-do-sol tinha seu correspondente no alvorecer, e assim por diante. Além disso, eles acreditavam que o Antigo Testamento prefigurava em seus detalhes o Novo Testamento. Contudo, como eram cristãos, não podiam adotar o ciclicalismo em caráter exclusivo. Deus havia sacralizado o conceito do

---

28 David S. Landes. *Revolution in Time*: Clocks and the Making of the Modern World. Cambridge, Mass.: Harvard University Press, 1983. p.404-5.
29 *The Oxford English Dictionary*, s.v."noon"; *The Oxford Dictionary of English Etymology*. C. T. Onions. (Org.) Oxford: Clarendon Press, 1966, s.v. "noon"; Jacques le Goff, *Time, Work, and Culture in the Middle Ages*. Trad. Arthur Goldhammer. Chicago: University of Chicago Press, 1980. p.44-5; Klaus Maurice, Otto Mayreds. (Org.) *The Clockwork Universe, German Clocks and Automata, 1500-1650*. New York: Neal Watson, 1980. p.146-7; *The Rule of St. Benedict*. Trad. cardeal Gasquet. London: Chatto & Windus, 1925. p.84-5; Dante Alighieri. *The Convivio of Dante*. Trad. Philip H. Wicksteed. London: J. M. Dent, 1912. p.345-7.

tempo linear, ao intervir no tempo para conceder à humanidade a possibilidade de salvação. "Guardemos pois o caminho da retidão, que é Cristo", disse Santo Agostinho, "e, tendo a Ele como nosso Guia e Salvador, afastemo-nos no coração e na mente dos ciclos irreais e fúteis dos ímpios."[30]

O tempo linear tinha um começo e teria um fim. Era possível contá-lo do começo até o final – se alguém se dispusesse a isso.

O espaço da Idade Média e do Renascimento era tão assertivamente finito quanto um aquário de peixinhos, esférico e de estrutura qualitativa. Dentro de sua esfera mais externa havia diversas outras, inseridas com precisão umas nas outras. Não havia nenhum vazio entre elas: a natureza abominava ainda mais os vazios naquela época do que agora.[31] As esferas, perfeitamente transparentes, sustentavam os corpos celestes. A mais externa das que tinham uma carga visível carregava as estrelas fixas, cujas posições em relação umas às outras não se alteravam (pelo menos, não com rapidez suficiente para que alguém pudesse notá-la durante uma vida, ou várias). Apenas elas seriam definidas, em termos exclusivos, como estrelas. Dentro de sua esfera ficavam as que carregavam os planetas, o Sol e a Lua.

Todas as esferas e sua carga visível moviam-se em círculos perfeitos, porque o céu era perfeito e o círculo era a mais perfeita e nobre das formas. As formas tinham qualidades, e o círculo, tal como o número 6, era intrinsecamente nobre. O movimento em linhas retas era antitético à natureza dos céus. Os corpos celestes e suas esferas eram todos compostos do quinto elemento, perfeito, que era imutável, imaculado, nobre e inteiramente superior aos quatro elementos com que os seres humanos tinham contato. (Assentimos com deferência a essa teoria todas as vezes que empregamos a palavra *quintessência*, que se refere à quinta essência ou elemento.)

Tudo o que havia abaixo da Lua era mutável e ignóbil, ou seja, composto dos quatro elementos. Logo abaixo da Lua ficava a esfera do fogo, abaixo desta, a do ar, depois, a da água e, por último, no centro, a Terra, que era "o fundamento do universo". É claro que esses

---

[30] Santo Agostinho, *City of God*, p.404. Essa e outras questões pertinentes a esse assunto foram bem resumidas em Anne Higgins. Medieval Notions of the Structure of Time. *Journal of Medieval and Renaissance Studies*, v.19, p.227-50, outono 1989.
[31] E. J. Dijksterhuis. *The Mechanization of the World Picture*. Trad. C. Dikshoorn. Oxford: Oxford University Press, 1960. p.143.

elementos nem sempre se empilhavam em camadas com perfeita exatidão, mas se misturavam, como as terras secas entre os mares, por exemplo. As explicações eram variadas, sendo algumas muito audaciosas; uma, por exemplo, sugeria que as águas retiradas da terra eram acumuladas em algum lugar.[32]

Aqui na Terra, onde o vento nos jogava areia nos olhos e nossos pés ficavam freqüentemente frios e molhados, a impermanência era a norma. No século XIII, Bartolomeu Anglicus declarou que a Terra, dentre os corpos do universo, era o "mais corpulento e o que menos tinha sutileza e simplicidade". Trezentos anos depois, um francês expressou essa idéia em termos mais diretos: a Terra "é tão depravada e fragmentada em toda sorte de vícios e abominações, que parece ser o lugar que recebeu toda a imundície e as purgações de todos os outros mundos e eras".[33] Na zona sublunar, o movimento natural não era perfeito e circular, mas reto, e somente alterável pela violência. Entregue a seus recursos próprios, a chama subia diretamente para sua morada apropriada na esfera do fogo, e as pedras, tendo motivação similar, caíam diretamente sobre a Terra.

Nossa favela sublunar era heterogênea, e não apenas em seu clima, sua flora e sua fauna, mas também em suas plausibilidades. As *Viagens* de sir John Mandeville, um dos livros mais populares do Renascimento, declaravam em tom sóbrio que, na terra de Prester John, havia um mar de cascalho sem água, que "tem marés cheias e vazantes como os outros mares, e nunca fica imóvel ou sereno". Na Etiópia, as pessoas tinham um pé só, "tão grande que faz sombra sobre o corpo inteiro contra o Sol, quando eles se deitam e os colocam em repouso". (É possível que Santo Agostinho tenha sido a fonte de

---

32 M. C. Seymour. (Org.) *On the Properties of Things*: John Trevisa's Translation of Bartholomaeus Anglicus De Proprietatibus Rerum. Oxford: Clarendon Press, 1975. v.2, p.690; Nicholas H. Steneck. *Science and Creation in the Middle Ages*: Henry of Langenstein (d. 1397) on Genesis. Notre Dame, Ind.: University of Notre Dame Press, 1976. p.78-80. Existem muitas fontes secundárias sobre a astronomia medieval; por sua exatidão e brevidade, recomendo A. C. Crombie. *Medieval and Early Modern Science*. Garden City, N. Y.: Doubleday, 1959. v.1, p.19-20, 75-8.

33 *On the Properties of Things*, v.1, p.442, v.2, p.690; E. M. Tillyard. *The Elizabethan World Picture*. London: Chatto & Windus, 1958. p.36. Para uma boa fonte secundária sobre a versão medieval da Terra, ver "Dante's Geographical Knowledge" ["O conhecimento geográfico de Dante"], apêndice de George H. T. Kimble. *Geography in the Middle Ages*. London: Methuen, 1938. p.241-4.

Mandeville no tocante a essa informação: o santo ouvira dizer que os etíopes tinham dois pés numa perna só.)[34]

A geografia era qualitativa. As pessoas das Índias eram vagarosas "porque se encontram no primeiro clima, o de Saturno; e Saturno é vagaroso e pouco se move"; já os europeus, um povo ativo, eram de uma região do sétimo clima, o da Lua, que "circunda a Terra com mais rapidez do que qualquer outro planeta".[35] Até os pontos cardeais eram qualitativos. O Sul significava calor e estava associado à caridade e à Paixão de Cristo. O Leste, voltado para a localização do paraíso terrestre, o Éden, era especialmente poderoso, e por isso é que as igrejas tinham uma disposição Leste-Oeste, ficando a extremidade que interessa, o altar, no Leste. Os mapas-múndi eram desenhados com o Leste no alto. O "norte verdadeiro" ficava no Leste, princípio ao qual nos curvamos respeitosamente toda vez que nos "orientamos".

A ignorância determinava que a cartografia fosse simples. Durante séculos, os mapas-múndi T-O, geralmente tendo Jerusalém como centro, foram altamente valorizados. Os mapas T-O foram assim denominados porque eram traçados como um O com um T em seu interior – ou seja, um círculo com uma linha em seu diâmetro e, em ângulo reto com ela, outra linha que dividia uma das metades em duas partes. A linha mais longa representava o Rio Don, o Mar Negro, Jerusalém e o Nilo, todos juntos como um divisor norte-sul, isolando a Ásia como metade da massa terrestre do globo. A outra linha representava o Mediterrâneo, que dividia a outra metade do bolo em duas fatias, a Europa e a África.[36]

Alguns europeus acreditavam que a Europa, a África e a Ásia compunham apenas a quarta parte da Terra, que era separada dos outros três quartos por grandes mares, ao norte e ao sul, a leste e a

---

34 *Mandeville's Travels*, p.122, 210; Santo Agostinho, *City of God*, p.530.
35 *Mandeville's Travels*, p.126.
36 Samuel Y. Edgerton, Jr. The Art of Renaissance Picture-Making and the Great Western Age of Discovery. In: Sergio Bertelli, Gloria Ramukus. (Org.) *Essays Presented to Myron P. Gilmore*. Firenze: La Nuova Italia, 1978. v.2, p.148; C. Raymond Beazley. *The Dawn of Modern Geography*. London: Henry Frowde, s. d. v.2, p.576-9; O. A. W. Dilke. *Greek and Roman Maps*. Ithaca, N. Y.: Cornell University Press, 1985. p.173; David Woodward. Medieval *Mappaemundi*. In: J. B. Harley, David Woodward. (Org.) *The History of Cartography*. Chicago: University of Chicago Press,1987.v.1: "Cartography in Prehistoric, Ancient, and Medieval Europe and the Mediterranean", p.340-1.

oeste. Parecia improvável que alguém vivesse nesses outros três quartos e, possivelmente, seria uma blasfêmia acreditar que sim. Como poderia alguém ter viajado até lá, partindo do Monte Ararat, onde a Arca de Noé, que continha todos os descendentes vivos de Adão e Eva (ou seja, todos os seres humanos), havia pousado quando as águas do Dilúvio baixaram? Obviamente, não por terra, e as distâncias por mar eram assombrosas. A opinião de Santo Agostinho era que "é por demais absurdo dizer que alguns homens teriam embarcado numa nau e atravessado todo o vasto oceano, partindo deste lado do mundo para o outro". Além disso, eles só poderiam ter viajado do Monte Ararat para as duas porções meridionais passando pelos trópicos inabitáveis, que literalmente ardiam em brasa. Quem acreditasse que havia pessoas habitando os antípodas, dizia Dante, seria um tolo.[37]

O mundo, que Deus havia criado para Seus propósitos, e onde tinham vivido Adão, Eva, Abraão, Davi, Salomão, Jesus e Seus santos, e Satanás e seus diabretes, era adornado por locais dotados de poder religioso. Era possível visitar e andar por Belém, Jerusalém e Judá, era possível beber do Mar da Galiléia e pescar em suas águas, e, sendo assim, por que não se haveria de encontrar, por exemplo, o Inferno? O autor das *Viagens* de Mandeville escreveu sobre uma entrada real do Inferno, um "Perigoso Vale" cheio de ouro e prata, para tentar os mortais a se aproximarem, onde "em pouco tempo eles são estrangulados por demônios". O autor situou o Éden no leste asiático, no alto de uma montanha tão elevada que tocava a órbita da Lua. Nesse paraíso terrestre, havia uma fonte "de onde brotam as quatro torrentes que correm por terras diversas", ou seja, os rios Ganges, Tigre, Eufrates e Nilo. Os homens que tentavam subir a correnteza desses rios eram ensurdecidos pelo fragor das águas, que "descem com grande violência das alturas".[38] Colombo, na costa da Venezuela em 1498, teve certeza de que o Orinoco era um desses rios e de que estava perto do paraíso terrestre.[39]

De que modo as pessoas que alimentavam essas crenças examinavam os mapas? Como foi que os cristãos encararam o mapa de

---

[37] Santo Agostinho, *The City of God*, p.532; Kimble, *Geography in the Middle Ages*, p.241; John Carey. Ireland and the Antipodes: The Heterodoxy of Virgin of Salzburg. *Speculum*, v.64, p.1-3, jan.1989.
[38] *Mandeville's Travels*, p.234-6; ver também *On the Properties of Things*, v.1, p.655-7.
[39] Samuel Eliot Morison. *Admiral of the Ocean Sea*: A Life of Christopher Columbus. Boston: Little, Brown, 1942. p.556-8.

Ebstorf, a última palavra em matéria de mapa-múndi no século XIII? Observamos suas distorções, omissões e erros flagrantes e os consideramos perdoáveis, levando em conta a escassez de informações de primeira mão ou a falta de formação em geometria que caracterizavam os cartógrafos. Mas não sabemos como entender o mapa como um todo. Ele é desenhado sobre um fundo que mostra Cristo crucificado, com a cabeça no Extremo Oriente, as mãos perfuradas no extremo norte e no extremo sul, e os pés feridos na costa de Portugal. Que estariam os cartógrafos tentando dizer? Certamente, não que o Nilo deságua no Mediterrâneo, exatamente a tantas ou quantas léguas ao sul e a oeste de Antioquia. Seu mapa era uma tentativa não quantificatória e não geométrica de fornecer informações sobre o que ficava perto e o que ficava longe – e sobre o que tinha ou não tinha importância. Parecia-se mais com um retrato expressionista do que com uma fotografia de carteira de identidade. Era destinado a pecadores, não a navegadores.

Em nada do que mencionamos até aqui há uma diferença maior entre nossa maneira de pensar e a dos ocidentais medievais e renascentistas do que nas designações das quantidades. Eles louvavam Ptolomeu e Arquimedes, mas não lhes haviam herdado o gosto pela expressão exata da quantidade. As receitas para a produção de copos, cálices, órgãos e outras coisas incluíam pouquíssimos números: "um pouco mais" e "um pedaço de tamanho médio" tinham precisão suficiente. No século XIV, Paris tinha tantas residências particulares que contá-las seria como contar "os talos de plantas num campo vasto, ou as folhas de uma imensa floresta".[40] Os europeus medievais usavam os números para causar impacto, e não em prol da exatidão. O herói da *Canção de Rolando* anuncia, antes da batalha: "Mil golpes desferirei, e os farei acompanhar por mais setecentos, e vereis o aço de Durendal [sua espada] gotejar sangue". Ele morre na batalha e cem milhares de francos choram sua perda.[41]

Além de um pendor para o genérico e o impressionista, os europeus ocidentais, especialmente os que viveram no que chamamos Idade Média, sofriam de uma falta de meios claros e simples de expressão matemática. Não dispunham de sinais de soma, subtração ou divisão, nem dos sinais de igual ou raiz quadrada. Quando preci-

---
40 Murray, *Reason and Society*, p.175-6, 179.
41 *Medieval Epics*. New York: Modern Library, s. d. p.126, 173.

savam da clareza das equações algébricas, produziam, tal como os antigos, frases longas e embrulhadas, quase proustianas.[42] Seu sistema de expressão numérica, herdado do Império Romano, era suficiente para a feira semanal ou a coleta local de impostos, mas não para coisas mais grandiosas. Os algarismos romanos, com suas repetições de I, V, X, L, C e M (com linhas horizontais em cima e embaixo para distinguir os números das letras), eram fáceis de aprender, e compreendê-los nas combinações exigia pouco mais do que a simples soma e subtração (em geral, apenas a soma, porque era mais simples acrescentar algo aos números menores do que subtrair dos maiores). Mas os algarismos latinos eram canhestros demais para expressar números grandes. Por exemplo, um número como 1.549 costumava ser grafado como Mcccccxxxxviiiij. (O j no final significava o fim do número, para garantir que ninguém acrescentasse mais nada.) Felizmente, os romanos e os europeus medievais, pouco afeitos à teoria, raramente tinham que usar números grandes.[43]

Os europeus medievais escreviam seus números em algarismos romanos, mas não usavam esse sistema em seus cálculos. Tinham nas mãos e nos dedos um computador útil e, para as operações mais difíceis, contavam com o ábaco ou tábua de calcular. A melhor descrição de que dispomos do sistema das mãos e dedos é a do Venerável Beda (673-735), que prefaciou seu tratado sobre a cronologia com uma breve dissertação sobre "a habilidade necessária e conveniente de contar nos dedos". Os números até 9 eram designados dobrando-se os dedos: o dedo mínimo dobrado significava 1, o dedo mínimo e o dedo anular dobrados significavam 2, e assim sucessivamente (o 6, sendo perfeito, era indicado dobrando-se apenas o dedo mais nobre, o anular). Dez e os múltiplos de 10 eram especificados por diversas configurações digitais, como, por exemplo, encostando-se o polegar em algumas articulações dos dedos. Os números maiores tinham certas complicações, de modo que Beda recrutava as mãos, os braços, os cotovelos e o tronco. Representava-se 50.000 apontado o polegar da mão estendida para o umbigo. Havia quem reclamasse de que os números maiores exigiam "uma gesticulação de dançarino".

---

42 Para exemplos da prosa matemática da Idade Média, ver Edward Grant. (Org.) *A Source Book in Medieval Science*. Cambridge, Mass.: Harvard University Press, 1974. p.102-35.
43 Smith, *History of Mathematics*, v.2, p.59-63.

Nem Beda nem qualquer de seus contemporâneos da Europa Ocidental conheciam o valor posicional ou o zero, mas a contagem nos dedos permitia que funcionassem como se dispusessem desse conhecimento. As articulações digitais forneciam o valor posicional – uma articulação era 10, outra era 100, e assim por diante – e o zero era indicado pela posição normal relaxada dos dedos – por coisa nenhuma, digamos. Esse sistema era capaz até de efetuar cálculos simples, como 6 x 8, por exemplo, ou mesmo, com um pouquinho de multiplicação feita na cabeça, 13 x 14.[44] (Se você quiser saber como, recomendo o fascinante livro de Karl Menninger, *Number Words and Number Symbols* [*Palavras numéricas e símbolos numéricos*].)

Mas, contar nos dedos não bastava para as operações complexas. Para isso, os europeus recorriam ao ábaco. Hoje em dia, a palavra *ábaco*, apesar de sua origem grega e latina, refere-se àquele instrumento do Leste Asiático com o qual se fazem cálculos deslizando contas por fios de arame. Para os europeus da Idade Média e do Renascimento, a palavra significava uma tábua de calcular, na qual havia linhas em vez de arames, e sobre a qual se movimentavam calhaus ou fichas em vez de contas (Figura 2).

A tábua de calcular era um instrumento com o qual o praticante habilidoso era capaz de fazer toda sorte de cálculos rápidos e precisos, incluindo os que implicavam números grandes. Ela proporcionava a vantagem do valor posicional e do zero, sem a desvantagem de ter que pensar neles. Quem queria expressar o difícil número 101 tinha que colocar uma ficha na linha do 100 e outra na linha das unidades. Não era preciso quebrar a cabeça para saber como expressar a *ausência* dos números 10 ou 5, ou do que quer que houvesse entre eles, bastando para tanto deixar vazias essas linhas ou linha.

O ábaco ainda é largamente usado em grande parte do mundo, pela simples razão de que é uma das invenções mais baratas e mais felizes da humanidade, e sua ausência da Europa Ocidental, entre aproximadamente 500 e 1000 d. C., é uma prova do nadir em que se encontrava a civilização nessa área. É difícil acreditar que todos o houvessem esquecido, que durante cinco séculos ninguém tenha ris-

---

44 Karl Menninger. *Number Words and Number Symbols*: A Cultural History of Numbers. Trad. Paul Broneer. Cambridge, Mass.: MIT Press, 1969. p.202-18; Smith, *History of Mathematics*, v. 2, p.196-202; Florence A. Yeldham. *The Story of Reckoning in the Middle Ages in English*. (Org.) Robert Steele. London: Early English Text Society, 1922. p.66-9; Murray, *Reason and Society*, p.156.

cado linhas na areia com um graveto nem empurrado calhaus de uma linha para outra com o dedão na sandália, para confirmar a estimativa de quantas cabeças de gado haveria nas sete manadas recebidas na feira naquela manhã. Seja qual for a verdade, o fato é que a tábua de calcular desapareceu dos registros escritos e arqueológicos durante quinhentos anos.[45]

FIGURA 2 – Calculadores usando algarismos indo-arábicos e uma tábua de calcular, 1503. Karl Menninger. *Number Words and Number Symbols*. (Cambridge, Mass., MIT Press, 1977). p.350.

O ressurgimento dela no Ocidente está associado ao monge francês Gerbert (o futuro papa Silvestre II), que, na segunda metade do século X, estudou na Espanha, então fervilhante de erudição e

---

[45] Menninger, *Number Words*, p.322; Smith, *History of Mathematics*, v. 2, p.186; Murray, *Reason and Society*, p.163-4.

ciência islâmicas. Ele tomou conhecimento dos algarismos indo-arábicos e da tábua de calcular, que talvez tenha levado consigo ao voltar para casa.[46] No fim do século XI e durante o século XII, os tratados sobre cálculos elementares eram, em sua maioria, tratados sobre o uso da tábua de calcular, e havia surgido um novo verbo, *tabular*,[47] que significava fazer contas.[48] No século XVI, as tábuas de calcular eram tão comuns, que Martinho Lutero pôde referir-se a elas de improviso, para ilustrar a compatibilidade do igualitarismo espiritual com a obediência aos superiores: "Para o mestre contador, todas as fichas são iguais, e seu valor depende de onde ele as coloca. Também os homens são iguais perante Deus, mas desiguais conforme a posição em que Deus os colocou".[49]

Algum tempo depois de Gerbert, talvez no século XIII, as linhas das tábuas da Europa Ocidental deram uma guinada de 90 graus, passando da vertical para a horizontal. Essa reorientação parece-nos apropriada – as fichas passaram a poder ser lidas no sentido lateral, como as palavras –, mas não há nada na matemática que possa ter determinado essa mudança. Karl Menninger sugeriu que a alteração talvez se haja inspirado na pauta musical de Guido d'Arezzo, na qual a altura era uma questão da posição vertical, porém as notas eram lidas e executadas da esquerda para a direita.[50] (Voltaremos a falar de Guido no Capítulo 8.)

As tábuas de calcular são capazes de manejar números grandes e cálculos complexos, de modo que não podemos responsabilizá-las pelo que chamaríamos de impotência matemática dos europeus da Idade Média. A ignorância deles (G. R. Evans os chama, até meados do século XII, de "subeuclidianos")[51] explica uma grande parte de sua inépcia para raciocinar com quantidades, mas havia mais alguma coisa nessa história. Para nós, a não ser por algumas superstições,

---

46 Menninger, *Number Words*, p.322-7; Murray, *Reason and Society*, p.164.
47 Na língua inglesa, o verbo em questão (*to abacus*) deixa mais evidente a sua origem no termo ábaco. (N. T.)
48 Gillian R. Evans. From Abacus to Algorism: Theory and Practice in Medieval Arithmetic. *British Journal for the History of Science*, v.10, parte 2, p.114, jul. 1977; Smith, History of Mathematics, v.2, p.177.
49 Menninger, *Number Words*, p.365-7; Yeldham, *Story of Reckoning*, p.89.
50 Menninger, *Number Words*, p.340-1.
51 Gillian R. Evans. The Sub-Euclidian Geometry of the Earlier Middle Ages, up to Mid-Twelfth Century. *Archive for the History of Exact Sciences*, v.16, n.1, p.105-18, 1976.

como o medo do número 13, os números são perfeitamente neutros, intrinsecamente isentos de qualquer valor moral e emocional, e não passam de puros instrumentos, como uma pá. Mas não era assim para os antigos europeus: eles pensavam nos números como qualitativos e quantitativos.

"Não devemos desprezar a ciência dos números", escreveu Santo Agostinho, esse manancial de dogmas cristãos do século V. Tal ciência, prosseguiu ele, era "de eminentes préstimos para o intérprete cuidadoso". Deus criara o universo em seis dias porque 6 era o número perfeito, como já aprendemos com Dante. O 7 também era perfeito. No uso da época, 3 era o primeiro número ímpar e 4, o primeiro número par. Somados, eles compunham o 7, perfeito. Porventura não havia Deus descansado no sétimo dia, depois de concluir a Criação? O 10, sendo o número dos Mandamentos, simbolizava a lei e, por conseguinte, o 11, que ultrapassava em um o 10, significava a transgressão da lei – o pecado. O 12, por outro lado, era o número do julgamento, porque as duas partes que compunham o número 7, ou seja, 4 e 3, multiplicadas uma pela outra, resultavam 12. Quarenta, o número de dias da Quaresma e o número de dias que o Salvador passara na Terra depois da Ressurreição, representava, para Santo Agostinho, "a própria vida".[52]

Decorrido quase um milênio, Santo Tomás de Aquino transformou o 144.000, soma dos seres humanos que o Apocalipse promete que serão salvos no fim dos tempos, numa catedral de referências sagradas. O *mil* do 144.000 designava a perfeição (presumivelmente, pelo fato de 1.000 ser 10, o número dos Mandamentos, 3 vezes multiplicado por ele mesmo, sendo 3 o número da Trindade e dos dias decorridos entre a Crucificação e a Ressurreição). O *cento e quarenta e quatro* de 144.000 é igual a 12 vezes 12. Doze significa a fé na Trindade, isto é, 3 multiplicado pelas 4 partes da Terra. Pode-se considerar que um dos 12 dessa multiplicação significa o número dos apóstolos, e o outro, o número das tribos de Israel.[53]

Hoje, utilizamos números quando queremos estreitar a concentração em determinado assunto e obter o máximo de precisão em nossas deliberações. Os antigos europeus preferiam um foco amplo e optavam pela imprecisão, na esperança de incluir o máximo

---

[52] Vincent F. Hopper. *Medieval Number Symbolism*. New York: Columbia University Press, 1938. p.94-5.
[53] Idem, p.102.

possível do que pudesse ser importante. Muitas vezes, não estavam à procura de um modo de controlar a realidade material, mas de uma pista sobre o que havia além da cortina da realidade. Eles eram tão poéticos com os números quanto com as palavras.

Grande parte do Modelo Venerável parece-nos tão peculiar quanto a versão da realidade de um xamã do povo tungue. Torcemos o nariz e estalamos a língua diante de seus erros – o de tomar a Terra por centro do universo, por exemplo –, mas nossa verdadeira dificuldade com esse modelo está em que ele é dramático, ou até melodramático, e teleológico: Deus e o Desígnio Divino pairam acima de tudo. Queremos (ou pensamos querer) explicações da realidade esvaziadas de emoção, exangues como a água destilada. Nossos astrofísicos, ao buscarem um título para o nascimento do tempo e do espaço, rejeitaram o termo *criação*, palavra de referências e reverberações infindáveis. Escolheram o título trocista *the big-bang* [o grande estrondo], para minimizar a dramaticidade do assunto e as distorções e palpitações do pensamento exaltado. Os europeus medievais e renascentistas, tal como o xamã, tal como todos nós, em algumas ocasiões, e tal como alguns de nós o tempo todo, queriam explicações que fossem imediatamente conclusivas e emocionalmente satisfatórias. Ansiavam por um universo que, na expressão de Camus, "pudesse amar e sofrer".[54]

Num universo assim, a balança, a régua de uma jarda e a ampulheta eram instrumentos com pouco mais do que uma conveniência prática imediata. O universo dos antigos europeus era um universo de qualidades, e não de quantidades.

---

54 Camus, *Myth of Sisyphus*, p.17.

3

CAUSAS NECESSÁRIAS MAS INSUFICIENTES

> Em termos causais, a presença do oxigênio é uma condição necessária mas não suficiente do fogo. Oxigênio somado a combustíveis, somado ao riscar de um fósforo, ilustraria uma condição suficiente do fogo.
> *William L. Reese* (1981)[1]

A razão de ser deste livro está em descrever uma aceleração havida a partir de 1250, aproximadamente, na transição ocidental da percepção qualitativa para a percepção quantitativa, ou, pelo menos, em direção a ela. Mais particularmente, queremos esmiuçar a fonte dessa aceleração. Esta última parte da tarefa é intimidante, de modo que, antes de começar, devemos discutir exatamente o que estamos procurando, para não nos convencermos de o haver encontrado antes de chegar a ele. Por exemplo, o advento dos algarismos indo-arábicos foi extremamente importante, porém não mais do que aquilo que os lógicos chamam de condição necessária mas insuficiente. Não devemos desconsiderar essas condições (como o oxigênio e os combustíveis da epígrafe), mas o objeto final de nossa busca é "o riscar de um fósforo".

Neste capítulo, discutiremos o oxigênio e os combustíveis, ou seja, a ascensão do comércio e do Estado, o ressurgimento da erudição e outros avanços que são necessários mas insuficientes para explicar o aumento do pensamento quantificador no Ocidente, durante a Idade Média e o Renascimento.

---

1 William L. Reese. *Dictionary of Philosophy and Religion*: Eastern and Western Thought. Atlantic Highlands, N. J.: Humanities Press, 1981. p.381.

Nos capítulos seguintes, para termos certeza de não estarmos travando um combate imaginário com meras reificações, examinaremos provas efetivas da tendência à quantificação – os relógios mecânicos, as cartas marítimas, e assim por diante. Depois, passados muitos outros capítulos, procuraremos o riscar do fósforo.

As percepções ocidentais foram-se modificando à medida que mudou a experiência dos europeus. A população do Ocidente duplicou, ou talvez tenha até triplicado entre 1000 e 1340. Muitas pessoas migraram para regiões alagadiças recém-drenadas e para florestas recém-derrubadas, e rumaram para o leste, a fim de combater os eslavos na luta por solos férteis. Outras se transformaram em populações urbanas, muitas vezes indo trabalhar nas novas indústrias de lã e linho, e novas cidades foram surgindo, enquanto as antigas se ampliavam. No fim do século XIV, Veneza e Londres talvez tivessem 90.000 habitantes cada uma, o que era no máximo um quinto da população do Cairo, mas era vasto pelos padrões ocidentais dos séculos anteriores.[2] Depois, com a irrupção da Peste Negra, em meados de 1300, a população da Europa sofreu uma redução radical de um terço e continuou a cair pelo século seguinte afora, provavelmente com um encolhimento mais rápido das populações urbanas do que das rurais. Apesar disso, decorridos menos de cem anos, os ocidentais se recuperaram, ultrapassaram seu pico anterior e as cidades voltaram a crescer.[3]

Vez após outra, especialmente quando a população se expandia, os ocidentais marchavam e navegavam para longe, para invadir terras islâmicas e pagãs em nome de Deus, de novos feudos e do comércio; e em todo lugar aonde iam, eles viam coisas que sua experiência não os preparara para compreender. Fulcher de Chartres viajou com a Primeira Cruzada e escreveu informando que o Levante tinha hipopótamos, crocodilos, leopardos, hienas, dragões, grifos e

---

2 John H. Mundy. *Europe in the High Middle Ages*. London: Longman, 1973. p.86-7; Ross E. Dunn. *The Adventures of Ibn Battuta*: A Muslim Traveler of the 14th Century. Berkeley: University of California Press, 1986. p.45.

3 J. C. Russell. Population in Europe, 500-1500. In: Carlo M. Cipolla. (Org.) *The Fontana Economic History of Europe*: The Middle Ages. Glasgow: William Collins, 1972. p.36-41; Massimo Livi-Bacci. *A Concise History of World Population*. Trad. Carl Ipsen. Oxford: Basil Blackwell, 1992. p.44-5; Roger Mols. Population in Europe, 1500-1700. In: Carlo M. Cipolla. (Org.) *The Fontana Economic History of Europe*: The Sixteenth and Seventeenth Centuries. Glasgow: William Collins, 1974. v.2, p.38.

manticoras[4] com rostos humanos, vozes semelhantes à flauta e três fileiras de dentes.[5]

Ampliou-se o comércio entre os milhões de camponeses do Ocidente e seus milhares de citadinos frenéticos. Aumentou o comércio de longo curso entre as várias regiões e até com a pátria do islamismo, e ainda com as terras, difíceis de imaginar, de onde Marco Polo retornara com histórias implausíveis. O Estado começou a se estruturar, com seu apetite insaciável de impostos. A Igreja, fonte da misericórdia e da salvação, cobrava impostos com tamanho afã, que muitos cristãos começaram a duvidar de que o papa ainda possuísse "o poder concedido a São Pedro pelos céus, ou seja, o de obrigar e absolver, porquanto se revelava inteiramente dessemelhante de São Pedro".[6]

Novos tipos de pessoas iam galgando os patamares da sociedade em três níveis da Europa medieval (campesinato, nobreza e clero). Essas novas pessoas eram compradores, vendedores, cambistas, geradores do que Jacques Le Goff chamou de "uma atmosfera de cálculo",[7] e que se deleitavam com ela. Eram mercadores, advogados e escribas, mestres do estilete, da pena e da tábua de calcular. Eram a burguesia, os cidadãos do *bourg* ou *burgo* ou cidade, uma meritocracia mais alfabetizada e mais perita em números do que a maior parte do clero e da nobreza europeus. Filipe, o Louro, da França, um monarca tão poderoso que podia desafiar o rei da Inglaterra e o papa, recorreu a um mercador genovês para administrar sua marinha e a um comerciante florentino para gerir suas finanças. Esses dois, Benedetto Zaccaria e Musciatto Guidi, respectivamente,[8] eram homens da camada média de uma hierarquia social que, teoricamente, não tinha lugar para ninguém que se situasse no patamar intermediário.

---

4 Os grifos e manticoras são animais lendários, os primeiros com corpo e patas traseiras de leão e com cabeça, asas e garras de águia, e os últimos com cabeça de homem, em geral com chifres, corpo de leão e cauda de dragão ou escorpião. (N. T.)
5 Fulcher de Chartres. *A History of the Expedition to Jerusalem, 1095-1127*. Trad. Frances R. Ryan. New York: Norton, 1969. p.284-8.
6 *Chronicles of Matthew Paris*: Monastic Life in the Thirteenth Century. Trad. Richard Vaughan. Gloucester: Alan Sutton, 1984. p.82, 275.
7 Jacques Le Goff, The Town as an Agent of Civilisation, 1200-1500. In: *The Fontana Economic History of Europe*: The Middle Ages, p.91; Jacques Bernard. Trade and Finance in the Middle Ages, 900-1500, in idem, p.310.
8 Robert S. Lopez. *The Commercial Revolution of the Middle Ages, 950-1350*. Cambridge: Cambridge University Press, 1976. p.166.

Muitas dessas novas pessoas alcançaram suas posições sociais através da riqueza que haviam acumulado mediante a utilização de máquinas para explorar as forças naturais. A Europa medieval construiu dezenas de milhares de moinhos d'água para moer cereais, pisoar tecidos e uma vintena de outras finalidades. De acordo com o Domesday Book,[9] a Inglaterra contava com 5.624 deles na época da conquista normanda, o que equivaleria a aproximadamente um para cada 50 famílias. Os ocidentais inventaram independentemente, ao que parece, o moinho de poste, aquele tipo de moinho de vento com um eixo horizontal e pás que dele saem em ângulos retos, no qual quase todos pensamos ao nos lembrarmos da Holanda.[10] Os moinhos de poste eram uma visão comum na Alta Idade Média e, no começo do século XIV, Dante pôde descrever um Satanás gigantesco e alado, semelhante a "um moinho que o vento faz girar",[11] e confiar em que seus leitores o compreenderiam. No século XV, ou talvez muito antes, o Ocidente contava com uma proporção maior de indivíduos que entendiam de rodas, alavancas e engrenagens do que qualquer outra região da Terra, e os ocidentais do norte e do sul começavam a se acostumar com o zumbido e o bater repetitivos das máquinas.

A mudança não foi maior, no Ocidente do fim da era medieval, do que seria meio milênio depois, durante a Revolução Industrial, mas é possível que assim tenha parecido. A Europa do ano 1000 não tinha nenhum modo estabelecido de refletir sobre as mudanças, e certamente não sobre a mudança social, ao passo que a Europa de 1750 estava ao menos familiarizada com esse conceito.

No entanto, comparado às civilizações contemporâneas muçulmana, indiana e chinesa, o Ocidente estava singularmente bem preparado para sobreviver a essa avalancha de mudanças, e até para

---

9 Cadastro das terras inglesas, das quais Guilherme, o Conquistador, mandou fazer um levantamento em 1086. (N. T.)
10 Jean Gimpel. *The Medieval Machine*: The Industrial Revolution of the Middle Ages. Harmondsworth: Penguin Books, 1976. p.12, 16-7, 24, 167-8; Lynn White Jr. *Medieval Technology and Social Change*. Oxford: Oxford University Press, 1964. p.81-7.
11 Dante Alighieri. *The Divine Comedy*: Inferno. Trad. Charles S. Singleton. Princeton, N. J.: Princeton University Press, 1970. p.361. Quem estiver precisando corrigir a interpretação eurocêntrica da história da tecnologia poderá ler Donald R. Hill. Mechanical Engineering in the Medieval Near East. *Scientific American*, v.264, p.100-5, maio 1991.

tirar proveito dela. A Europa Ocidental tinha as características que os médicos à procura de meios de enfrentar os distúrbios da senilidade têm esperança de encontrar no tecido fetal, ou seja, tinha menos vigor propriamente dito, ainda que este certamente seja valioso em si, do que indiferenciação. O tecido fetal é tão novo que preserva a potencialidade de se transformar em qualquer tipo de tecido que se faça necessário.

Faltava ao Ocidente uma firmeza da autoridade política e religiosa e, em termos muito gerais, cultural. Entre as grandes civilizações, ela se singularizava por sua resistência obstinada à padronização e à centralização nos campos político, religioso e intelectual. Havia nela uma coisa em comum com o universo descrito por místicos como Nicolau de Cusa e Giordano Bruno: ela não tinha centro e, portanto, tinha centros por toda parte.

A Europa Ocidental era um viveiro de jurisdições – reinos, ducados, baronatos, bispados, comunas, guildas, universidades e muito mais –, uma mistura de controles e contrapesos. Nenhuma autoridade, nem mesmo o representante de Cristo na Terra, tinha uma jurisdição política, religiosa ou intelectual efetiva. Isso se tornou flagrantemente óbvio com a revolta protestante: por exemplo, Joseph Justus Scaliger tanto preservou sua fé religiosa quanto sua pele ao emigrar da França católica para a Genebra fervorosamente protestante e, de lá, para a tolerante Leiden. A descentralização do Ocidente também já havia salvo dissidentes antes disso. Quando Guilherme de Occam se recusou a aceitar a autoridade de João XXII sobre a pobreza evangélica e outras questões, o papa o excomungou, ou seja, arrancou-o do seio da Igreja e o atirou no zero absoluto de uma vida sem sacramentos e sem a ajuda e o consolo de qualquer outro cristão – em tese. O condenado foi refugiar-se com o inimigo do papa, o imperador alemão Luís da Bavária, e continuou como antes, até ser silenciado não pelo papa, mas, provavelmente, pela Peste Negra.[12] E, é claro, quem desobedecia à autoridade secular, em obediência à de Roma, costumava conseguir encontrar refúgio na Igreja Romana. Durante gerações, os papas mantiveram um rol de não-conformistas e outros "traidores" desse tipo. Em épocas posteriores e mais seculares, reis, ditadores e primeiros-ministros fizeram coisa

---

12 Ernest A. Moody. Ockham, William of. In: Charles Coulston Gillispie. (Org.) *The Dictionary of Scientific Biograph*. New York: Scribner's, 1970-1980. v.10, p.172.

parecida. A Europa descentralizada sempre teve para os emigrados um quarto no sótão ou, pelo menos, um cantinho seco nos celeiros.

As elites tradicionais do Ocidente, seculares e eclesiásticas, não eram suficientemente unidas para defender seus interesses contra seus rivais mais óbvios e imediatos na luta pelo poder, que não eram nenhuma delas duas, nem tampouco os tártaros ou os muçulmanos, mas os mercadores em quem, sendo moradores das cidades, eles esbarravam todos os dias. As aristocracias política e religiosa da Ásia e do Norte da África sempre acabavam por se aliar, no intuito de manter subjugados os novos ricos. No Ocidente, por outro lado, os comerciantes e banqueiros conseguiram até fundar suas próprias dinastias familiares e insinuar-se na proeminência política; os mais famosos, é claro, foram os Médici, mas houve também os Fugger e um bom número de linhagens menores de riqueza e influência. Os homens que negociavam com o câmbio de moedas eram o fermento que a massa – camponeses, sacerdotes ou nobres – jamais conseguiu eliminar nem esterilizar, e que se reproduzia e até recrutava representantes nas classes tradicionais.

As elites do palácio e da catedral não conseguiam eliminar a burguesia porque lhes faltava a confiança em serem capazes de realizar suas próprias ambições, sem terem acesso à riqueza e às habilidades daquela meritocracia petulante. Antes que as classes dirigentes conseguissem converter seu desdém e seu temor nascente numa política eficaz, os comerciantes haviam criado uma civilização em que as outras pessoas só podiam obter satisfação pessoal comprando os serviços daqueles que viviam fazendo cálculos e concedendo-lhes privilégios.

O Ocidente não estava consolidado, nem intelectual nem socialmente. Singularizava-se entre as grandes civilizações por sua falta de uma tradição clássica filogenética. As sínteses clássicas dos outros tinham raízes profundas em seu passado. Seus preceitos faziam parte de suas antigas culturas, inclusive os dos muçulmanos, cuja grande maioria não era de beduínos, mas de descendentes dos persas, egípcios, gregos e outros. Essa gente sofisticada não se sentia na obrigação de repensar seus conceitos básicos sobre a realidade. Chegou até a ficar para trás na invenção ou na adoção de minúcias da disposição e da forma na escrita – a ordenação alfabética (ou um equivalente dela, em se tratando dos caracteres chineses), a pontuação, as entradas de parágrafo, o uso de letras maiúsculas, os cabeçalhos, e assim por diante – que, como veremos dentro em pouco, revelaram-se muito úteis para os não iniciados do Ocidente.[13] Os que vinham de civilizações de longa data não faziam idéia de que não fossem iniciados.

Os ocidentais, para dizê-lo em linguagem simples, eram periféricos. À guisa de ilustração, basta-nos apontar para seus santuários mais sagrados, que ficavam fora do Ocidente e, depois das vitórias de Salah Al-Din Yussuf (Saladino), fora da cristandade.[14] Pelo menos tão problemáticas quanto a origem externa de grande parte do Modelo Venerável eram suas contradições internas. Seus componentes gregos e hebraicos, respectivamente racionalistas e místicos (permitam-me essa supersimplificação, em nome da brevidade), eram desarmônicos. O Ocidente, diversamente de seus rivais, tinha uma necessidade crônica de explicadores, adaptadores e formuladores de novas sínteses.

A verdade teológica e filosófica, cuja função era *explicar*, adquiriu autoridade antiga e requinte contemporâneo na Alta Idade Média e, em conseqüência disso, paradoxalmente, tornou-se mais um quebra-cabeça do que um consolo. No século XII, alguns eruditos ocidentais, Adelardo de Bath, Robert de Chester e outros, estudaram com judeus e muçulmanos doutos, em geral na Espanha, e voltaram para casa a fim de legar à cristandade traduções latinas de obras de algumas das maiores mentes da antiga cultura grega e da cultura islâmica vigente: Platão, Ptolomeu, Avicena e outros. No século XIII, a tradução de todo o *corpus* dos textos de Aristóteles chegou ao Ocidente, como uma ânfora de vinho que houvesse rolado de uma birreme grega para dentro de uma embarcação do Mar do Norte.

Pela primeira vez, os ocidentais tiveram que lidar com um corpo completo de conhecimentos minuciosos e interpretações altamente sofisticadas, da autoria de um pagão. "O Filósofo", como passaram a chamá-lo, explicava praticamente *tudo* – ética, política, física, metafísica, meteorologia e biologia. O manual padrão de teologia da Idade Média, a *Summa sententiarum*, de Pedro Lombardo, escrita em

---

13 Toby E. Huff. *The Rise of Early Modern Science*: Islam, China, and the West. Cambridge: Cambridge University Press, 1993. p.292.
14 Samuel Y. Edgerton Jr. From Mental Matrix to *Mappamundi* to Christian Empire: The Heritage of Ptolemaic Cartography in the Renaissance. In: David Woodward. (Org.) *Art and Cartography*: Six Historical Essays. Chicago: University of Chicago Press, 1987. p.24-9.

meados de 1100, contava, entre milhares de citações extraídas dos Padres da Igreja, com apenas três de filósofos seculares; mas a *Summa theologica*, de Santo Tomás de Aquino, escrita entre 1266 e 1274, tinha 3.500 citações apenas de Aristóteles. Mil e quinhentas delas provinham de livros desconhecidos no Ocidente cem anos antes.[15]

O Modelo Venerável perdeu nitidez – não porque os ocidentais decidissem que estava errado, mas porque, em alguns casos, as diversas explicações do passado não coincidiam na precisão com os requisitos do presente, ou não eram exatamente adequadas a eles. Por exemplo, os quatro elementos, de acordo com os antigos gregos e romanos, eram a terra, o ar, o fogo e a água, mas a história da Criação, tal como enunciada no Gênesis, não faz referência ao ar. Santo Tomás de Aquino explicou que Moisés "não faz nenhuma menção expressa" desse elemento invisível pelo nome, "para evitar expor diante de pessoas ignorantes algo que estava além de seus conhecimentos".[16] Outro exemplo: em 1459, Fra Mauro fez um mapa-múndi no qual a Ásia era tão grande que afastava Jerusalém da posição mais honrosa, o centro. Ele explicou que

> Jerusalém é, de fato, em termos da latitude, o centro do mundo habitado, embora, longitudinalmente, situe-se um pouco mais a oeste; entretanto, uma vez que a porção ocidental é mais densamente povoada, em decorrência da Europa, Jerusalém também é o centro em termos longitudinais, se considerarmos não o espaço vazio, mas a densidade populacional.[17]

O Modelo Venerável perdeu nitidez sob a luz ofuscante do esclarecimento. De acordo com alguns dos mais eminentes historiadores modernos do fim da Idade Média – Johan Huizinga, Lynn White Jr. e William J. Bouwsma –, o Ocidente vinha-se debatendo num profundo desânimo cultural, num estado de confusão perpé-

---

15 R. W. Southern. *Medieval Humanism*. New York: Harper & Row, 1970. p.46.
16 Edward Grant. (Org.) *A Source Book in Medieval Science*. Cambridge, Mass.: Harvard University Press, 1974. p.26; Thomas S. Kuhn. *The Copernican Revolution*: Planetary Astronomy in the Development of Western Thought. Cambridge, Mass.: Harvard University Press, 1957. p.110.
17 G. R. Crone. *Maps and Their Makers*: An Introduction to the History of Cartography. Folkestone: Kent, William Dawson, 1978. p.28-9.

tua, durante o período do fim do século XIII até o século XVI.[18] Seus modos tradicionais de perceber e explicar vinham sendo deficientes em sua função primária, que era, nas palavras de Bouwsma, "conferir à experiência um sentido ... capaz de dar à vida uma certa dose de confiabilidade, e, com isso, reduzir, ainda que não pudesse abolir por completo, as incertezas extremas e aterradoras da existência".[19]

De maneira muito lenta, hesitante e amiúde inconsciente, os ocidentais começaram a improvisar uma nova versão da realidade, a partir dos elementos herdados e da experiência presente e, em muitos casos, comercial. O Novo Modelo emergente, como iremos chamá-lo, distinguia-se por sua ênfase crescente na precisão, na quantificação dos fenômenos físicos e na matemática.

Os principais responsáveis pelo Novo Modelo foram pessoas urbanas, os cidadãos mais irrequietos das sociedades ocidentais, como na maioria das sociedades. Assim como as células de um feto *são* o crescimento, essas pessoas *eram* a mudança, mesmo quando eram membros de antigas elites: por exemplo, os bispos em suas novas catedrais urbanas, vastas e exorbitantemente dispendiosas. Alguns dos moradores das cidades eram membros de elites nascentes, da vanguarda cultural, e a eles devemos especial atenção. Suas horas de trabalho eram passadas num de dois centros: a universidade e o mercado.

Este último era mais velho do que a escrita ou a roda, mas os ocidentais tiveram que inventar a primeira. A expansão populacional, a Igreja e o Estado florescentes, os conhecimentos que proliferavam e a ameaça de várias heresias produziram, juntos, uma demanda de mais professores, eruditos, burocratas e pregadores, superando as antigas escolas das catedrais e dando origem às universidades.

A primeira metade do século XII foi o período heróico da educação superior ocidental, uma época em que os estudantes se reuniam

---

18 J. Huizinga. *The Waning of the Middle Ages*. New York: Doubleday, 1954; Lynn White Jr., Death and the Devil. In: Robert S. Kinsman. (Org.) *The Darker Vision of the Renaissance*: Beyond the Fields of Reason. Berkeley: University of California Press, 1974. p.25-46; William J. Bouwsma. Anxiety and the Formation of Early Modern Culture. In: Barbara C. Malament. (Org.) *After the Reformation*: Essays in Honor of J. H. Hexter. Philadelphia: University of Pennsylvania Press, 1980. p.215-46; Donald R. Howard. Renaissance World-Alienation, in ibidem, p.47-76.
19 Bouwsma, Anxiety and the Formation of Early Modern Culture, p.228.

espontaneamente em torno de mestres como o racionalista radical Pedro Abelardo, e chegavam até a segui-los de uma cidade para outra, se necessário. Os mestres ministravam conhecimentos e sabedoria, às vezes com uma pitada de ceticismo, mas não podiam conferir diplomas nem reivindicar para si prerrogativas legais, nem tampouco defender seus alunos nas lutas da cidade contra a beca. Os estudantes não tinham como obter um certificado formal da erudição adquirida, nem a garantia de que seus mestres não aparecessem bêbados para lecionar, ou se mudassem para longe, ou até fossem embora, nem tampouco podiam defender-se dos preconceitos e da exploração locais. Mestres e alunos, em outras palavras, não eram instituições.[20]

No século XII, esses dois grupos agregaram-se em instituições. A Universidade de Paris, que se especializou no ensino das artes liberais populares, numa cidade capaz de fornecer a legiões de eruditos uma quantidade suficiente de alimentos, moradia, entretenimento e maneiras elegantes, foi a mais influente. Nas décadas intermediárias do século seguinte, essa universidade havia adquirido dimensões e prestígio suficientes para lhe garantir, assim como às universidades em geral, que elas seriam um componente vital da civilização do Ocidente.[21]

Os mestres parisienses, em algum momento entre 1150 e 1200, seguindo o exemplo dos médicos, dos comerciantes e dos artesãos, estabeleceram-se como uma guilda ou *universitas*. O chanceler da catedral da cidade travou uma longa batalha com esses mestres pelo controle da nova instituição, batalha na qual, apoiados por um papado que vinha procurando enfraquecer a autoridade episcopal, eles saíram vencedores. O governo municipal e o povo da cidade opunham-se às reivindicações de privilégios especiais dos professores e aos modos arruaceiros dos alunos, e chegaram a fazer algumas cabeças rolarem para deixar isso bem claro; mais uma vez, entretanto, a universidade venceu, contando também, nesse caso, com o apoio de reis Capetos que queriam cultivar a prosperidade e o prestígio de sua capital. Em 1231, o papa Gregório IX expediu uma Bula que reconhe-

---

20 R. W. Southern. The Schools of Paris and the School of Chartres. In: Robert L. Benson, Giles Constable, Carol D. Lanham. (Org.) *Renaissance and Renewal in the Twelfth Century.* Toronto: University of Toronto Press, 1991. p.114-8.
21 Nathan Schachner. *The Mediaeval Universities.* New York: Barnes, 1962. p.59-73.

cia a Universidade de Paris como uma corporação sob proteção papal, acolhendo a reivindicação da instituição de ficar isenta das autoridades locais.

O Ocidente havia inventado uma instituição duradoura, cuja função era dar emprego a pensadores e estudiosos profissionais. No século XII, os defensores do *status quo* haviam perseguido Abelardo até expulsá-lo de Paris e do magistério, mas, no século XIII, Alberto, o Grande, Tomás de Aquino, Boaventura e até mesmo, por algum tempo, o quase herege Siger de Brabante desfrutaram, como professores da Universidade de Paris, uma considerável segurança no trabalho, além de uma certa liberdade de pensamento e expressão.[22]

Como recompensa por favorecerem as universidades, a Igreja e o Estado receberam gerações de bispos, administradores e um sortimento de burocratas, todos letrados, inteligentes e intelectualmente rigorosos, que haviam freqüentado e, muitas vezes, lecionado nessas instituições.[23] Por exemplo, Nicole Oresme e Philippe de Vitry, produtos da Universidade de Paris sobre os quais teremos mais a dizer, foram conselheiros de reis da França e se tornaram, respectivamente, os bispos de Lisieux e Meaux.

Os professores de filosofia e teologia das universidades, os escolásticos, foram os intelectuais mais influentes do Ocidente medieval. Incluíram-se entre os avós, senão os pais do Novo Modelo, embora não fossem inovadores intencionais. Eles não acreditavam ter que inventar ou descobrir o saber, mas apenas que redescobri-lo. São Boaventura chamou-os de "compiladores e urdidores de opiniões aceitas".[24] Podemos entendê-los melhor como herdeiros do que como profetas, e, sendo assim, comecemos por seu passado.

Seus ancestrais intelectuais do início da Idade Média haviam-se dedicado a resgatar a erudição. Haviam construído resumos e enciclopédias da herança antiga, adaptando e simplificando, de acordo

---

22 Hastings Rashdall. *The Universities of Europe in the Middle Ages*. London: Oxford University Press, 1936. v.1, p.269-583.
23 Willis Rudy: *The Universities of Europe, 1100-1914*. London: Associated University Presses, 1984. p.20-6; Southern, The Schools of Paris and the School of Chartres, p.119, 129; John W. Baldwin, Masters at Paris from 1179 to 1215: A Social Perspective, in Benson et al., *Renaissance and Renewal in the Twelfth Century*, p.141-3, 151-8.
24 Jorge J. E. Gracia. Scholasticism and the Scholastic Method. In: Joseph R. Strayer. (Org.) *The Dictionary of the Middle Ages*. New York: Scribners', 1982-1989. v.11, p.55.

com as crenças cristãs, o pouco de que dispunham, e, muitas vezes, como arqueólogos que catalogassem cacos de cerâmica, deixando-se ficar inteiramente absortos em minúcias. Santo Isidoro de Sevilha, por exemplo, produzira, no século VII, uma enciclopédia de todos os conhecimentos humanos, a *Etymologiae*, a mais popular da Europa Ocidental durante séculos, na qual explicara praticamente tudo o que tinha importância, freqüentemente através de análises incorretas das origens das palavras.[25]

A concentração na compilação, na disposição e na linguagem em si também foi característica do fim da Idade Média. A diferença entre o esforço de erudição desses dois períodos consistiu em que o primeiro foi uma tentativa de salvar o máximo possível de um corpo de conhecimentos que estava minguando – um agarrar-se a qualquer fiapo de palha, por assim dizer – e o segundo foi uma tentativa de dar sentido a um corpo crescente de conhecimentos, semelhante a um monte inteiro de feno espalhado pelo chão do celeiro.

Os escolásticos tiveram de resolver o portentoso problema de como organizar o legado maciço de um passado pagão, islâmico e cristão, para poderem confrontar de maneira eficaz o problema ainda mais difícil de conciliar as contradições entre os pensadores cristãos e não cristãos – e até entre um santo e outro. Os ignorantes comodistas ou os cínicos confiantes teriam resolvido as duas dificuldades jogando fora o que lhes parecesse excessivo ou incongruente. Mas os escolásticos eram intensamente doutos, ainda que estreitos, e tremendamente zelosos.

Os textos, fossem sagrados ou profanos, tal como inicialmente recebidos dos antigos, eram pilhas indiferenciadas, sem divisões, e que não tinham por onde se lhes segurar, tão desajeitadas de manejar quanto baleias encalhadas na praia. Os escolásticos inventaram títulos de capítulos e cabeçalhos corridos (freqüentemente codificados pelo tamanho das iniciais e pela cor), referências cruzadas e até citações de autores mencionados. Por volta de 1200, Stephen Langton (que logo se transformaria no arcebispo de Cantuária, que aconselhou os barões e o rei João na crise que produziu a Magna Carta) e seus colegas conceberam o sistema de capítulos e versículos para os

---

25 Frederick B. Artz. *The Mind of the Middle Ages, A. D. 200-1500*. Chicago: University of Chicago Press, 1980. p.193; Ernest Brehaut. *An Encyclopedist of the Dark Ages*. New York: Columbia University Press, 1912. p.215-21.

livros da Bíblia, que até então eram florestas sem nenhuma trilha.[26] No século seguinte, Hugo de St. Cher, um dominicano da Universidade de Paris, dirigiu uma equipe de estudiosos na redação, entre outras obras-primas dos livros de consulta, da maciça *Correctoria*, que era um rol das diversas leituras da Vulgata. Esses e outros estudiosos similares produziram concordâncias nas Escrituras Sagradas e índices de palavras-chave e de assuntos sobre os Padres da Igreja e, depois, sobre Aristóteles e outros autores antigos.[27] Ao usarem números na montagem de sua estrutura erudita, eles substituíram os algarismos romanos pelos novos e brilhantes algarismos indo-arábicos, antes que a maioria dos comerciantes e banqueiros fizesse essa mesma transição.[28]

Durante gerações, os escolásticos ficaram à procura de um princípio segundo o qual organizar aquela massa de informações, a fim de poder recuperá-las com facilidade. Eles acreditavam que esse princípio deveria dizer respeito, sobretudo, à importância relativa das informações. Nos catálogos das bibliotecas, por exemplo, a Bíblia deveria aparecer em primeiro lugar, seguida pelos Padres da Igreja e assim sucessivamente, ficando os livros sobre as artes liberais em último lugar. Mas a ordenação pelo simples prestígio nem sempre funcionava bem, especialmente no nível das minúcias, de modo que os escolásticos a complementaram com um sistema ocasionalmente usado no mundo antigo e num ou noutro momento desde aquela época, mas nunca com freqüência ou de maneira sistemática: a ordenação alfabética. Tão abstrata quanto uma progressão de algarismos, ela não exigia nenhum julgamento quanto à significação relativa daquilo que organizava, e, por isso, paradoxalmente, era de utilidade universal. Podia ser usada para organizar dicionários de pa-

---

26 Beryl Smalley. *The Study of the Bible in the Middle Ages.* Oxford: Basil Blackwell, 1952. p.222-4.
27 Ibidem, p.222-4, 333-4; Hugh of St. Cher. In: *Dictionary of the Middle Ages,* v.6, p.320-1; Lloyd William Daly. *Contributions to a History of Alphabetization in Antiquity and the Middle Ages.* Bruxelles: Latomus Revue d'Études Latines, 1967. p.74; Richard H. Rouse , Mary A. Rouse. *Preachers, Florilegia and Sermons*: Studies on the *Manipulus florum* of Thomas of Ireland. Toronto: Pontifical Institute of Mediaeval Studies, 1979. p.4.
28 Brian Stock. *The Implications of Literacy*: Written Language and Models of Interpretation in the Eleventh and Twelfth Centuries. Princeton, N. J.: Princeton University Press, 1983. p.63; Rouse & Rouse, *Preachers, Florilegia and Sermons*, p.32-3.

lavras, concordâncias entre os pronunciamentos de Deus ou as afirmações dos antigos gregos, catálogos de livros e coletâneas de documentos governamentais. Os escolásticos forneceram manuais e dicionários de material para sermões, todos em ordem alfabética, aos pregadores que, no fim do século XII, competiam com os hereges pelas almas dos habitantes das cidades florescentes. E desde então continuamos a usar a ordem alfabética.[29]

Talvez a mais inovadora e útil dentre todas as diversas invenções dos escolásticos tenha sido o sistema do índice analítico. Grécia e Roma nunca haviam organizado seus textos de modo a que um novato pudesse proceder com confiança do tema geral para o tópico particular, deste para o subtópico e daí para o aspecto específico, e depois percorrer o caminho de volta. Os escolásticos o fizeram. Seu sistema ajuda não apenas a encontrar um determinado item num livro, mas a acompanhar linhas de argumentação e, como a técnica matemática, a raciocinar com clareza. Trata-se de uma peneira de vários níveis, com gradações que vão da mais grossa à mais fina, na qual jogamos nossas idéias confusas. Os primeiros a serem peneirados são os assuntos gerais, designados em nossa adaptação dessa invenção escolástica por I, II etc. Em seguida são selecionados os tópicos, A, B, e assim por diante; depois, os subtópicos, 1, 2 etc.; e estes, se necessário, são ainda divididos em a, b, c, e assim sucessivamente. Alexandre de Hales, o mestre franciscano, talvez tenha sido o primeiro a introduzir esse sistema. Ele dividiu o todo em *partes* e depois em *membra* e *articuli*. Santo Tomás de Aquino, que nunca perdia de vista o ponto em que estava numa argumentação, dividiu o todo em *partes*, estas em *quaestiones* ou *distinctiones*, e estas em *articuli*.[30]

A capacidade de organização dos escolásticos, combinada com sua profunda seriedade, impediu-os de se refugiarem no obscurantismo e no cinismo. Eles tinham pleno domínio de seus textos, sabiam da correção destes, sabiam que eles muitas vezes pareciam contraditórios, e faziam um grande esforço para abrir caminho, através do pensamento, no labirinto que insistiam em construir para si. Não

---

29 Daly, *Contributions to a History of Alphabetization*, p.74, 96; Smalley, *Study of the Bible*, p.333-4; Rouse & Rouse, *Preachers, Florilegia and Sermons*, p.4, 7-15; Mary A. Rouse, Richard H. Rouse. Alphabetization, History of. In: *Dictionary of the Middle Ages*, v.1, p.204-7; Stock, *The Implications of Literacy*, p.62.
30 Erwin Panofsky. *Gothic Architecture and Scholasticism*. Latrobe, Pa.: Archabbey Press, 1951. p.32-5, 95-6; ver também Otto Bird. How to Read an Article of the Summa. *New Scholasticism*, 27, p.129-59, abr. 1953.

lograram êxito, é claro, mas, nesse processo, reinventaram para o Ocidente o rigor na lógica e a lucidez na expressão formal. Analisaram meticulosamente seus textos, subiram cuidadosamente as escadas de silogismos que iam das premissas às conclusões, e aperfeiçoaram em sua prosa um instrumento adequado para a expressão de seus pensamentos criteriosos.

Nenhum escolástico trabalhou com mais habilidade ou maior economia de recursos do que Santo Tomás de Aquino. O arcabouço de sua lógica está aí para ser visto e testado, e sua prosa é um ressequido mínimo indispensável, desprovido de aliterações, figuras de linguagem ou sequer metáforas, a não ser quando a tradição o exige. (Não lhe era realmente possível rejeitar a poesia dos Salmos, mas ele criticou Platão pela extravagância da linguagem.)[31] Seu raciocínio e sua linguagem são quase matemáticos: nossos tradutores às vezes usam símbolos algébricos como o melhor meio de expressar, no inglês do século XX, o que ele escreveu no latim do século XIII, embora tais símbolos não houvessem surgido nem mesmo na matemática antes da última parte do Renascimento. A título de exemplo de sua lógica e sua prosa, examinemos algumas frases extraídas da primeira de suas provas da existência de Deus:

> Ora, uma mesma coisa não pode, ao mesmo tempo, ser efetivamente x [*sit simul*, no original em latim] e potencialmente x, embora possa ser efetivamente x e potencialmente y [*secundum diversa*]: o efetivamente quente não pode, ao mesmo tempo, ser potencialmente quente, embora possa ser potencialmente frio. Por conseguinte, uma coisa em processo de mudança não pode ser, ela própria, a causa dessa mudança: não pode mudar a si mesma. Necessariamente, portanto, qualquer coisa que esteja em processo de mudança está sendo modificada por outra coisa.[32]

(Esse agente último, é claro, revela-se Deus, algumas frases adiante.)

Em nossa época, a palavra *medieval* é freqüentemente usada como sinônima de mentalmente confuso, mas pode-se usá-la com mais exatidão para indicar a definição precisa e o raciocínio meticuloso, ou seja, a *clareza*. Tomás de Aquino, um santo, foi um favorito

---

31 M.-D. Chenu. *Toward Understanding Saint Thomas*. Trad. A.-M. Landry & D. Hughes. Chicago: Henry Regnery, 1964. p.59-60, 117-9.
32 Sto. Tomás de Aquino. *Summa theologiae*. London: Blackfriars, s. d. v.2, p.12-3.

de René Descartes,[33] príncipe herdeiro da filosofia racionalista e praticamente o inventor da geometria coordenada ou analítica.

A organização criteriosa, a lógica e a precisão da linguagem, se levadas ao extremo, conduzem à matemática. Esse passo seguinte, ultrapassando Santo Tomás de Aquino, não foi tão grande quanto hoje poderíamos considerá-lo, porque a maior parte da matemática, afora o fazer contas e a aritmética simples, ainda era expressa em termos verbais. Todavia, foi um enorme passo em termos conceituais, tanto assim que os escolásticos jamais conseguiram dá-lo. Eles não puderam, ou só raramente conseguiram ir além do que os estudiosos do século XX chamaram de "filosofia lógico-matemática". Os escolásticos não contaram com a vantagem dos sinais de adição, subtração, raiz quadrada e outras operações. Não tiveram a vantagem de muitos dos tipos mais elementares de decisão sobre o que medir e como, decisões estas que começaram a tomar por nós. Por exemplo, em matéria de temperatura, seriam o frio e o calor duas entidades diferentes, ou dois aspectos diferentes de uma mesma entidade? E, o que é mais importante, os escolásticos, mais herdeiros de sábios qualitativos, como Platão e Aristóteles, do que do quantitativo Ptolomeu, ainda não eram peritos nas quantidades medidas, nem se sentiam à vontade raciocinando em termos delas.

Richard Swineshead, de Oxford, por exemplo, foi engenhoso não no manejo da mensuração exata, mas na evitação do assunto. Não mediu o peso, mas encontrou maneiras de pensar nele sem medi-lo. Ponderou sobre o que poderíamos chamar de experimentos mentais com o peso. Se uma vara caísse verticalmente no centro do universo (a Terra) e o atravessasse, a parte que o atravessasse primeiro estaria "caindo" para cima, o que afetaria o restante da vara, ainda em processo de queda. Iria o ponto intermediário da vara algum dia coincidir com o centro do universo? Esse era um problema que desafiava o mais arguto dos lógicos, um problema que inspirou os intérpretes de Swineshead a produzir torrentes de álgebra, mas um problema que recende mais, muito mais à lamparina do escolástico do que ao bico de Bunsen do cientista em sua bancada.[34]

---

33 Albert G. A. Balz. *Descartes and the Modern Mind*. New Haven, Conn.: Yale University Press, 1952. p.26; René Descartes. *Correspondance*. Org. de C. Adam e G. Milhaud. Paris: Presses Universitaires de France, 1941. v.3, p.301; Adrien Baillet. *La vie de Monsieur Des-Cartes*. Paris: Daniel Honthemels, 1891. parte 1, p.286.
34 John Murdoch, Edith Sylla. Swineshead, Richard. In: *Dictionary of Scientific Biography*, v.3, p.185, 189, 198-9, 204-5.

Mesmo assim, no século XIV, alguns escolásticos – Swineshead e seus colegas monges do Merton College, de Oxford, e, em termos mais produtivos, Nicole Oresme, de Paris – fizeram grandes progressos na matemática-sem-mensuração. Os ingleses tiveram mais sucesso do que qualquer ocidental, até então, na utilização da álgebra para considerar o que Aristóteles denominava qualidades: velocidade, temperatura etc. Oresme foi mais longe, geometrizando as qualidades, inclusive a velocidade em sua manifestação mais intrigante, a aceleração. Produziu algo que correspondia a gráficos (muito parecidos com pautas musicais; ver Capítulo 8), nos quais a progressão do tempo era expressa por uma linha horizontal, e a intensidade variável de uma qualidade, por linhas verticais de várias alturas. O resultado final era uma abstração elegante e pura, uma imagem geométrica de um fenômeno físico de variação no tempo[35] (Figura 3).

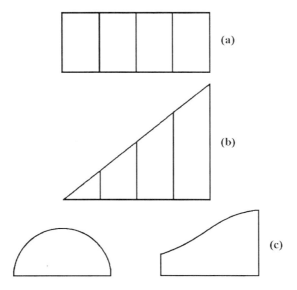

FIGURA 3 – Representação oresmiana de vários movimentos: (a) velocidade uniforme, (b) movimento uniformemente acelerado, (c) velocidades não uniformes. David C. Lindberg, *The Beginnings of Western Science*. Chicago: University of Chicago Press, 1992. p.299.

---

[35] David C. Lindberg. *The Beginnings of Western Science*. Chicago: University of Chicago Press, 1992. p.294-301.

Por mais impressionante que tenha sido o trabalho dessas pessoas, ficamos reiteradamente surpresos com a ausência de mensurações efetivas. Elas não dispunham de traduções das seções sobre a mensuração escritas por Ptolomeu, Euclides e outros quantificadores clássicos, ou então as ignoraram deliberadamente. Tal como acontecia com Aristóteles, os escolásticos consideravam que uma coisa podia ser mais ou menos do que outra, mas não viam as coisas em termos de múltiplos de quantidades definidas, como polegadas, graus de um arco, graus de calor ou quilômetros por hora. Paradoxalmente, os escolásticos eram matemáticos sem ser quantificadores.[36]

Havia exceções, e Roger Bacon foi a mais famosa delas. No fim do século XIII, ele disse que a matemática era "o portão e a chave do conhecimento", que os santos haviam descoberto no início do mundo. A matemática, disse ele, era nosso guia infalível na astronomia, na meteorologia, na geografia e noutras coisas deste mundo, e na filosofia e além dela, inclusive na teologia.[37] Houve ocasiões em que Bacon efetivamente fez mensurações, como, por exemplo, ao medir o ângulo de 42 graus entre a curvatura de um arco-íris e a linha dos raios solares que incidiam sobre as costas do mensurador. A influência (ou não-influência) dessa empreitada na metrologia prática, entretanto, foi o que você e eu consideraríamos curiosa. Outros pesquisadores medievais do campo da óptica prestaram pouca atenção à medida de Bacon, e o mais bem-sucedido deles, Teodorico de Freiberg, parece havê-la reduzido à metade em seu tratado sobre o arco-íris. Terá sido isso um erro dele ou de algum copista? O mais importante é que esse erro parece não haver incomodado ninguém por centenas de anos.[38]

Uma outra fonte da tendência para a quantificação, mais importante do que a luta dos escolásticos para ultrapassar o verbalismo, leva-nos de volta ao que pode ser ou não a raiz de todos os males, mas que é certamente a raiz principal da civilização moderna. Muitos dos escolásticos interessados nas qualidades quantificadoras –

---

36 Anneliese Maier. *On the Threshold of Exact Science*. Trad. Steven D. Sargent. Philadelphia: University of Pennsylvania Press, 1982. p.169-70.
37 *The Opus Majus of Roger Bacon*. Trad. Robert B. Burke. Philadelphia: University of Pennsylvania Press, 1928. v.1, p.116-7, 120, 123, 128, 200, 203-4.
38 A. C. Crombie. Quantification in Medieval Physics. In: Sylvia L. Thrupp.(Org.) *Change in Medieval Society*: Europe North of the Alps, 1050-1500. New York: Appleton-Century-Crofts, 1964. p.195.

Roger Bacon, Alberto da Saxônia, Walter Burley, Henrique de Hessen, Gregório de Rimini e Jean Buridan – também escreveram sobre o *dinheiro*.[39] Nicole Oresme compôs um tratado inteiro sobre o assunto, concentrando-se no mistério da inflação, com a qual o mais transformava-se misteriosamente em menos. Sim, disse ele, a degradação das moedas criava mais dinheiro, porém um dinheiro de menor valor, que empobrecia a sociedade. Em vão ele tentou dissuadir os reis franceses dessa prática.[40]

O dinheiro só perdia para Deus em matéria de poder e ubiqüidade. Santo Tomás de Aquino reconheceu seu poder:

> É verdade que o dinheiro está subordinado a alguma outra coisa como seu fim; contudo, na medida em que é útil na busca de todos os bens materiais, ele, de algum modo, os contém a todos por seu poder ... É dessa maneira que tem uma certa semelhança com a beatitude.[41]

O Império Romano havia funcionado com base no dinheiro em espécie, mas, em princípio, não foi isso que fez o Ocidente. Havia pouco comércio, e boa parte dele era o escambo. As moedas tinham pouco valor abstrato afora o valor de seu metal. Os homens poderosos e providos de moeda sonante davam-na a seus seguidores, para cultivar-lhes a lealdade, ou derramavam-na entre os pobres; um nobre de Limousin chegou até a plantar moedas de prata num campo, em nome do prestígio. Não era incomum fundir as moedas, refundi-las e acumulá-las sob a forma de baixelas, coroas, crucifixos e cálices, ou enterrá-las com os mortos.[42] A moeda deixava de circular por falta de comércio, o comércio estagnava por falta de moeda, e o dinheiro ensinava a poucos as vantagens da quantificação.

Com o tempo, entretanto, os invasores muçulmanos e vikings passaram a ficar em suas terras ou a criar raízes, os senhores feudais estabeleceram algum tipo de lei e ordem, e a produtividade agrícola entrou em alta. Surgiram novas técnicas e equipamentos – um tipo

---
39 Joel Kaye. The Impact of Money on the Development of Fourteenth-Century Scientific Thought. *Journal of Medieval History*, v.14, (p.260), set. 1988.
40 Ibidem, p.254, 257-8, 260.
41 Sto. Tomás de Aquino. *Summa theologiae*. London: Blackfriars, 1964-1966. v.41, p.261.
42 Marc Bloch. *Feudal Society*. Trad. L. A. Manyon. Chicago: University of Chicago Press, 1961. v.1, p.66; v.2, p.311; Alexander Murray. *Reason and Society in the Middle Ages*. Oxford: Clarendon Press, 1985. p.34-5.

de arreios que permitia aos cavalos exercerem a tração com os ombros e não com o pescoço, arados pesados para lavrar o solo argiloso da parte da Europa banhada pelo Atlântico, e uma porção de outros aperfeiçoamentos individualmente pequenos, mas coletivamente fundamentais.[43]

O abastecimento melhorou, o comércio e as cidades renasceram e a avareza piscou e esfregou os olhos à visão do dinheiro. A moeda sonante brotou de todos os esconderijos e penetrou nos países, vinda do exterior. A Inglaterra, que tinha apenas dez casas da moeda no ano de 900, contava com setenta no ano 1000. As cidades, e mais tarde as nações, começaram a emitir moeda, e a cunhagem ocidental substituiu a não ocidental como o tipo mais comum de dinheiro.[44]

Os ocidentais viram-se deslizando para uma economia monetária e, nesse processo, cada componente de sua vida foi sendo reduzido a um único padrão. "Todo artigo vendável é, ao mesmo tempo, um artigo mensurável",[45] disse Walter Burley, do Merton College, no século XIV. O trigo, a cevada, a aveia, o centeio, as maçãs, as especiarias, as lãs, os tecidos, as gravuras e as pinturas passaram a ter preços; e isso era relativamente fácil de entender, porque podiam ser comidos, vestidos, tocados e observados. Mais difícil era compreender as situações em que o dinheiro substituía obrigações de servidão e trabalho instituídas desde longa data pelos costumes. Quando o tempo revelou ter um preço – ou seja, juros sobre dívidas, calculados de acordo com a passagem dos meses e anos –, isso ultrapassou os limites da mente e também do senso moral, porque o tempo era propriedade exclusiva de Deus.[46] Se o tempo tinha preço, se o tempo era algo que podia ter um valor numérico, que dizer de outros imponderáveis indivisíveis, como o calor, ou a velocidade, ou o amor?

O preço quantificava *tudo*. O vendedor estipulava um preço para aquilo que tinha para vender, pois tudo que lhe era necessário ou desejado, por sua vez, também tinha que ser pago. Em 1308, o papa Clemente V proclamou que o preço do perdão por um ano de pecados seria a contribuição de um *pence*, moeda de Tours, para a digna

---

43 Lopez, The Commercial Revolution, p.30-57.
44 Murray, *Reason aand Society*, p.50-8.
45 Kaye, The Impact of Money, p.260.
46 Jacques Le Goff. *Your Money or Your Life*: Economy and Religion in the Middle Ages. Trad. Patricia Ranum. New York: Zone Books, 1988.

causa da Cruzada contra os muçulmanos.[47] "Ó, esplêndido ouro!", exultou Cristóvão Colombo dois séculos depois. "Quem possui ouro tem um tesouro com o qual obtém aquilo que quer, impõe sua vontade ao mundo e até ajuda as almas a atingirem o paraíso."[48]

As cidades da Itália setentrional cunharam as primeiras moedas de ouro ocidentais a terem ampla circulação durante muito tempo; Gênova cunhou o genovês e Florença, o florim, ambos em 1252, e Veneza cunhou o ducado em 1284.[49] Esperava-se que essas moedas valessem não apenas o que seu metal pudesse obter no mercado, mas também o que os governos que as emitiam declaravam ser seu valor. Algumas delas preservaram esse valor no mercado por períodos consideráveis: surgia uma nova e abstrata medida do valor na Europa Ocidental. Quando até o valor do genovês, do florim e do ducado oscilava, ou quando uma transação não podia ser concluída porque a quantidade de dinheiro sonante oferecida numa moeda valia uma fração a mais ou a menos de um número inteiro de peças na moeda em que o preço era expresso, ou ainda, quando o valor das moedas oscilava para cima e para baixo com tamanha rapidez, que ninguém confiava em saber ao certo seu valor relativo – quando tudo estava num fluxo mutável, mas, apesar disso, as faturas tinham que ser emitidas e pagas, os ocidentais deram um outro passo gigantesco rumo à abstração. Ampliaram como nunca a proveitosa ficção da "moeda contábil", uma escala idealizada que consistia no que, passado algum tempo, transformou-se nas proporções arbitrariamente fixadas dos valores das moedas de prestígio. O sistema era tão abstrato que continuou a funcionar mesmo depois de algumas dessas moedas saírem de circulação.[50]

---

47 William E. Lunt. *Papal Revenues in the Middle Ages*. New York: Octagon Books, 1965. v.2, p.458; Elisabeth Vodola. Indulgence. In: *Dictionary of the Middle Ages*, v.6, p.446-50.
48 *Journals and Other Documents on the Life and Voyages of Christopher Columbus*. Trad. Samuel Eliot Morison. New York: Heritage Press, 1963. p.383.
49 Le Goff, The Town as an Agent of Civilization, p.81.
50 Kaye, The Impact of Money, p.259; P. Spufford. Coinage and Currency. In: M. M. Poston, E. E. Rich , Edward Miller. (Org.) *Economic Organization and Policies in the Middle Ages*. Cambridge Economic History of Europe, n.3. Cambridge University Press, 1963. p.593-5; F. P. Braudel. Prices in Europe from 1450 to 1750. In: E. E. Rich , C. H. Wilson. (Org.) *The Economy of Expanding Europe in the Sixteenth and Seventeenth Centuries*. Cambridge Economic History of Europe, n.4. Cambridge: Cambridge University Press, 1967. p.379; Elgin Groseclose. *Money and Man*: A Survey of Monetary Experience. Norman: University of Oklahoma Press, 1976. p.66-7; Carlo M. Cipolla. *Money, Prices, and Civilization in the Mediterranean World, Fifth to Seventeenth Century*. New York: Gordian Press, 1967. p.38-52.

O caráter abstrato da escala de valores dos comerciantes ocidentais faz-nos lembrar algumas das especulações mais visionárias de Platão, só que essa especulação foi produto das práticas sagazes de homens cuja subsistência dependia do equilíbrio entre as despesas e o lucro. A moeda contábil era tão útil e tão estranha quanto um sistema de medição do tempo que os músicos ali por perto, nas ruas da cidade, haviam inventado: os *tempora* (tempos), que eram homogêneos, todos iguais entre si, apesar de se comporem de som ou de silêncio. No turbilhão estonteante de uma economia monetária, o Ocidente aprendeu os hábitos da quantificação.

A economia da Europa Ocidental não foi a primeira a ser monetizada, o que já acontecera milhares de anos antes; sendo assim, por que terá essa alteração surtido efeitos tão característicos e até singulares no Ocidente? É claro que sua escassez crônica de moeda sonante contribuiu para isso. A Europa Ocidental não tinha grandes depósitos de ouro e prata de fácil mineração, de modo que, quando se deixou fisgar pela economia monetária, não dispunha de metais preciosos em quantidade suficiente para que sua economia funcionasse com eficácia. O Ocidente sofreu de um problema crônico de balança de pagamentos até uma certa época do século XVI. O dinheiro em espécie escoava da Europa setentrional para os portos do Mediterrâneo, e de lá para os parceiros comerciais no Oriente. Na década de 1420, Veneza exportou uns cinqüenta mil ducados por ano somente para a Síria. O fluxo do ouro para o leste era tão regular, e durou tanto tempo, que os espanhóis tinham um nome especial para ele: *evacuación de oro*.

A Europa retirava de suas próprias minas toda a moeda sonante que podia, importava ouro de regiões remotas como a África tropical e, depois do ressurgimento de suas manufaturas, vendia suas mercadorias por dinheiro sonante, sempre que possível, mas os metais preciosos continuavam a ser carregados para o Oriente. Assim, as taxas de juros chegavam a atingir 15% nos empréstimos a longo prazo feitos a comerciantes e instituições respeitáveis, como a comuna de Florença, e 30% ou mais nos empréstimos feitos a reis e príncipes. Os governos decretaram taxas de juro máximas – 15% em Gênova, durante toda a década de 1200, 20% na França, em 1311 –, o que sugere que as taxas reais tendiam a ser ainda mais altas.[51]

---

51 Cipolla, *Money, Prices, and Civilization*, p.63-5; Geoffrey Parker. The Emergence of Modern Finance in Europe, 1500-1730. In: *The Fontana Economic History of Europe*: The Sixteenth and Seventeenth Centuries, p.527-9; Harry A. Miskimin. *The Economy of Early Renaissance Europe, 1300-1460*. Englewood Cliffs, N. J.: Prenti-

Os ocidentais ficaram obcecados com aquilo a que não podiam se agarrar: o dinheiro. Marco Polo foi eloqüente com respeito à abundância de ouro em certas partes do Oriente. Colombo concentrou-se em encontrá-lo em seu novo mundo. Cortés e seus espanhóis, segundo diziam os astecas, eram ávidos dele "como porcos".[52] Não havia sobre a Terra nenhum povo que se interessasse mais pelas moedas do que os ocidentais, nenhum povo que se preocupasse mais com seu peso e sua pureza, ou que trapaceasse mais com as letras de câmbio e outros pedaços de papel que representavam dinheiro – não havia na Terra nenhum povo com uma obsessão maior de contar, contar e contar.

---

ce-Hall, 1969. p.155; Harry A. Miskimin. *The Economy of Later Renaissance Europe, 1460-1600*. Cambridge: Cambridge University Press, 1977. p.22-3, 28, 35-43.
52 Miguel Leon-Portilla. (Org.) *The Broken Spears*: The Aztec Account of the Conquest of Mexico. Boston: Beacon Press, 1962. p.50-1.

4

TEMPO

> O *Horologium* – não apenas mostra e registra ele as horas diante de nossos olhos, como também seu sino as anuncia aos ouvidos dos que estão longe ou em suas casas. De certa maneira, portanto, ele parece estar vivo, posto que se move por conta própria e executa seu trabalho em prol do homem, noite e dia, e nada pode haver de mais útil ou mais agradável que isso.
> *Giovanni Tortelli* (1471)[1]

O tempo intrigava Santo Agostinho: "Bem sei o que ele é, desde que ninguém me pergunte; mas, se me perguntam o que é e tento explicá-lo, isso me desconcerta".[2] As medidas costumam ser medidas *de algo* que é caracteristicamente ele mesmo – cem metros de estrada, de campina, de lago – mas, uma centena de horas, alegres ou tristes, é uma centena de horas de... tempo.

A insubstancialidade do tempo desafiava a compreensão de Santo Agostinho e desafia a nossa, mas permite aos seres humanos imprimirem sobre ele suas próprias concepções das partes que o compõem. Não é de estranhar que os europeus ocidentais da Idade Média tenham dado na mensuração do tempo seu primeiro e gigantesco passo na metrologia prática. Tampouco é de estranhar que o tenham feito medindo as horas, e não numa reforma do calendário.

---

[1] Alex Keller. A Renaissance Humanist Looks at "New" Inventions: The Article "Horologium" in Giovanni Tortelli's *De Orthographia. Technology and Culture*, n.11, p.351-2, 354-5, 362-3, jul.1970.

[2] Santo Agostinho. *Confessions*. Trad. R. S. Pine-Coffin. Harmondsworth: Penguin Books, 1961. p.264.

As horas não eram limitadas por nenhum evento natural, sendo, antes, durações arbitrárias e passíveis de definição arbitrária. Os dias, em contraste, tinham essas fronteiras na escuridão e na luz, e, além disso, os calendários eram artefatos de milênios de civilização, repletos de incrustações dos costumes e da religião.

Ilustrando: quando Jerónimo de Aguilar encontrou alguns cristãos, em 1519, depois de passar anos abandonado entre os maias de Yucatán, sua primeira pergunta foi qual era o dia da semana. Quando os homens que o resgataram disseram-lhe que, como ele supunha, era quarta-feira, confirmando que ele havia conseguido acompanhar o curso dos dias da semana apesar de seu isolamento, ele irrompeu em pranto. O que tanto o comoveu não foi o fato de seu calendário estar certo de acordo com as estrelas, mas o de ele haver conseguido manter seus horários de oração enquanto se achava entre os infiéis.[3] Esse guardião do calendário, típico de sua época e de seu povo, não estava interessado na exatidão em si, mas enquanto relacionada com a tradição e com a possibilidade de salvação.

Para os camponeses, os horários eram aproximados: o clima, o alvorecer e o pôr-do-sol ditavam seus ritmos. Mas as horas tinham uma importância central para os habitantes das cidades, já iniciados na onda da quantificação pela compra e venda. Seu tempo já era aquilo de que iria chamá-lo Benjamin Franklin, um homem que eles prenunciaram: dinheiro.

Em 1314, a cidade de Caen instalou um relógio numa ponte e nele colocou a seguinte inscrição: "Dou voz às horas/Para que o povo se rejubile".[4] (É bom lembrar que o povo, na época, incluía todo o mundo, exceto os membros da aristocracia e da igreja.) Uma petição quatrocentista para um relógio municipal, em Lyon, proclamava: "Fosse tal relógio construído, mais comerciantes viriam às feiras, os cidadãos ficariam muito reconfortados, alegres e felizes, e levariam uma vida mais ordeira, e a cidade aprimoraria sua decoração".[5]

A palavra inglesa *clock* relaciona-se com a francesa *cloche* e com a alemã *Glocke*, todas elas significando sino. Na Idade Média e no Renascimento, a vida das cidades era regida pelos sinos – "uma cidade

---

3 Francisco López de Gómara. *Cortés: The Life of the Conqueror by His Secretary*. Trad. Lesley Byrd Simpson. Berkeley: University of California Press, 1964. p.31.
4 David S. Landes. *Revolution in Time*: Clocks and the Making of the Modern World. Cambridge, Mass.: Harvard University Press, 1983. p.81.
5 Carlo M. Cipolla. *Clocks and Culture, 1300-1700*. London: Collins, 1967. p.42.

sem sinos", disse até mesmo Rabelais, inimigo da pontualidade, "é como um cego sem bengala".⁶ Mas as horas que eles marcavam, no início do segundo milênio, eram canônicas e imprecisas, e havia pouquíssimas delas por dia, para dar um ritmo razoável aos horários urbanos.

Os habitantes dos burgos entendiam o valor prático dos relógios, sentiam-se à vontade com a quantificação e eram entendidos em maquinaria, mas isso não significa, necessariamente, que inventassem o relógio mecânico. Se a história fosse lógica, um astrólogo ou um monge teria realizado essa façanha, pois eles eram membros dos dois grupos da sociedade da Europa medieval que se dedicavam a respeitar horários à noite, fosse ela nublada ou limpa, numa época em que avaliar o tempo era difícil. Os astrólogos, por exemplo, tinham que determinar as posições dos planetas móveis em relação uns aos outros nos momentos em que os reis, os papas e os mecenas abastados nasciam, morriam, deflagravam batalhas, e assim por diante. Os monges tinham que se levantar no escuro para recitar as orações adequadas nas horas certas. Começar o dia com as matinas era complicado: a Regra de São Bento decretava que "quem chegar às matinas depois do *Gloria* do Salmo 94, o qual, por essa razão, desejamos que seja dito com vagar e com calma, não ocupará seu lugar no coro, mas será o último a sair, ou irá para algum local afastado que o prior possa designar para aqueles que, a seu ver, houverem cometido tamanha falta".⁷

Os primeiros relógios mecânicos eram tão grandes e dispendiosos que duvido que algum astrólogo ou astrônomo tenha construído o primeiro deles, ainda que tal sábio pudesse fazê-lo, se patrocinado por um duque ou um bispo. Meu palpite é que um monge, membro de uma organização grande e provavelmente rica, realizou a façanha. Se a história fosse lógica, ele teria sido um monge da ordem cisterciense, que era tecnologicamente avançada e cujos priores tinham certeza de que a graça estava correlacionada de algum modo com a eficiência e, portanto, com os moinhos d'água e os moinhos de vento, as engrenagens e as rodas.⁸

---

6 François Rabelais. *The Histories of Gargantua and Pantagruel*. Trad. J. M. Cohen. Harmondsworth: Penguin Books, 1955. p.78.
7 *Rule of St. Benedict*. Trad. Charles Gasquet. London: Chatto & Winders, 1925. p.36, 78; Landes, *Revolution in Time*, p.68.
8 Jean Gimpel. *The Medieval Machine*: The Industrial Revolution of the Middle Ages. Harmondsworth: Penguin Books, 1976. p.67-8.

A lógica sugeriria ainda que essa invenção fosse feita no Norte. Lá, a variação sazonal da duração do dia e a disparidade das horas desiguais era maior do que na Europa mediterrânea, e a água dos relógios de água tinha mais tendência a se congelar. A França setentrional, pátria da arquitetura gótica e da polifonia, onde a inovação avançava aos saltos no século XIII, parece ser uma escolha sensata.

Mas, chega de lógica, que a história freqüentemente ignora. Não sabemos quem construiu o protótipo europeu de nossos relógios mecânicos, nem onde, e provavelmente nunca o saberemos. Quanto à data, foi nas últimas décadas do século XIII, pouco antes ou pouco depois da invenção dos óculos (o que foi mais do que uma coincidência: o Ocidente estava dando início à sua febre permanente de inventar dispositivos tecnológicos para auxiliar os sentidos humanos).[9] Não temos como determinar o ano, mas é provável que a década tenha sido a de 1270. No início dela, Robertus Anglicus teceu comentários sobre as tentativas de construir uma roda que fizesse um giro completo a cada 24 horas. Na mesma década, alguém da corte de Alfonso, El Sabio, na Espanha, desenhou um relógio movido a pesos, regulado pelo fluxo do mercúrio que ia de um compartimento de uma roda oca para outro.[10] Mais ou menos nessa ocasião, ou pouco depois, o poeta Jean de Meun, co-autor de *O romance da rosa*, incluiu nesse texto, que foi o "campeão de vendas" da época, um Pigmalião que era um ótimo mecânico. Inventava diversos tipos de instrumentos musicais – por exemplo, um órgão minúsculo, cujos foles ele acionava e o qual ia tocando enquanto "cantava o motete ou o triplum ou a voz de tenor" – e relógios que soavam "por meio de rodas de arquitetura complexa, que giravam sem parar".[11] Se o poeta não tinha visto um relógio, ouvira falar dele.

Depois de 1300, não há dúvida de que o relógio mecânico havia-se tornado uma realidade, pois houve um grande aumento no

---

9 Edward Rosen. The Invention of Eyeglasses. *Journal of the History of Medicine and Allied Sciences*, v.11, p.28-9, jan. 1956.
10 Pierre Mesnage. The Building of Clocks. In: Maurice Daumas. (Org.) *A History of Technology and Invention through the Ages*. Trad. Eileen B. Hennessy. New York: Crown, 1969. v.2, p.284; H. Alan Lloyd. *Some Outstanding Clocks over Seven Hundred Years, 1250-1950*. s. l.: Leonard Hill, 1958. p.4-6.
11 Guillaume de Lorris, Jean de Meun. *The Romance of the Rose*. Trad. Charles Dahlberg. Hanover, N. H.: University Press of New England, 1986. p.343.

número de referências às máquinas de medir o tempo.[12] Dante, no vigésimo quarto canto do *Paradiso*, escrito por volta de 1320, utilizou as engrenagens de transmissão como metáfora das almas bem-aventuradas, girando em êxtase:

> Tal qual as rodas em sincronia de um mecanismo de relógio
> Fazem a mais interna, se olhada de perto,
> Parecer imóvel, enquanto a mais externa voa.[13]

Em 1335, Galvano della Fiamma descreveu um "relógio maravilhoso" em Milão, na Capela da Virgem Santíssima (atual São Gotardo), com um martelo que soava as 24 horas do dia e da noite:

> À primeira hora da noite ele emite uma batida, à segunda, duas badaladas, à terceira, três, e assim sucessivamente, à quarta, quatro; e com isso distingue uma hora de outra, o que é necessário no mais alto grau para todas as situações do homem.[14]

Os relógios tinham apenas sinos – ainda não dispunham de mostradores ou ponteiros –, mas a Europa Ocidental já havia entrado na era do tempo quantificado, talvez tão a fundo que já não podia voltar atrás.

A maioria das invenções compõe-se de aperfeiçoamentos ou adaptações de dispositivos anteriores, mas o relógio mecânico, em seu mecanismo-chave, foi realmente original. Para muitas pessoas, o tempo se afigurava um fluxo não fracionado. Assim, os experimentadores e inventores passaram séculos tentando medi-lo, imitando sua passagem contínua, isto é, o fluxo de água, de areia, de mercúrio, de porcelana moída, e assim por diante – ou a combustão lenta e regular de uma vela longe do vento. Mas ninguém jamais concebera um modo prático de medir períodos longos por esses meios. A subs-

---

12 J. D. North. Monasticism and the First Mechanical Clocks. In: J. T. Fraser, N. Lawrence. (Org.) *The Study of Time*: Proceedings of the Second Congress of the International Society for the Study of Time. New York: Springer, 1975. v.2, p.384-5.
13 Dante Alighieri. *The Divine Comedy*. Trad. John Ciardi. New York: Norton, 1961. p.541; Ernest L. Edwardes. *Weight-Driven Chamber Clocks of the Middle Ages and Renaissance*. Altrincham: John Sherratt, 1965. p.19-21. Ver o canto 10 do *Paraíso* de Dante, para outra imagem relacionada com os relógios.
14 Edwardes, Weight-Driven Chamber Clocks, p.46-7.

tância em movimento tornava-se gelatinosa, congelava, evaporava ou se coagulava, ou então a vela queimava num ritmo perversamente rápido ou perversamente lento, ou então se derretia – alguma coisa saía errada.

A solução do problema tornou-se possível quando se parou de pensar no tempo como um *continuum* regular e se começou a pensar nele como uma sucessão de quantidades. Santo Agostinho, por exemplo, sugeriu que se poderia medir uma sílaba longa como o dobro de uma sílaba curta: "Mas, quando duas sílabas soam uma após outra – a primeira curta, a segunda longa –, como hei de discernir a sílaba curta?".[15] A resposta, em termos tecnológicos (e não filosóficos), foi o escapo. Com ele, a sílaba curta tornou-se a duração entre o *tique* e o *taque*.

A Europa Ocidental era cheia de moinhos, alavancas, polias e engrenagens, quando Robertus Anglicus descreveu um medidor do tempo movido por um peso que pendia de uma corda enroscada num cilindro, e a idéia de usar parte dessa tecnologia para medir o tempo deve ter ocorrido a diversos protomecânicos. O problema era como impedir que o peso da máquina proposta por Robertus caísse com uma pressa desabalada, ou se arrastasse e ficasse desgraciosamente emperrado. A descida do peso era bastante fácil de refrear, mas, o que se poderia fazer para garantir um giro regular do cilindro? Como assegurar que a primeira hora assim medida tivesse a mesma duração da última?

A resposta foi o que chamamos escapo. Esse "simples" dispositivo oscilante interrompe regularmente, em milhares e milhares de repetições por dia, a descida do peso do relógio, garantindo que sua energia seja uniformemente gasta.[16] O escapo não fez nenhuma contribuição para resolver os mistérios do tempo, mas conseguiu domesticá-lo.

Os ocidentais não foram os primeiros a dispor de relógios mecânicos. Os chineses possuíam vários relógios gigantescos já no século X. Aliás, é concebível que as notícias sobre estes tenham instigado a invenção dos primeiros relógios do Ocidente.[17] Seja qual for a verdade,

---
15 Charles M. Sherover. (Org.) *The Human Experience of Time*: The Development of its Philosophical Meaning. New York: New York University Press, 1975. p.92-4.
16 Landes, *Revolution in Time*, p.6-11.
17 Joseph Needham, Wang Ling, Derek J. de Solla Price. *Heavenly Clockwork*: The Great Astronomical Clocks of Medieval China. Cambridge: Cambridge University Press, 1960. p.55-6; Landes, *Revolution in Time*, p.17-24. É mais exato chamar esses dispositivos chineses de máquinas astronômicas, e não de relógios, como também diriam alguns a respeito dos primeiros relógios europeus.

é incontestável que o Ocidente singularizou-se por seu entusiasmo pelos relógios (voltaremos a isso dentro em pouco) e por sua transição arrojada das horas desiguais para as horas idênticas. Ao que saibamos, desde o início, os relógios mecânicos ocidentais mediram o tempo em termos de horas iguais, fosse inverno ou verão. Não é que o problema de criar relógios para horas sazonalmente variáveis fosse insolúvel: os japoneses o resolveram, após a chegada dos relógios mecânicos vindos da Europa.[18] Mas isso foi séculos depois, e é provável que a tecnologia medieval não estivesse à altura dessa tarefa. Mesmo assim, é interessante notar que a história não inclui nenhuma referência a qualquer tentativa de fazê-lo. Talvez os primeiros capitalistas quisessem horas iguais, para poder arrancar dos trabalhadores horas inteiras de trabalho, nos dias mais sombrios e curtos do inverno. Talvez os ocidentais já estivessem começando a pensar no tempo como homogêneo, como sugere a polifonia do século XIII.

Seja como for, as horas iguais começaram a substituir as desiguais no uso geral já em 1330, na Alemanha, e por volta de 1370, na Inglaterra. Neste último ano, Carlos V, da França, decretou que todos os relógios de Paris contassem as horas de acordo com o relógio que ele havia instalado em seu palácio, na Ile de la Cité. (O Quai de l'Horloge, com seu relógio, ainda existe até hoje.) Jean Froissart, o historiador da Guerra dos Cem Anos, passou das horas canônicas para as novas horas do relógio a meio caminho da redação de suas *Crônicas* – a década de 1380 parece um bom palpite.[19]

"Foi nas cidades européias", disse A. J. Gurevich, "que, pela primeira vez na história, o tempo começou a ser 'isolado' como uma forma pura, externa à vida".[20] O tempo, apesar de invisível e desprovido de substância, estava agrilhoado.

Os efeitos do relógio foram múltiplos e imensos. O relógio era uma máquina complicada, que exigia em sua construção, e estimulava em sua manutenção, a perícia de um bom mecânico e de um matemático prático. À guisa de prova, permitam-me remetê-los a Ricardo de Wallingford, abade de St. Albans de 1326 a 1336, que construiu um campanário com um relógio para sua abadia e escreveu um tratado sobre a fabricação de relógios. Mais parecendo um

---

18 Landes, *Revolution in Time*, p.77.
19 Edwardes, *Weight-Driven Chamber Clocks*, p.3; W. Rothwell. The Hours of the Day in Medieval French. *French Studies*, v.13, p.249, jul. 1959.
20 A. J. Gurevich. Time as a Problem of Cultural History. In: L. Gardet et al. (Org.) *Cultures and Time*. Paris: Unesco Press, 1976. p.241.

mecânico do que um monge, ele deve ter cortado, limado, ajustado, apertado e testado dezenas de pedaços de metal, e, como seria inevitável, falou em números:

> A engrenagem do peso para o movimento do dia divide-se em 72 dentes. O centro da engrenagem é separado da base por uma distância de 13 dentes dessa mesma engrenagem, e fica a uma corda de 6 dentes da linha central do dispositivo inteiro, sendo o comprimento de seu eixo correspondente a uma corda de 15 dentes para além da mecha.[21]

O abade quantificador era uma sombra do passado helenista ou, mais provavelmente, do futuro.

O relógio proporcionou aos ocidentais um novo meio de imaginar – ou de meta-imaginar. Lucrécio, o poeta romano, havia criado a imagem da *machina mundi*, "a máquina do mundo", já no século I d. C., e, desde então, outros a haviam usado numa ou noutra oportunidade, mas o "universo com a regularidade de um relógio", com sua clara especificidade, que muitos diriam ter sido a metáfora dominante da civilização ocidental, só apareceu no século XIV. Nicole Oresme, em suas teorias e técnicas, antecipou-se aos grandes astrônomos dos séculos XVI e XVII, especialmente em sua referência ao fato de Deus haver criado o firmamento de modo a que ele funcionasse "tão temperado e harmonizado, que ... a situação é mui semelhante à de um homem que construísse um relógio e o deixasse funcionar e continuar sozinho seu movimento".[22]

Quando Johannes Kepler, três séculos depois de Oresme, tentou explicar a idéia que norteava suas assombrosas especulações, ele escreveu:

> Meu objetivo é mostrar que a máquina celeste não é uma espécie de ser vivo e divino, mas um tipo de mecanismo de relógio (e quem acredita que os relógios têm alma está atribuindo à obra os atributos

---

21 *Richard of Wallingford*: An Edition of His Writings. Org. e trad. de J. D. North. Oxford: Clarendon Press, 1976. v.1, p.465, 471, 473-4.
22 Nicole Oresme. *Le livre du ciel et du monde*. Trad. Albert D. Menut. Org. de Albert D. Menut e Alexander J. Denomy. Madison: University of Wisconsin Press, 1968. p.289. Ver também Nicholas H. Steneck. *Science and Creation in the Middle Ages*: Henry of Langenstein (d. 1297) on Genesis. Notre Dame, Ind.: University of Notre Dame Press, 1976. p.149; Otto Mayr. *Authority, Liberty and Automatic Machinery in Early Modern Europe*. Baltimore: Johns Hopkins Press, 1986. p.39.

do criador), na medida em que quase todos os movimentos múltiplos são causados por uma força magnética e material sumamente simples assim como todos os movimentos do relógio são causados por um simples peso.[23]

A metáfora de Oresme guiou o pensamento dos homens que nos legaram a física clássica e, poderíamos dizer, foi igualmente importante para os criadores da economia clássica e do marxismo.

Mas, basta de gênios; que dizer das demais pessoas, cuja decisão última sobre o tempo quantificado, assim como a respeito de tudo, seria decisiva? Não sabemos praticamente nada sobre o que pensavam do relógio os camponeses, que eram a grande maioria, mas podemos ter certeza de que os habitantes urbanos tinham a máquina do tempo em alta estima. Toda grande cidade e muitas das menores impuseram-se impostos severos, a fim de dispor de pelo menos um relógio, e estes, mais ou menos em seus primeiros cem anos, eram enormes, costumavam ser instalados em torres e eram caríssimos. É possível que nenhuma máquina complexa, em toda a história da tecnologia antes do século XVII, tenha-se disseminado com tanta rapidez quanto o relógio.

Jean Froissart, que, com sua pena criativa e suas preferências de homem médio, é mais valioso para o historiador social da Europa medieval do que qualquer outro gênio, ficou apaixonado pela nova máquina. Seu poema *L'Horloge amoureuse* apresenta o relógio como uma imagem do coração de um enamorado. A beleza da musa amada, no poema, motiva seu enamorado tal como o peso impulsiona o relógio. O desejo do amante seria incontrolável, não fosse ele contido pelo temor, tal como o escapo regula a queda do peso. Froissart encontrou, nos mecanismos da nova máquina do tempo, imagens para todos os habitantes alegóricos do reino do amor – a Lealdade, a Paciência, a Honra, a Cortesia, a Coragem, a Humildade e a Juventude.[24] O poema em si é uma espécie de ode amorosa ao relógio, porque a máquina diz as horas, mesmo na ausência do sol:

---

23 Arthur Koestler. *The Sleepwalkers*: A History of Man's Changing Vision of the Universe. Harmondsworth: Penguin Books, 1964. p.345.
24 Jean Froissart. *Chronicles*. Trad. Geoffrey Brereton. Harmondsworth: Penguin Books, 1978. p.9-10; F. W. Shears. *Froissart, Chronicler and Poet*. London: Routledge, 1930. p.202-3.

Daí considerarmos corajoso e sábio
Quem primeiro inventou esse aparelho,
E com seu saber concebeu e construiu
Algo nobilíssimo e de imenso valor.[25]

Alguns dos relógios mais espetaculares de todos os tempos foram construídos logo nas primeiras gerações subseqüentes à invenção do escapo. O famoso relógio de Estrasburgo, iniciado em 1352 e concluído dois anos depois, dizia as horas e incluía um astrolábio automático, um calendário perpétuo, um carrilhão que tocava hinos, estátuas da Virgem com o menino Jesus e os três Reis Magos em adoração, um galo mecânico que cocoricava e batia as asas, e uma tabuleta que mostrava a correlação entre o zodíaco e as partes do corpo, indicando as ocasiões apropriadas para as sangrias.[26] Afirmar que o relógio municipal dizia as horas, e nada mais, seria como dizer que os vitrais das janelas de sua catedral permitiam a entrada da luz, e mais nada.

Durante gerações, o relógio da cidade foi o único mecanismo complexo que centenas de milhares de pessoas viam todos os dias, e ouviam repetidamente a cada dia e noite. Ele lhes ensinou que o tempo, invisível, inaudível e ininterrupto, era composto de quantidades. Como o dinheiro, ele lhes ensinou a quantificação.

O estilo moderno do tempo industrial disciplinado apareceu já nos idos da primeira metade do século XIV. Por exemplo, em 24 de abril de 1335, Filipe VI concedeu ao prefeito e aos vereadores de Amiens o poder de estipular e controlar com um sino o horário em que os trabalhadores da cidade deveriam ir para o trabalho pela manhã, aquele em que deveriam almoçar e voltar para o trabalho depois da refeição, e o horário em que deveriam sair do trabalho.[27] Quando o Pantagruel de Rabelais proclamou, duzentos anos depois, "que nenhum relógio marca melhor a hora do que o estômago",[28] sua voz foi uma das que clamavam num deserto urbano quantificado.

"O calendário", escreveu Eviatar Zerubavel numa frase particularmente feliz, "é a urdidura do tecido da sociedade, correndo longi-

---
25 Landes, *Revolution in Time*, p.82.
26 F. C. Harber. The Cathedral Clock and the Cosmological Clock Metaphor. In: *The Study of Time*, v.2, p.399.
27 Jacques Le Goff. *Time, Work and Culture in the Middle Ages*. Trad. Arthur Goldhammer. Chicago: University of Chicago Press, 1980. p.45-6.
28 Rabelais, *Gargantua and Pantragruel*, p.588.

tudinalmente através do tempo, e carregando e preservando a trama, que é a estrutura das relações entre os homens e as coisas que chamamos de instituições".[29] Se assim é, o fato de os europeus ocidentais haverem demorado mais a reformar seu calendário do que a construir e obedecer aos relógios não é de surpreender. A rigor, o fato de haverem chegado a reformá-lo é mais surpreendente que o de haverem procrastinado a reforma.

Philip Melanchthon, o reformador luterano, fala de um "douto" (detentor de um diploma universitário) que dizia não haver necessidade de precisão nas divisões do ano, porque "seus lavradores sabiam perfeitamente bem quando era dia, quando era noite, quando era inverno e quando era verão". Muitas pessoas teriam concordado, mas o douto e devoto Melanchthon proclamou que alguém deveria "defecar um monte de excremento" no chapéu do referido douto "e repô-lo em sua cabeça". O teólogo protestante declarou (e com isso teria concordado o católico Jerónimo de Aguilar) que "é uma das grandes dádivas de Deus ... que todos possam ter na parede as letras do dia da semana".[30]

A entrada de Deus no tempo, com a encarnação de Cristo, havia sacralizado algumas datas, especialmente a Páscoa. O Concílio de Nicéia havia declarado que a data da Páscoa seria o primeiro domingo depois da primeira Lua cheia após o equinócio de primavera.[31] Era um cálculo complicado, mas não muito difícil de fazer – desde que se soubesse a data do equinócio de primavera. Ocorre que os criadores do calendário juliano, como foi observado no Capítulo 2, tinham avaliado mal a extensão do ano solar, erro este que havia produzido um número meio exagerado de anos bissextos, além de uma data de calendário para o equinócio de primavera que vinha se afastando do evento astronômico efetivo e resvalando para o verão. Isso significava que a Páscoa poderia ser celebrada no domingo errado, o que era uma situação intolerável para os fiéis meticulosos. Os astrônomos e matemáticos cristãos – Roger Bacon, Nicolau de Cusa, Regiomon-

---

29 Eviatar Zerubavel. Easter and Passover: On Calendars and Group Identity. *American Sociological Review*, v.47, p.289, abr. 1982.
30 Anthony Grafton. *Defenders of the Text*: The Traditions of Scholarship in an Age of Science, 1450-1800. Cambridge, Mass.: Harvard University Press, 1991. p.104; ver também Michel de Montaigne. *The Complete Essays*. Trad. M. A. Screech. Harmondsworth: Penguin Books, 1991. p.1160.
31 Zerubavel, Easter and Passover, p.284-9.

tanus, Johannes Schöner, Paulo de Middelburg e Nicolau Copérnico – apontavam para a situação periclitante do calendário, toda vez que eram consultados. Em 1582, a discrepância entre o calendário juliano e a realidade solar correspondia a 11 dias.

Nesse ano, o papa Gregório XIII convocou uma conferência de especialistas – especialistas católicos romanos – para reformar o calendário. Eles debateram, meditaram e ofereceram ao papa uma versão revista do calendário juliano, desde então conhecida como calendário gregoriano. Seguindo a recomendação deles, o papa proclamou que aquela quinta-feira, 4 de outubro de 1582, seria imediatamente seguida pela sexta-feira, 15 de outubro de 1582. Quanto à diferença entre o ano abstrato do calendário, feito de dias inteiros, e o ano solar real, composto de 365 dias e uma fração, a reforma gregoriana preservou o sistema juliano de um dia adicional a cada quatro anos, com uma correção pequena mas importante: os anos centuriais *só* seriam bissextos se fossem divisíveis por 400 (como 1600 e 2000).[32]

Muita gente se aborreceu com a reforma. O católico Michel de Montaigne reclamou: "Ranjo os dentes, mas minha cabeça está sempre dez dias à frente ou dez dias atrás: ela continua a resmungar em meus ouvidos: 'Esse ajuste diz respeito aos que ainda não nasceram'."[33] Os cristãos ortodoxos e protestantes agarraram-se ao calendário juliano como se ele fosse um pedaço da Verdadeira Cruz e, em muitos casos, continuaram a fazê-lo por séculos. "A plebe inglesa", escreveu Voltaire, "preferiu que seu calendário discordasse do Sol a vê-lo concordar com o Papa."[34] Os especialistas, tanto os verdadeiros quanto os autoproclamados, acumularam uma pilha de tratados a respeito do calendário gregoriano. Joseph Justus Scaliger, um calvinista, considerou o novo calendário um simulacro precário de um bom calendário, e chamou seu principal defensor, o jesuíta Chris-

---

[32] Gordon Moyer. The Gregorian Calendar. *Scientific American*, v.246, p.144-52, maio 1982.

[33] Montaigne, *The Complete Essays*, p.1143. É sempre conveniente relutar em corrigir Montaigne, mas, tecnicamente, ele estava onze, e não dez dias, fora de compasso. A confusão provém do fato de que, quando o papa inseriu onze dias no mês de outubro de 1582, isto é, quando o 4 de outubro foi seguido pelo 15 de outubro, aquele que teria sido o dia 5 transformou-se em 15, o que dá uma diferença de dez.

[34] George Sarton. *Six Wings*: Men of Science in the Renaissance. Bloomington: Indiana University Press, 1957. p.69-72.

toph Clavius, de "barrigudo alemão". Clavius silenciou essa e outras críticas com seu livro de 800 páginas, *Romani calendarii a Gregorio XIII P. M. restituti explicatio.*

A batalha prosseguiu muito depois de Scaliger e Clavius terem baixado a suas sepulturas, e a reforma gregoriana saiu vitoriosa. E saiu vitoriosa não por ser perfeita, mas em virtude de seu cunho prático: ela não perderia um dia inteiro do ano solar em bem mais de dois mil anos. Johannes Kepler, matemático, astrônomo e protestante, considerou aceitável a definição imperfeita que a reforma dera ao mês lunar, fundamental para o estabelecimento do calendário da Igreja: "A Páscoa é uma festa e não um planeta."[35]

Como já afirmei, é mais surpreendente que a reforma gregoriana tenha chegado a se realizar do que o fato de haver demorado a ser feita e de ter sido freqüentemente mal recebida. Se o calendário juliano nunca tivesse sido ajustado e corrigido, hoje estaríamos apenas umas duas semanas dessincronizados do ano solar, o que não chega a fazer grande diferença na vida dos lavradores e pescadores e similares. Os muçulmanos, então como agora, arranjavam-se muito bem com um calendário lunar que designava os feriados religiosos em dias do ano solar com o que, para quem não fosse um astrônomo atento, haveria de afigurar-se um completo descaso. O Ramadan, o mês sagrado do jejum, corre de um extremo a outro do calendário solar a cada 32 anos e meio. O caos do calendário não parece desconcertar os adoradores práticos de Alá. Existem calendários leigos para aqueles que, por uma razão ou por outra, precisam de datas solares.[36]

Entretanto, quatrocentos anos atrás, uma ligeira falta de rigor na datação da Páscoa desencadeou uma grande reforma no Ocidente, onde a entrada de Deus no tempo havia desanimado permanentemente os cronologistas cristãos, e onde os descendentes dos herdeiros bárbaros de Roma ainda ficavam pouco à vontade na presença das marcas características de sua religião, proveniente do Oriente Médio.

A recalibragem gregoriana foi um enorme aperfeiçoamento em termos do calendário, mas não bastou para satisfazer os quantificadores realmente doutrinários, dentre os quais a Europa tinha mais

---
35 Moyer, Gregorian Calendar, p.144-52.
36 Louis Gardet. Moslem Views of Time and History (with an Appendix by Abdelmajid Meziane on the Empirical Apperception of Time among the Peoples of the Maghreb). In: *Cultures and Time*, p.201.

fanáticos e devotos da aplicação da matemática à cronologia real do que qualquer outra sociedade. Outro exemplo quinhentista de reforma do calendário, o período juliano, aproximou-se mais da perfeição, embora fosse espantosamente inviável para o uso comum.

Joseph Justus Scaliger, já mencionado como crítico do novo calendário católico, foi um erudito monumental numa era de grandes eruditos: seus contemporâneos o chamavam de "oceano de ciência" e "poço sem fundo de erudição".[37] Sua industriosidade e seu poder de concentração beiravam o sobre-humano. Ele se achava em Paris no dia de São Bartolomeu, em 1572, mas, segundo seu próprio depoimento, estava tão absorto no estudo do hebraico que quase deixou de perceber o massacre de seus correligionários, levando algum tempo para perceber "o choque das armas ... os gemidos das crianças ... o choro das mulheres, [ou] os gritos dos homens".[38]

Quando jovem, Scaliger aprendera seu ofício com o pai, um dos estudiosos mais eminentes de meados do século XVI, estudara línguas – que acabaram sendo umas doze – e aperfeiçoara seus talentos, editando as obras de Catulo, Tibulo e Procópio. Depois de se transformar naquele que pode ser tido como o maior filólogo e estudioso de literatura clássica de sua era, ele voltou sua atenção aguçadíssima para a *chronologia* (assim como *America*, um termo cunhado para atender às novas demandas).[39] Desdenhou dos cronologistas anteriores e contemporâneos, "todos os quais parecem ter jurado nunca dizer a verdade", e ofereceu um antídoto para os erros deles num volume maciço, seu *De emendatione temporum* (1583), que fez a cronologia passar de pseudociência a ciência verdadeira.[40]

Scaliger reuniu as melhores e mais antigas edições dos clássicos da cronologia, além de todos os calendários disponíveis – mais de 50 –, fosse sua origem cristã, islâmica ou sabe-se lá o quê. Apesar de ser um cristão devoto, não deu nenhum crédito especial à Bíblia, declarando que a verdade era sagrada, mesmo quando ouvida de lábios

---

37 Moyer, Gregorian Calendar, p.144.
38 *The Autobiography of Joseph Scaliger*. Trad. George W. Robinson. Cambridge, Mass.: Harvard University Press, 1927. p.76-7.
39 Arno Borst. *The Ordering of Time from the Ancient Computus to the Modern Computer*. Trad. Andrew Winnard. Chicago: University of Chicago Press, 1993. p.104.
40 Anthony T. Grafton. Joseph Scaliger and Historical Chronology: The Rise and Fall of a Discipline. *History and Theory*, v.14, n.2, p.158, 1975.

profanos. Não procurou descobrir uma ordem divina na história, mas alcançar uma precisão de calendário e estabelecer a correlação entre todos os sistemas de datação proeminentes.[41]

Ele criou aquilo que denominou de período juliano (assim chamado em homenagem a César) como base para um novo sistema temporal. Scaliger deduziu esse período através da multiplicação de três ciclos cronológicos conhecidos: um ciclo solar de 18 anos, um ciclo lunar de 19 anos e o ciclo de 15 anos concebido pelos antigos romanos para fins tributários. O produto dessa multiplicação correspondeu a 7.980 anos, o período juliano. Todos os três ciclos teriam começado ao mesmo tempo, no início dessa invenção puramente abstrata, e só votariam a ter essa mesma sincronia no fim do período. Seria possível encontrar no período juliano uma data correspondente a qualquer acontecimento datado em qualquer dos três ciclos, e traduzir essa data nos outros dois ciclos. Também seria possível correlacionar as cronologias hebraica, cristã, romana, grega, árabe e outras.[42]

Depois de pesquisar e fazer novos cálculos, Scaliger concluiu que Cristo havia nascido no ano de 4713 desse período. Na nossa linguagem, diríamos que o período havia se iniciado em 4713 a. C. Restar-lhe-iam ainda uns 1.700 anos. Esse período, é claro, iniciava-se antes mesmo das mais antigas datas judaico-cristãs referentes à Criação, o que causou repugnância aos literalistas, mas Scaliger estava à procura da conveniência matemática, e não da data em que o Deus do Gênesis movera a superfície das águas. Ele queria um período suficientemente longo para incluir todos os eventos históricos num sistema em que os três ciclos pudessem ser correlacionados com precisão.[43]

De emendatione temporum foi uma obra-prima da cronologia, talvez a maior de todas, mas nunca teve um público leitor numeroso. Era difícil para os leitores, e o sistema do período juliano era pesado e estranho demais para os não matemáticos. Depois, quando surgiram datas egípcias que supostamente caíam antes de 4713 a. C., Scaliger teve que acrescentar um período anterior a seu período juliano, o que retirou do sistema a sua simplicidade abrangente, que era uma das coisas que mais o recomendavam. Só depois que o jesuíta seiscentista Domenicus Petavius deu o toque final em nosso atual siste-

---
41 Ibidem, p.159-61, 167.
42 Ibidem., p.162.
43 Ibidem., p.162-3.

ma d. C/a. C., cortando o nó górdio da escolha de uma data inicial mediante a opção por não ter nenhuma, é que se popularizou uma forma satisfatória de datação dos anos.[44]

Mas o sistema de Scaliger não foi para a lata de lixo. Os astrônomos, que eram levados à loucura pelas complicações dos calendários comuns, com suas semanas de sete dias inteiramente descoordenadas de tudo o mais, e seus doze meses de comprimentos variáveis, passaram a adotá-lo. Imagine as dificuldades de tentar determinar o número exato de dias decorridos entre a passagem do cometa de Halley pelo Sol, no dia 16 de novembro de 1835, e a repetição seguinte desse acontecimento, em 20 de abril de 1910. Os astrônomos, utilizando o padrão de medida uno e único do período juliano, que é o dia solar médio (dia juliano), podem afirmar que houve exatamente 27.183 dias julianos entre essas duas visitas do cometa de Halley ao Sol.[45]

O preço que a obsessão com a exatidão temporal cobrou por seus serviços foi a angústia. A Inteligência, um dos personagens da peça trecentista *Piers, o Lavrador*, proclama que, "dentre todas as coisas da Terra, Deus sabe que nada é mais odiado pelos que estão no céu do que a perda de tempo".[46] Leon Batista Alberti, um homem do início do Renascimento (que voltaremos a encontrar no Capítulo 9), declamou: "Fujo do sono e do ócio, estou sempre ocupado com alguma coisa". Ao se levantar pela manhã, ele fazia uma lista do que havia por fazer naquele dia e atribuía um tempo a cada tarefa[47] (assim se antecipando a Benjamin Franklin em trezentos anos).

Petrarca prestava uma atenção rigorosa ao tempo, de maneira muito pouco tradicional. Assim, sabemos que ele nasceu no alvorecer da segunda-feira, dia 20 de julho de 1304. Sabemos que se apaixonou por Laura em 6 de abril de 1327, que ela morreu em 6 de abril de

---

44 Ibidem., p.171-3; Gordon Moyer. The Origin of the Julian Day System. *Sky and Telescope*, v.16, p.311-2, abr. 1981; Donald J. Wilcox. *The Measure of Times Past*: Pre-Newtonian Chronologies and the Rhetoric of Relative Time. Chicago: University of Chicago Press, 1987. p.203-8.
45 Moyer, Origin of the Julian Day Sistem, p.311-2; Julian Period, in: *The World Almanac and Book of Facts for 1995*. Mahwah, N. J.: Funk & Wagnalls, 1994. p. 289.
46 William Langland. *Piers the Ploughman*. Trad. J. F. Goodridge. Harmondsworth: Penguin Books, 1959. p.108.
47 Ricardo J. Quinones. *The Renaissance Discovery of Time*. Cambridge, Mass.: Harvard University Press, 1972. p.191.

1348, e que ele faleceu em 19 de julho de 1374.[48] E sabemos que o tempo nunca escoou por entre seus dedos: "era, antes, arrancado de mim. Mesmo quando eu estava ocupado com algum negócio ou em meio aos deleites do prazer, ainda me ocorria a idéia: 'Que lástima, este dia já se foi, irrecuperavelmente'".[49]

Petrarca advertiu o leitor a se desfazer do conceito tradicional de que sua vida era "um barco a se mover para cá e para lá, conforme os vários ventos e ondas". Não, insistiu ele, a verdade é que

> uma velocidade inalterável é o curso da vida. Não há como voltar atrás ou fazer uma pausa. Vamos adiante, atravessando qualquer tempestade e qualquer ventania. Seja o curso fácil ou difícil, curto ou longo, em todo ele há uma só velocidade constante.[50]

Três séculos depois, esse tipo de tempo, despojado até do desespero, transformou-se no tempo da física clássica. Em 1687, *sir* Isaac Newton o definiria desta maneira: "O tempo absoluto, verdadeiro e matemático, por si só e por sua própria natureza, flui uniformemente, sem relação com qualquer coisa externa."[51] Escrevo este parágrafo às 22h 38 min, horário de Greenwich, do 2.449.828º dia juliano.

---

48 Ibidem, p.109-10, 113.
49 Ibidem, p.135.
50 Ibidem, p.108.
51 Isaac Newton. *Mathematical Principles of Natural Philosophy and His System of the World*. Trad. Andrew Motte e Florian Cajori. Berkeley: University of California Press, 1934. p.6.

5

ESPAÇO

> Doravante abro asas confiantes para o espaço:
> Não temo barreiras de cristal ou de vidro:
> Corto os céus e alço vôo para o infinito.
> *Giordano Bruno* (1591)[1]

A mudança ocorrida entre os ocidentais na percepção do espaço não foi tão dramática quanto a mudança de sua percepção do tempo. Não houve uma arrancada de lebre como a invenção do relógio mecânico. Giovani Tortelli, escrevendo por volta de 1450 sobre todas as novidades que vinham transformando seu mundo – o relógio, a bússola, o órgão de tubos, o açúcar e a vela de sebo –, mencionou apenas uma que dizia respeito à medida da extensão – um novo tipo de carta marítima, chamada *portolano* – e admitiu não estar tão impressionado com ela quanto os outros, porque "ela é obra de longos esforços e de uma diligência criteriosa, e não de um desafio divino".[2] A transformação da percepção ocidental do espaço, que culminou em mudanças tão radicais quanto as que abalaram a física no início do século XX, começou como em passo de tartaruga.

A bússola, adquirida na Ásia logo no início do segundo milênio, convenceu os navegadores a se arriscarem no longo trajeto do Cabo Finisterre à Inglaterra, ou na travessia do Mediterrâneo durante o inverno, quando as nuvens cobriam a estrela polar. Natu-

---

[1] Dorothea Waley Singer. *Giordano Bruno, His Life and Thought*. New York: Greenwood Press, 1968. p.249.
[2] Alex Keller. A Renaissance Humanist Looks at "New" Inventions: The Article "Horologium" in Giovanni Tortelli's *De Orthographia*. *Technology and Culture*, v.11, p.352, jul. 1972.

ralmente, eles precisavam certificar-se do rumo correto e, para isso, seria conveniente dispor de mapas, isto é, de desenhos adequados das massas de água e dos litorais que confinavam com elas em relação uns aos outros, com indicações das rotas mais curtas entre os pontos geográficos de maior destaque visual e comercial nessas linhas costeiras.[3]

Na Europa Ocidental, os primeiros mapas úteis para o traçado de rotas de navegação chamaram-se *portolani*. O mais antigo exemplar datado que chegou até nós foi traçado em 1296, nas mesmas maravilhosas poucas décadas em que foi construído o primeiro relógio.[4] Os *portolani*, que poucas referências faziam, sob a forma de comentários ou esboços, a Deus, deuses ou monstros, eram desenhos utilitários de linhas costeiras, mostrando, sobre as águas que lhes eram adjacentes e as que ficavam entre elas, uma grade de linhas onde os rumos (rotas de navegação) eram traçados a régua. O navegador que consultasse um *portolano* já encontrava traçadas, muitas vezes, as rotas de um grande porto para outro, amiúde achando a desejada. Caso contrário, era comum ele encontrar rotas paralelas àquela de que necessitava, podendo então orientar-se a partir destas.

Os *portolani* foram concebidos para águas cercadas ou quase cercadas por terra, como o Mediterrâneo, a Baía de Biscaia e os mares do Norte e Báltico. Nesses casos, eles cumpriam bem sua finalidade, porque eram razoavelmente precisos e porque as distâncias entre os portos eram curtas. As distorções – inevitáveis, já que ninguém tinha conhecimento do desvio da bússola, e porque os *portolani* eram imagens planas e geometricamente ingênuas da superfície curva da Terra – eram insignificantes. Mas essas cartas eram perigosamente ilusórias no que concernia às grandes distâncias. Os navegadores oceânicos precisavam de mapas que lhes permitissem calcular rotas por toda a superfície do planeta, tal como as retratadas nos mapas geometricamente rigorosos.[5] O passo seguinte na

---

3 Frederic C. Lane. The Economic Meaning of the Compass. *American Historical Review*, v.47, p.613-4, abr. 1963.
4 Ibidem.
5 Jonathan T. Lanman. *On the Origin of Portolan Charts*. Chicago: The Newberry Library, 1987. p.49-54; Lee Bagrow. *History of Cartography*. 2.ed. Chicago: Precedent, 1985. p.62-6; A. C. Crombie. *Medieval and Early Modern Science*. Garden City, N. Y.: Doubleday, 1959. v.1, p.207-8; C. Raymond Beazley. *The Dawn of Modern Geography*. London: Henry Frowde, s. d. v.3, p.512-4; John N. Wilford. *The Mapmakers*: The Story of the Great Pioneers in Cartography from Antiquity to

cartografia seria tirar a medida da área e da forma, além da direção e da distância.

O conceito de traçar mapas de conformidade com uma grade de linhas já existia na Europa Ocidental e noutras regiões na primeira metade do século XIV.[6] Alguns dos *portolani* que chegaram até nós foram traçados dessa maneira, mas é provável que seus cartógrafos tenham recorrido às linhas gradeadas apenas como um auxiliar para reproduzir os esboços dos navegadores. Para florescer, essa técnica precisava da matemática e da teoria da ciência antiga. Foi quando entrou (ou reentrou) em cena Cláudio Ptolomeu, o antigo heleno sem o qual os europeus ocidentais teriam demorado muito mais para vir a ser eles mesmos.

Por volta de 1400, chegou a Florença, proveniente de Constantinopla, um exemplar da *Geographia* de Ptolomeu. Se houve uma coisa, na mudança da percepção espacial, que tenha equivalido ao surgimento do escapo na percepção temporal, foi esse texto. Com o comércio e o capital italianos, a notícia da *Geographia* tomou o rumo oeste até a Ibéria, cujos navegadores, serpenteando pelo litoral da África e sondando as grandes distâncias do Atlântico, precisavam de cartas para viagens que iam muito além dos marcos terrestres conhecidos, ou até de qualquer sinal de terra.[7]

A contribuição de Ptolomeu para a cartografia, enunciada em termos simples, consistiu em tratar a superfície da Terra como um espaço neutro, chapando sobre ela uma grade, um quadriculado de coordenadas calculadas de acordo com as posições dos corpos celestes. Ele forneceu à Europa quatrocentista três métodos diferentes e matematicamente coerentes pelos quais era possível representar a superfície curva da Terra em mapas planos, controlando as distorções inevitáveis por meios que os entendidos saberiam levar

---

the Space Age. New York: Vintage Books, 1981. p.51; Tony Campbell. Portolan Charts from the Late Thirteenth Century to 1500. In: J. B. Harley, David Woodward. (Org.) *The History of Cartography*. Chicago: University of Chicago Press, 1987. P.372. v.1: "Cartography in Prehistoric, Ancient, and Medieval Europe and the Mediterranean".

6 Lanman, On the Origin of Portolan Charts, p.54.
7 Crombie, *Medieval and Early Modern Science*, v.1, p.209; Marie Boas. *The Scientific Renaissance, 1450-1630*. New York: Harper & Row, 1962. p.23-4; Samuel Y. Edgerton Jr. *The Renaissance Rediscovery of Linear Perspective*. New York: Basic Books, 1975. p.97-9.

em conta.[8] No século seguinte, as técnicas de Ptolomeu já faziam parte da moeda corrente dos cartógrafos da Europa Ocidental. A Terra que eles desenhavam havia passado a ser uma esfera presa numa rede de latitudes e longitudes, com sua superfície teórica tão uniforme quanto a de uma bola de bilhar.[9] Quando as Américas e o Pacífico irromperam na percepção ocidental, os meios para retratá-los com exatidão já existiam.

A história da cartografia ocidental é a história de uma prática assistemática que saltava à frente da teoria, enquanto a teoria tentava alcançá-la. A história paralela da astronomia (na época, freqüentemente astrologia) é a de uma teoria – no caso, mais verbal do que matemática – que era volátil como fumaça, e de uma prática – no caso, a observação e o cálculo exatos – que tentava alcançá-la.

A versão do espaço do Modelo Venerável era restritiva e ignóbil demais para alguns dos espíritos mais livres entre os escolásticos. Por que teria Deus colocado a Terra no centro do universo, numa posição que a maioria dos reis reservava para si? E, se a estabilidade era mais nobre do que o movimento (uma verdade óbvia, você há de reconhecer), por que estariam os céus em movimento e a Terra como o único corpo em repouso? Seria possível que a Terra girasse e que a esfera das estrelas fixas fosse estável? Afinal, no mar era difícil decidir, olhando de um barco para outro, qual deles estava em movimento, portanto, como poderia essa decisão ser mais fácil quando se olhava da Terra para o firmamento? Nicole Oresme (c. 1325-1382), amigo de Petrarca, fez essa discussão dar um passo em direção ao copernicanismo, ao assinalar, como já haviam feito alguns outros, que a razão não proporcionava meios para se saber ao certo se era o céu ou a Terra que estava girando.[10]

---

8 Samuel Y. Edgerton Jr. *The Heritage of Giotto's Geometry*: Art and Science on the Eve of the Scientific Revolution. Ithaca, N. Y.: Cornell University Press, 1991. p.99-110.
9 Na realidade, a Terra não é tão simples assim, como os cartógrafos vieram a descobrir com o tempo. Ela é achatada nos pólos, meio obesa no Equador e sujeita a variações da bússola.
10 Edward Grant. (Org.) *A Source Book in Medieval Science*. Cambridge, Mass.: Harvard University Press, 1974. p.46-8, 500-10; Richard C. Dales. *The Scientific Achievement of the Middle Ages*. Philadelphia: University of Pennsylvania Press, 1973. p.127-30; Ernest A. Moody. Buridan, Jean. In: Charles C. Gillispie. (Org.) *The Dictionary of Scientific Biography*. New York: Scribner's, 1970-1980. v.2, p.603, 607.

Oresme oscilou no limiar do relativismo e da heresia, e voltou atrás. Afinal, a Bíblia dizia que, na batalha de Jericó, Deus havia detido o Sol, e não a Terra. Oresme dissimulou sua especulação como uma "diversão ou exercício intelectual".[11] Aliás, é possível que ela tenha sido exatamente isso: alguns escolásticos se compraziam com altos volteios intelectuais.

No século seguinte, o XV, os filósofos e protocientistas tenderam a se empenhar em decidir a questão. A vanguarda do Ocidente (da Itália, em geral) deu uma guinada do aristotelismo para o platonismo. (Eu deveria dizer neoplatonismo, porque muitas coisas tinham sido acrescentadas desde a época do ateniense, a partir de fontes cristãs e pagãs.) Cosimo de Médici patrocinou uma Academia Platônica em Florença, na qual Marsilio Ficino traduziu Platão e Plotino para o latim e instigou à imitação de Sócrates como a segunda melhor coisa depois da imitação de Cristo.[12] Pensadores como Ficino deslumbravam-se com os elementos místicos da herança clássica, inclinando-se para uma espécie de adoração cristã do Sol e para uma confiança mais pagã do que cristã na matemática. A mensagem de Deus decerto seria simbólica e misteriosa, mas Ele bem poderia expressá-la em dimensões quantificáveis.

Johannes Regiomontanus (1436-1476), um alemão que passou seus bons anos produtivos na Itália, traduziu e publicou livros de antigos matemáticos e publicou também obras de matemáticos contemporâneos, inclusive as dele. Fez observações criteriosas de fenômenos astronômicos e produziu tabelas e livros sobre o comportamento celeste. Suas *Ephemerides* (1490) listaram as posições dos corpos celestes em todos os dias, desde 1475 até 1506. Colombo levou consigo um exemplar dela em sua quarta viagem e pôde prever um eclipse lunar em 29 de fevereiro de 1504, desconcertando e desarmando os índios hostis da Jamaica.[13]

É bem possível que Nicolau de Cusa (c. 1401-1464), nascido na Renânia e filho de um despachante comercial, tenha crescido no "clima dos cálculos". Depois, como cardeal, reformador do calendário, estadista do Vaticano, filósofo e místico, ele ascendeu a círculos nos quais a familiaridade com os textos herméticos de Dionísio e

---
11 Source Book in Medieval Science, p.510.
12 James Hankins. *Plato in the Italian Renaissance*. Leiden: Brill, 1990. v.1, p.344.
13 Edward Rosen. Regiomontanus, Johannes, in: *Dictionary of Scientific Biography*, v.11, p.348-51.

Meister Eckhart, os tratados cristalinamente claros de Ptolomeu e Euclides e a confiança em que Deus era geômetra eram *de rigueur*.[14] Nicolau declarou que Deus estava além de qualquer possibilidade de compreensão humana, sendo o centro e a circunferência de todas as coisas e o campo em que os opostos se reconciliavam, do mesmo modo que um segmento da circunferência de um círculo seria uma linha reta, se o círculo fosse infinitamente grande. Também se atribui a Nicolau (e não há nenhum paradoxo nisso, não no século XV) a autoria de dois dos primeiros mapas em escala de áreas terrestres, com longitudes, latitudes e tudo o mais, produzidos na Europa.[15]

Nicolau considerava que o universo continha tudo, exceto Deus, que o continha. Esse universo não tinha nenhum limite, nenhuma borda. A Terra não podia ser seu centro, porque o universo não tinha centro. Não havia borda, centro, região superior ou região inferior, ou qualquer outra dimensão absoluta. O espaço era homogêneo. A Terra não era necessariamente diferente de outros corpos celestes, que também poderiam ter vida.[16]

Numa sociedade em que a análise qualitativa rigorosa, ferramenta intelectual eletiva de Aristóteles e dos escolásticos, parecia estar perdendo a primazia, Nicolau de Cusa saiu à procura de novos instrumentos. Encontrou-os na quantificação. "Pensai na precisão", escreveu ele, "pois Deus é a própria precisão absoluta",[17] e "a mente é uma medida viva, que atinge sua própria capacidade medindo outras coisas".[18]

Em *Idiota*, um dos diálogos mais famosos de Nicolau, o guru não é um antigo filósofo ou um escolástico, ou qualquer tipo de intelectual, mas um leigo. (No latim desse período, *idiota* não significava idiota, mas um homem comum que não sabia ler o latim.) O Idiota

---

14 Edgerton, *The Heritage of Giotto's Geometry*, p.288.
15 Alexandre Koyré. *From the Closed World to the Infinite Universe*. Baltimore: Johns Hopkins Press, 1957. p.12; P. D. A. Harvey. *The History of Topographical Maps*: Symbols, Pictures, and Surveys. London: Thames & Hudson, 1980. p.146; P. D. A. Harvey. Local and Regional Cartography in Medieval Europe, in: *The History of Cartography*, v.1, p.497.
16 J. E. Hofmann. Cusa, Nicholas, in: *Dictionary of Scientific Biography*, v. 3, p.512-6; Koyré, *From the Closed World*, p.6-23.
17 Nicolau de Cusa. *The Layman on Wisdom and the Mind*. Trad. M. L. Führer. Ottawa: Dovehouse, 1989. p.41.
18 Nicolau de Cusa. *Idicta de Mente. The Layman*: About Mind. Trad. Clyde L. Miller. New York: Abaris Books, 1979. p.43.

proclama que a sabedoria Divina "grita nas ruas". E o que diz ela, e como? – pergunta seu ouvinte, que, do local onde está sentado, numa barbearia de frente para o mercado, vê apenas a troca de dinheiro, a pesagem das mercadorias e a medição do azeite. É exatamente a isso, responde o Idiota, que me refiro. "Os brutos não sabem contar, pesar e medir."[19]

O *De staticis experimentis*, de Nicolau, escrito em 1450, é um tratado sobre como podemos aprender sobre a natureza por meio daquilo que foi o instrumento de medida mais exato de seu século, um instrumento fácil de encontrar no mercado: a balança. Por exemplo, pese a água que corre numa ampulheta e, a partir daí, meça a extensão mutável do dia durante o ano inteiro, ou a duração de um eclipse. Para medir a diferença entre a intensidade solar nos diferentes climas, meça a diferença entre os pesos das plantas produzidas pela semeadura de mil sementes similares nos diferentes climas.[20]

Nicolau simplificou problemas muito complexos e relutou tanto quanto qualquer escolástico em fazer seus próprios experimentos. Estava mais interessado na divindade por trás do filtro da matéria do que no filtro em si. Parecia-se mais com Santo Agostinho do que com Galileu, mas suas idéias são uma prova de que o Ocidente havia começado a deixar de refletir sobre o mundo em termos de qualidades e passado a pensar nele em termos de quantidades.[21]

Ironicamente, quanto mais esses pensadores de gabinete se aproximavam de descartar o conceito de um universo finito e hierarquizado, menor era sua influência imediata. Oresme influenciou outros escolásticos, e é só, e pode ou não ter sido lido com cuidado, ou nem sequer lido, por pessoas como Copérnico e Galileu, dois séculos depois. O papa tinha uma opinião suficientemente boa de Regiomontanus para convocá-lo a dar seu parecer sobre a reforma do calendário, mas, como sabemos, sem que isso desse em nada.[22] Esse astrônomo é importante sobretudo por ter deixado observações exatas, a serem posteriormente usadas por astrônomos mais ousados. Nicolau de Cusa foi basicamente ignorado por seus contemporâneos, exceto na medida em que foi um dirigente da Igreja. No início do século XVI, a versão do espaço do Modelo Venerável parecia intacta.

---

19 Nicolau de Cusa, *Layman on Wisdom*, p.21-2.
20 John P. Dolan. (Org.) *Unity and Reform*: Selected Writings of Nicholas de Cusa. Notre Dame, Ind.: University of Notre Dame Press, 1962. p.239-60 *passim*.
21 Nicolau de Cusa, *Layman on Wisdom*, p.22.
22 Rosen, Regiomontanus, p.351.

Nicolau Copérnico (1473-1543), um polonês que, por volta de 1500, passou vários anos estudando e lecionando na Itália, era neoplatonista, na medida em que buscava o refinamento na natureza e ficava intrigado com a majestade do Sol. Ressuscitou uma idéia tão antiga, perdida durante mil anos à sombra de Aristóteles e Ptolomeu, que poderíamos considerá-la praticamente original em seu pensamento. Copérnico virou pelo avesso o universo desses pensadores, arrancando a Terra de seu centro e substituindo-a pelo Sol. Justificou seu ato extravagante com argumentos parecidos com os de Oresme e Nicolau de Cusa. Sim, o Sol parecia viajar pelo céu de leste para oeste todos os dias, mas essa aparência seria idêntica se a Terra girasse do oeste para leste e o Sol se mantivesse imóvel. Como poderia algo tão imenso quanto o céu circundar a Terra no espaço de um dia? Não seria mais simples imaginar que a Terra, que, por comparação, era um simples ponto, fizesse essa rotação? Ele chegou até a recorrer a uma justificativa que cheirava a um culto pagão do Sol: "Pois, neste belíssimo templo [o universo], quem colocaria essa lâmpada numa posição diferente ou melhor do que aquela de onde ela pudesse iluminar o todo ao mesmo tempo?".[23]

Se Copérnico houvesse ficado nesses argumentos agradavelmente persuasivos, provavelmente não teria tido grande influência, e o Sol teria continuado por mais uma ou duas gerações na órbita da Terra. Mesmo do modo como se deram as coisas, ele não conseguiu persuadir Michel de Montaigne, o humanista, que deu de ombros diante da divergência entre os tradicionalistas e o polonês: "No que nos diz respeito, dentro de mil anos uma outra opinião derrubará as duas".[24] Mas Copérnico, diversamente de Montaigne ou mesmo de Nicolau de Cusa, era matemático até a medula. Seu grande livro, *De revutionibus orbium coelestium*, inclui página após página de cálculos. Ele foi o primeiro teórico da astronomia, no espaço de um milênio, a se expressar principalmente através da matemática, língua natal da ciência e mais convincente do que as palavras para a minoria que viria a reformular a astronomia e a física no século XVII.[25]

---

23 *Nicholas Copernicus on the Revolutions*. Trad. Edward Rosen. Baltimore: Johns Hopkins Press, 1978. p.13, 16, 22.
24 Michel de Montaigne. *The Complete Essays*. Trad. M. A. Screech. Harmondsworth: Penguin Books, 1987. p.642.
25 Thomas S. Kuhn. *The Copernican Revolution*: Planetary Astronomy in the Development of Western Thought. Cambridge, Mass.: Harvard University Press, 1957. p.139.

A influência da revolução copernicana foi imensa, não apenas por seu rebaixamento da Terra (sobre o qual muito se tem escrito), mas também por suas implicações para a quantidade e a qualidade do próprio espaço. No sistema aristotélico-ptolomaico, para que houvesse espaço para os outros corpos celestes e suas esferas, as estrelas fixas tinham que ficar a uma enorme distância da Terra, mas não a uma distância inconcebível. No sistema copernicano, essa distância tinha que ser imensa, praticamente inconcebível, porque as posições das estrelas não se alteravam em relação aos corpos mais próximos, quando o observador passava de um extremo para outro da órbita da Terra em torno do Sol. (Isso é uma questão de *paralaxe*.) O volume do universo copernicano tinha que ser, *no mínimo*, 400.000 vezes maior que o do universo tradicional.[26]

Os europeus medievais e quase todos os renascentistas, com poucas exceções, pensavam no espaço como hierarquizado, visão essa que era reforçada pela teoria de Ptolomeu. Se a Terra era o centro sobre o qual caía tudo o que tinha peso, era óbvio que ela era intrinsecamente diferente do resto da criação. Mas, se o Sol fosse o centro, e a Terra girasse em torno dele como os outros planetas, onde ficaria sua singularidade?

O primeiro indivíduo, ou, pelo menos, o primeiro de renome, a proclamar irrestritamente as implicações da teoria copernicana para a natureza do espaço foi Giordano Bruno (1548-1600), que começou como dominicano mas acabou na fogueira em Roma. Ele propôs um espaço sem nenhum centro ou limite, acima ou abaixo, que ofendeu os aristotélicos, os católicos, os calvinistas e todas as outras pessoas que não conseguiam ficar à vontade com uma grande intimidade com o infinito. Sua versão do espaço mostrou que este era homogêneo, infinito e povoado por mundos infinitos – um escândalo:

> Existe um único espaço geral, uma única vasta imensidão, à qual podemos livremente dar o nome de Vazio: nela existem inúmeros globos semelhantes a este em que vivemos e crescemos; declaramos que esse espaço é infinito, uma vez que nem a razão, a conveniência, a percepção dos sentidos ou a natureza atribuem-lhe um limite.[27]

---

26 Ibidem, p.160.
27 Koyré, *From the Closed World*, p.40-1; Max Jammer. *Concepts of Space*: The History of Theories of Space in Physics. Cambridge, Mass.: Harvard University Press, 1954. p.83-4. Ver também Paul H. Michel. *The Cosmology of Giordano Bruno*. Trad. R. E. W. Maddison. Paris: Hermann, 1973.

Bruno foi executado por heresia em 1600 – e de nada adiantou. A lebre, que já fora levantada, estava tendo filhotes.

Se o espaço era homogêneo e mensurável e, portanto, suscetível à análise matemática, o intelecto humano podia abarcar o mundo inteiro e estender-se para o vazio interestelar. Vou dar dois exemplos.

Na década de 1490, Espanha e Portugal estavam brigando para saber quem deteria os direitos sobre todo o mundo não-cristão. Como poderiam eles traçar fronteiras em terras estranhas, onde nenhum espanhol ou português jamais havia pisado, e fronteiras que, em sua maioria, passariam por alto-mar? Eles traçaram essa fronteira primeiro com a ajuda do papa, em 1493, e depois, feitas algumas modificações, no Tratado de Tordesilhas, em 1494, do norte até o sul, de um pólo ao outro, "trezentas e setenta léguas a oeste das Ilhas de Cabo Verde, *calculadas por graus*".[28] O grifo (meu) serve para enfatizar o fato evidente de que as distâncias medidas e as linhas traçadas sobre a água só podem, na prática, ser calculadas em graus.

Passada mais uma geração, os ibéricos precisaram de uma fronteira equivalente no oeste do Pacífico. No Tratado de Saragoça (1529), eles estenderam a linha do Tratado de Tordesilhas por sobre os pólos e pelo restante da volta ao mundo, criando uma fronteira situada 297,5 léguas ou *19 graus* a leste das Molucas.[29]

A bem da verdade, a linha traçada nos tratados de Tordesilhas e Saragoça mostrou ter pouca importância. Os portugueses a violaram no Brasil e os espanhóis, nas Índias Orientais, e, de qualquer modo, ainda não havia ninguém capaz de calcular a longitude com precisão. Mas essa linha serve como prova da confiança que os europeus renascentistas depositavam na homogeneidade da superfície do mundo, mesmo em terras e mares que nem eles nem qualquer outro ser humano, ao que eles soubessem, já tinham visto. Eles se viam não apenas como suficientemente poderosos para cortar o mundo como uma maçã, mas também como capazes de fazê-lo de um modo que era exato na teoria e que, dentro em breve, poderia ser exato na prática.

Em novembro de 1572, pessoas do mundo inteiro viram uma nova estrela, uma nova, como viríamos a chamá-la, tão brilhante que era visível à luz do dia. Théodore de Béze, sucessor de Calvino

---

28 Henry Steele Commager. (Org.) *Documents of American History*. New York: Appleton-Century-Crofts, 1958. p.2-4.
29 F. Soldevila. *Historia de España*. 2.ed. Barcelona: Ariel, 1962. v.3, p.347-8.

como líder da Genebra ardorosamente protestante, viu-a e supôs que se tratava da segunda estrela de Belém e de um presságio do Segundo Advento de Cristo. Tycho Brahe, o primeiro astrônomo do Ocidente a se dedicar verdadeiramente à observação desde a remota Antigüidade, e talvez o melhor que existiu antes do telescópio, também a viu, mediu a distância angular entre essa nova estrela e as nove estrelas conhecidas de Cassiopéia, e fez anotações sobre sua magnitude e sua cor. E continuou a fazê-lo durante os 17 meses em que a estrela permaneceu visível.[30]

A opinião abalizada proclamava que o céu era perfeito e que as mudanças só podiam ocorrer na esfera sublunar, abaixo da Lua.[31] Por conseguinte, essa *nova* estrela devia estar perto da Terra, sendo mais provavelmente um objeto da meteorologia do que da astronomia. No entanto, de acordo com as medições meticulosas de Tycho, ela nunca mudava de posição em relação às estrelas fixas, os objetos mais distantes de todos no firmamento, como decerto aconteceria se estivesse dentro da esfera da Lua. As observações de Brahe indicaram que a nova estrela, a despeito de sua mutabilidade, devia estar na esfera das estrelas.[32]

Em 1577, um grande cometa varreu os céus, o primeiro de uma série de "meteoros de fogo" no meio século seguinte. Se havia alguma validade no modelo tradicional e hierarquizado do universo, os cometas, os mais espetacularmente instáveis dentre todos os objetos das alturas, tinham que estar entre as perturbações do ar superior. Brahe observou o novo cometa, fez suas costumeiras medições meticulosas, e delas deduziu que ele não estava dentro da esfera da Lua, porém muito mais afastado, algo assim como umas seis vezes mais distante do que a Lua. Além disso, o cometa parecia mover-se não num círculo perfeito, mas numa oval – uma órbita insubstancial que forçosamente atravessava as esferas planetárias. As esferas de cristal, que durante milênios haviam servido à especulação astronômica européia, não podiam existir.[33]

---

30 Boas, *Scientific Renaissance*, p.109-12.
31 Kuhn, *Copernican Revolution*, p.92.
32 John A. Gade. *The Life and Times of Tycho Brahe*. Princeton, N. J.: Princeton University Press, 1947. p.41-2; Antonie Pannekoek. *A History of Astronomy*. New York: Interscience, 1961. p.207-8; C. Doris Hellman. Brahe, Tycho, in: *Dictionary of Scientific Biography*, v.2, p.402-3.
33 Hellman, Brahe, p.407-8; Pannekoek, *History of Astronomy*, p.215-6. Ver também C. Doris Hellman. *The Comet of 1577*: Its Place in the History of Astronomy. New York: Columbia University Press, 1944.

No fim do século XVI, a versão do espaço do Modelo Venerável estava abalada. Os conservadores ainda acamparam em seus destroços por várias gerações, mas era inevitável passar para a alternativa. A alternativa era o que Isaac Newton definiu como "o espaço absoluto", que, "por sua própria natureza, sem relação com qualquer coisa externa, permanece sempre idêntico e imóvel",[34] isto é, uniformemente mensurável: o espaço da física clássica. Foi esse o vazio amoral que Blaise Pascal, outro matemático, que era também místico, chamou de aterrorizante.[35]

---

34 Isaac Newton. *Mathematical Principles of Natural Philosophy and His System of the World*. Trad. Andrew Motte e Florian Cajori. Berkeley: University of California Press, 1934. p.6.
35 Blaise Pascal. *Pensées*. New York: Dutton, 1958. p.61.

6

MATEMÁTICA

> Por que, em toda grande obra, são os
> Guarda-livros tão desejados? Por que
> são os Auditores tão bem alimentados?
> Que leva os geômetras a serem tão altamente
> engrandecidos? Por que são os astrônomos tão
> imensamente avançados? É que, mediante o
> número, eles encontram coisas tais que, não fora
> isso, em muito ultrapassariam a mente humana.
> *Robert Recorde* (1540)[1]

Alguns europeus ocidentais do fim da Idade Média e do Renascimento começaram, em caráter experimental, a considerar as possibilidades do tempo e do espaço absolutos. As vantagens estavam em que as propriedades absolutas eram, por definição, permanentes e universais, o que significava que valia a pena o esforço de medi-las e de analisar e manipular essas medidas de várias maneiras. A mensuração é feita de números e a manipulação dos números é a matemática. Thomas Bradwardine, escolástico e arcebispo de Cantuária no século XIV, afirmou: "Quem tiver a temeridade de estudar física negligenciando a matemática deve saber, desde logo, que jamais adentrará os portais da sabedoria."[2]

Roger Bacon, John Buridan, Teodorico de Freiberg, Nicole Oresme e outros de idéias similares prefiguraram Kepler e Galileu com

---

1 Franz J. Swetz. *Capitalism and Arithmetic*: The New Math of the 15th Century. La Salle, Ill.: Open Court, 1987, epígrafe.
2 James A. Weisheipl. The Evolution of Scientific Method. In: Vincent E. Smith. (Org.) *The Logic of Science*. New York: St. Johns University Press, 1964. p.82.

sua glorificação da geometria e, particularmente no caso de Oresme, com uma convicção de que era possível impor números onde antes se os havia considerado impróprios. Oresme (que passou boa parte de sua vida em Paris e deve ter ouvido muitas vezes o relógio autoritário de Carlos V) escreveu, num tratado intitulado *A Geometria das Qualidades e do Movimento*, que, para medir coisas de "quantidade contínua" – por exemplo, o movimento ou o calor – "é necessário que se imaginem pontos, linhas e superfícies ou suas propriedades... Conquanto os pontos ou linhas indivisíveis não existam, faz-se mister imaginá-los".[3] Por quê? Porque, nesse caso, é possível contá-los (ver Figura 3).

Estava pronto ou quase pronto o cenário para o progresso acelerado na matemática e em sua aplicação à realidade material. No século XIII, Leonardo Fibonacci de Pisa, o maior matemático do Ocidente até então, havia entrado nesse palco, servindo-se livremente de algarismos indo-arábicos e de outros empréstimos das terras islâmicas, fazendo experiências com a teoria dos números e concebendo o que até hoje ainda é chamado de série Fibonacci. Por si só, ele foi um novo avanço na matemática – mas deixou poucos ou nenhum discípulo.[4]

A matemática não estava preparada para um avanço acelerado. Seus símbolos e técnicas eram inadequados. Era chegado o momento para um solo de trompete, e o único instrumento disponível era uma trombeta de caça. Além disso, a matemática não era, por assim dizer, homogeneamente igual ao tempo e espaço homogêneos. Os números e conceitos ainda ressoavam com significados não-matemáticos. Sim, 3 era 1 mais 1 mais 1, ou a raiz quadrada de 9, e assim por diante, mas era também, em momentos imprevisíveis, uma referência direta à Trindade.

Mas, abordemos primeiro a passagem da trombeta de caça para o trompete. Examinemos a contagem, a aritmética e a álgebra simples. Como já foi discutido no Capítulo 2, fazer contas, especialmente quando os números ficavam grandes, era muito difícil com algarismos romanos. Santo Agostinho descreveu as dimensões ilimitadas da eternidade, dizendo que ela era infinitamente maior até

---

[3] *Nicole Oresme and the Medieval Geometry of Qualities and Motions*. Trad. e org. Marshall Claget. Madison: University of Wisconsin Press, 1968. p.165.
[4] Paul L. Rose. *The Italian Renaissance of Mathematics*: Studies on Humanists and Mathematicians from Petrarch to Galileo. Genève: Librairie Droz, 1975. p.82.

mesmo do que uma soma tão grande que "já não pudesse expressar-se em números",[5] afirmação que, hoje, mais serve para confundir do que esclarecer. Os cálculos complicados com algarismos romanos eram inviáveis, se não impossíveis, e a mistura e a confusão de números e letras eram difíceis de evitar porque, naturalmente, os algarismos romanos eram letras romanas.

A tábua de calcular trouxe uma enorme ajuda nessas dificuldades, mas essa versão ocidental do ábaco tinha lá as suas desvantagens. Não conseguia lidar ao mesmo tempo com números muito grandes e muito pequenos, e era um aparelho para calcular e não para registrar. Seus usuários tinham que, necessariamente, apagar seus passos à medida que iam calculando, o que tornava impossível localizar os erros ocorridos no processo, a não ser voltando ao começo e repetindo a seqüência inteira. Quanto ao registro permanente das respostas, este era feito em algarismos romanos, o que nos leva diretamente de volta ao problema de escrever números grandes.

Se os europeus medievais houvessem possuído o tipo de ábaco que era comum no Extremo Oriente e que hoje ainda o é em outros lugares, aquele tipo com as contas montadas em arames, que os peritos fazem correr de um lado para outro quase com a velocidade do pensamento, é possível que os ocidentais nunca houvessem aceitado os algarismos indo-arábicos. Mas as fichas tinham que ser apanhadas e movidas ou empurradas de um lugar para outro na tábua de calcular, e uma topada com o joelho ou uma encostadela descuidada com uma das mangas podia derrubá-las no chão, eliminando todos os resultados de um cálculo demorado. Felizmente, os europeus nunca viram o ábaco oriental. (Esta não é a última vez em que assinalarei as vantagens do filistinismo.) Em 1530, John Palegrave declarou que era capaz de calcular seis vezes mais depressa com os algarismos indo-arábicos do que "podeis somar alguns com fichas".[6]

Pouco se sabe com clareza sobre a origem do que costumamos chamar de algarismos arábicos, exceto que os árabes não os inventaram. Receberam-nos dos indianos, que talvez tenham sido seus inventores, mas é igualmente possível que os indianos os tenham rece-

---
5 Santo Agostinho. *The City of God*. Trad. Marcus Dods. New York: Modern Library, 1950. p.392.
6 Alexander Murray. *Reason and Society in the Middle Ages*. Oxford: Oxford University Press, 1978. p.166, 454; Keith Thomas. Numeracy in Early Modern England, *Transactions of the Royal Society*, 5ª série, v.37, p.106-7, 1987.

bido dos chineses.[7] Vamos chamá-los de algarismos indo-arábicos. Seja qual for a verdade sobre sua origem, os árabes, que sabiam reconhecer uma coisa boa quando a viam, adotaram-nos e os adaptaram para seus próprios fins. O muçulmano cujo nome se associa mais estreitamente ao novo sistema é o erudito e escritor Abu Jafar Muhammad ibn Musa al-Khwarizmi, que viveu no século IX. Seu livro sobre os novos números rumou para o Ocidente e chegou à Espanha, e o novo sistema logo se infiltrou na Europa. No século XII, um inglês, Robert de Chester, traduziu o livro de al-Khwarizmi para o latim e, a partir daí, a influência dos novos algarismos no Ocidente foi contínua.[8]

As línguas européias transformaram *al-Khwarizmi* em vários ancestrais das palavras *algoritmo* e *algarismo*, que usamos no século XX. Elas têm hoje sentidos especiais, mas, durante a Idade Média e o Renascimento, e muito depois disso, referiam-se simplesmente aos algarismos indo-arábicos e ao tipo de cálculo que os acompanhava.[9]

A superioridade dos algarismos indo-arábicos em relação aos romanos e às tábuas de calcular parece-nos hoje evidente, e nossa impressão estará certa, se esses sistemas rivais forem considerados por alguém que não tenha tido experiência prévia com nenhum deles. Havia apenas dez símbolos, "tais como aqui escritos, por exemplo, 0987654321". Com eles era possível escrever qualquer número, por maior que fosse. O processo de "calcular com a pena", como às vezes eram designados os cálculos feitos com os algarismos indo-arábicos,[10] não se apagava à medida que ia ocorrendo e, por isso, era fácil de verificar; e os cálculos e anotações podiam ser feitos com os mesmos símbolos.

Mas os algarismos indo-arábicos não pareceram necessariamente vantajosos para os velhos europeus. O sistema existente era comodamente conhecido, e já era o ano de 1514 quando foi publicado o último livro de aritmética em algarismos romanos. Sim, o matemático atento a essa última moda poderia escrever *qualquer* número que quisesse, e todos o entenderiam, mas só se ele e os outros compreendessem o valor posicional e o misterioso e bizarro zero.

---

7 Swetz, *Capitalism and Arithmetic*, p.327. n.17.
8 Ibidem, p.27-8.
9 Ibidem, p.28-9.
10 Lambert L. Jackson. *The Educational Significance of Sixteenth Century Arithmetic.* New York: Columbia University Teachers College, 1906. p.27.

O valor das casas era difícil de apreender. Na tábua de calcular podiam-se ver as fichas e acompanhar posição a posição o que era feito com elas. Com o sistema de algarismos arábicos, entretanto, havia na lousa (ou no pergaminho, ou no papel, se você pudesse arcar com o preço deles) apenas rabiscos, parecidos com pegadas de galinha. E o terrível zero, sinal daquilo que *não* existia, era tão incômodo em termos conceituais quanto a idéia do vácuo. O zero representava um verdadeiro problema, como podemos inferir pelas explicações contemporâneas. No século XIII, Johannes de Sacrobosco escreveu em *The Crafte of Nombrynge* [*O ofício de numerar*], o mais popular guia europeu sobre o sistema arábico:

> A cifra simboliza nada, mas faz o algarismo que vem depois dela simbolizar mais do que deveria se ela não estivesse presente, como no 10. Aqui, o algarismo um representa dez e, se a cifra estivesse ausente, e se não houvesse um algarismo defronte dela, ele simbolizaria apenas um, pois nesse caso estaria no primeiro lugar.[11]

Tradução: 1 é apenas 1, mas, colocando-se um zero à sua direita, ele é promovido a dez vezes mais. Ignore o "defronte dela". Talvez seja um eco da prática árabe de escrever da direita para a esquerda.

Passaram-se séculos antes que os europeus reconhecessem que o zero era um número real. Um francês do século XV escreveu: "Assim como a boneca de trapo queria ser uma águia, o asno, um leão, e o macaco, uma rainha, a *cifra* dava-se ares de grande senhora e fingia ser um algarismo". Os astrólogos, no entanto, adotaram com relativa rapidez os algarismos arábicos, inclusive o zero, possivelmente porque isso elevava seu status, como o fazia a escrita hermética.[12] Aliás, é provável que a "cifra" de *codificar* [*encipher*] e *decifrar* remonte, pelo menos em parte, à antes mística reputação do zero.[13]

---

11 Robert Steele. (Org.) *The Earliest Arithmetics in English*. London: The Early English Text Society, 1922. p.5.
12 Karl Menninger. *Number Words and Number Symbols*: A Cultural History of Numbers. Trad. Paul Broneer. Cambridge, Mass.: MIT Press, 1969. p.286, 422-3; *Earliest Arithmetics in English*, p.4.
13 Mas, no início do século XVII, a familiaridade com o zero era tão generalizada, que Shakespeare pôde usá-lo como metáfora da gratidão profunda em seu *Conto de inverno* (ato 1, cena 2, linha 6), sem embasbacar os espectadores menos sofisticados: "*Like a cypher (yet standing in rich place),* / I multiply with one, 'We thank you', / Many thousands more, that go before it." [Tradução livre: "Qual uma cifra (mas posta em posição de privilégio), / Multiplico por um 'obrigado' / Os muitos outros milhares que o precedem."]

Talvez fosse inevitável que o sistema arábico triunfasse no Ocidente, com sua economia e tecnologia florescentes, mas a mudança foi lenta e efetuada sem boa vontade. Durante gerações, os europeus ocidentais adiaram o momento de se renderem ao sistema arábico, misturando desordenadamente os vários sistemas. Para evitar o problema de anotar um número grande em algarismos romanos, eles às vezes o escreviam sob a forma de pontos, dispostos de acordo com o padrão das fichas que o expressariam numa tábua de calcular. Num prefácio a um calendário de 1430, o fabricante do calendário definiu o ano como sendo composto de "ccc e sessenta dias e 5 e seis horas aproximadas". Duas gerações depois, outro autor expressou o ano então em curso como sendo MCCCC94, ou seja, dois anos depois da descoberta da América por Colombo. De vez em quando, os europeus adotavam o valor posicional e o zero dos algarismos indo-arábicos, mas os expressavam com letras romanas maiúsculas, o que era um arranjo particularmente confuso. IVOII é (e como é que você haveria de saber, se não lhe dissessem?) 1502, ou seja, I na casa do milhar, V na casa das centenas, 0 na das dezenas e II na das unidades. O pintor Dirk Bouts colocou em seu altar, em Louvain, o número MCCCC4XVII, que designa – o quê? Meu palpite seria 1447. E o seu?

Nos primeiros livros de contabilidade da Livre Cidade Imperial de Augsburgo, todos os números eram escritos em palavras latinas. Depois, os contadores usaram algarismos indo-arábicos para designar o ano (com o que não havia grande possibilidade de algum contador inescrupuloso vir a lhe acrescentar um quinto algarismo). Quando finalmente os contadores começaram a usar os novos algarismos para expressar outros valores, eles também passaram a registrar os números em algarismos romanos. Isso foi em 1470; mais de meio século se passou antes que os algarismos indo-arábicos destronassem completamente os romanos nos livros contábeis de Augsburgo.

A vitória do sistema indo-arábico sobre o romano foi tão gradativa, que não se pode citá-la como ocorrida numa década qualquer, ou mesmo na mais longa das vidas. Certamente não havia ocorrido em 1500, embora talvez já fosse inevitável nesse ano: àquela altura, os contadores bancários dos Médici já estavam usando o novo sistema em caráter exclusivo, e até os analfabetos começavam a adotar os novos algarismos. Certamente já havia ocorrido em 1600, embora os conservadores continuassem apegados aos antigos algarismos. Os algarismos romanos só desapareceram por completo dos livros do Tesouro britânico em meados do século XVII; e ainda os utilizamos para coisas pomposas, como escrever datas em pedras fundamentais e designar os jogos anualmente realizados entre os campeões das ligas profissionais de futebol americano.[14] De qualquer modo, por mais lenta que tenha sido, a mudança teve conseqüências enormes. À medida que se foram afastando da língua supranacional e supra-regional – o latim – em favor de suas diversas línguas vernáculas, os europeus ocidentais aceitaram e acolheram uma outra língua verdadeiramente universal, o sistema de algarismos arábicos.

Na esteira da adoção revolucionária dos novos algarismos veio uma mudança das notações operacionais, mudança esta que foi essencial para a maioria dos avanços na matemática, na ciência e na tecnologia desde então. Os mais simples dentre os sinais das operações, + e -, demoraram a entrar na aritmética européia, muito mais do que os algarismos indo-arábicos. Leonardo Fibonacci usava os novos algarismos com grande desenvoltura no século XIII, mas tinha que expressar as relações e operações entre eles em linguagem retórica, utilizando palavras.[15] As palavras eram ambíguas. O "e", como em "2 e 2 são 4", parece bastante claro, mas podia às vezes ser usado simplesmente para indicar diversos, como em "2 e 2 e 2", sem nenhuma intenção de soma. Na segunda metade do século XV, os italianos já usavam sinais, ou pelo menos abreviaturas, para o mais e o menos: $\bar{p}$ para o mais e $\bar{m}$ para o menos. Também estes podiam causar confusão, especialmente quando se queria usá-los numa notação algébrica, como, por exemplo, a $\bar{p}$ b $\bar{m}$ c = x. Os conhecidos sinais de mais e menos, + e -, surgiram sob forma impressa na Alemanha, em 1489. Suas origens são obscuras: talvez tenham vindo das marcas simples que os donos de armazéns rabiscavam a giz nos fardos e nas caixas para indicar que eles estavam acima ou abaixo do peso ou do tamanho esperados. As marcas alemãs lutaram por ser aceitas, em oposição ao $\bar{p}$ e ao $\bar{m}$ italianos, durante todo o século XVI, e só saíram vencedoras quando os algebristas franceses as adotaram. Robert Recorde tomou a decisão pelos ingleses por volta de 1542, anunciando que "essa figura, +, que simboliza o muito, é como essa linha, -, pla-

---

14 Florence Yeldham. *The Story of Reckoning in the Middle Ages*. London: George G. Harrap, 1926. p.86; Murray, *Reason and Society*, p.169-70; J. M. Pullan. *History of the Abacus*. New York: Praeger, 1968. p.43, 45-7; Menninger, *Number Words*, p.287-8.
15 Florian Cajori. *A History of Mathematical Notations*. La Salle, Ill.: Open Court, 1928. v.1, p.89.

na e sem outra que a cruze, que simboliza o pouco". Estava fazendo referência ao uso de ambas na álgebra, e, na Inglaterra e noutros lugares, os sinais foram usados pelos algebristas muito antes de serem aceitos pelos praticantes comuns da aritmética.[16]

O sinal de igual, =, parece ter sido uma invenção inglesa. Em meados do século XVI, para evitar a repetição enfadonha de "é igual a", Recorde usou um par de linhas paralelas horizontais, "porque não há 2 coisas que possam ser mais idênticas". A história dos sinais anglo-americanos de multiplicação e divisão, x e ÷, é mais complicada, mais longa, e nem sempre tão afortunada quanto prenunciavam suas origens. Nos manuscritos medievais e, mais tarde, em livros impressos, o "x" surgiu como um sinal matemático que tinha onze ou mais funções diferentes. Se usado nas expressões algébricas, juntamente com os símbolos sob a forma de letras, estava fadado a gerar confusão. Os algebristas omitem os sinais de multiplicação ou utilizam um ponto, e os aritméticos levaram séculos para aceitar o x com o significado de multiplicação. O sinal anglo-americano da divisão, ÷, tem uma semelhança perigosamente estreita com o sinal de subtração. O processo de universalização dos símbolos das operações, iniciado na Idade Média, ainda está incompleto.[17]

Luca Pacioli, o mais famoso contador do Renascimento, afirmou que "muitos comerciantes desconsideram as frações ao fazer cálculos, e entregam à casa qualquer dinheiro que sobre", mas os fregueses não estavam dispostos a agüentar isso para sempre. Os negociantes tomavam parte em transações complicadas, que envolviam participantes variáveis ao longo do tempo, implicavam juros simples e compostos, e incluíam duas, três ou mais moedas que subiam e desciam com um mar encapelado. No século XV, era freqüente eles usarem frações como 197/280 e, às vezes, descobriam-se afundando nas areias movediças de frações como 3345312/4320864. Foram salvos pelo sistema decimal, que talvez já existisse em forma embrionária desde o início do século XIII, mas que passou mais trezentos anos sem dispor de um sistema de notação útil.

O *De thiende* (*O Décimo*), de Simon Stevin, publicado em flamengo, sua língua natal, e em francês, em 1585, foi o livro mais influente sobre o assunto. Nele, Stevin indicou o lugar de determinado

---

16 Ibidem, p.107, 128, 230-1, 235; D. E. Smith, *History of Mathematics*. New York: Dover, 1958. v.2, p.398-9, 402.
17 Cajori, *History of Mathematical Notations*, v.1, p.239, 250-68, 272; Smith, *History of Mathematics*, v.2, p.404-6, 411.

algarismo à esquerda e à direita do ponto decimal (como diríamos nós), escrevendo em pequenos círculos acima dos algarismos um 0 para indicar o inteiro e 1, 2, 3, 4 etc., para indicar as frações: por exemplo, ele escreveria pi ou π como

Sua contribuição não residiu nessa notação específica em si, mas em fornecer uma explicação criteriosa e, pelo menos, um tipo de notação clara para o sistema das frações decimais. Nossa maneira de expressar frações decimais só apareceu no século seguinte, e até hoje não existe um sistema universal. Algumas sociedades usam o ponto e outras usam a vírgula entre os números inteiros e suas frações decimais. Mas tivemos o benefício inestimável de um ou outro tipo de sistema funcional de frações decimais, desde os dias de glória de Simon Stevin.[18]

Os algarismos indo-arábicos, ajudados até mesmo pelos sinais mais primitivos das operações, equiparam os europeus para a manipulação eficiente dos números, abrindo as portas para outros avanços. "Esse alívio da luta com os detalhes aritméticos", de acordo com Alfred North Whitehead, "deu margem a um desenvolvimento que já fora tenuemente antecipado na matemática grega avançada. A álgebra então entrou em cena, e a álgebra é a generalização da aritmética."[19] Os algebristas indianos e árabes não usavam símbolos simples (x ou y, ou seja lá o que for), porém palavras, ou, na melhor das hipóteses, abreviaturas de palavras. No início do século XIII, Leonardo Fibonacci, num dado momento, usou uma letra em vez de um número em sua álgebra, mas deixou a inovação parar por aí. Um contemporâneo dele, Jordanus Nemorarius, usou com mais freqüência as letras como símbolos de valores conhecidos e incógnitas, mas não dispunha de nenhum sinal de operação para o mais, o menos, a mul-

---

18 Swertz, *Capitalism and Arithmetic*, p.287, 338 n.64; Smith, *History of Mathematics*, v.2, p.221, 235-46; Cajori, *History of Mathematical Notations*, v.1, p.154-8; Carl B. Boyer. *A History of Mathematics*. Princeton, N. J.: Princeton University Press, 1985. p.347-8.
19 Alfred North Whitehead. *Science and the Modern World*. New York: Macmillan, 1925. p.43.

tiplicação, e assim por diante. Ele inventou seu próprio sistema, porém usando as letras com tamanha liberdade, disse um historiador da matemática, "que as letras se tornaram um empecilho tão grande para o progresso rápido numa linha de raciocínio quanto seriam as pernas de uma centopéia numa maratona".[20]

A notação algébrica continuou a ser uma misturada de palavras, abreviaturas delas e números, até que os algebristas franceses, especialmente Francis Vieta, no fim do século XVII, tomaram a providência de usar sistematicamente certas letras isoladas para denotar quantidades. Vieta usou vogais para indicar as incógnitas e consoantes para os valores conhecidos. (No século seguinte, Descartes aperfeiçoou o sistema de Vieta, usando as primeiras letras do alfabeto para os valores conhecidos e as últimas para as incógnitas. A e B e seus vizinhos são valores conhecidos, enquanto X, Y e seus vizinhos são mistérios por solucionar.[21])

À medida que a álgebra tornou-se mais abstrata e mais generalizada, ela foi ficando cada vez mais clara. Como o algebrista podia concentrar-se nos símbolos, e deixar de lado momentaneamente o que eles representavam, ele era capaz de realizar façanhas intelectuais sem precedentes. Os não matemáticos às vezes consideram a notação algébrica confusa e repulsiva, e se solidarizam com a ironia de Thomas Hobbes, que condenou um tratado sobre as seções cônicas como "tão recoberto pela sarna dos símbolos, que não tive paciência de examinar se estava bem ou mal demonstrado".[22] Mas o que ele condenou como sarnas são, na verdade, pequenas lentes de aumento que servem para concentrar esplendidamente a atenção. Como disse Alfred Hooper, "Através do simbolismo algébrico se fornece uma espécie de 'padrão' ou 'máquina operatriz' matemática, que dirige a mente para um objetivo de maneira tão veloz e certeira quanto uma matriz guia uma ferramenta de corte numa máquina."[23] Galileu, Fermat, Pascal, Newton e Leibnitz herdaram de Vieta uma refi-

---

20 Smith, *History of Mathematics*, v.2, p.427.
21 Cajori, *History of Mathematical Notations*, v.1, p.379-81; v.2, p.2-5; E. T. Bell. *The Development of Mathematics*. New York: McGraw-Hill, 1945. p.97, 107, 115-6, 123; Smith, *History of Mathematics*, v.2, p.427.
22 Mathematics, the History of. In: *the New Encyclopaedia Britannica*. 15 ed. Chicago: Encyclopaedia Britannica, 1987. v.23, p.612.
23 Alfred Hooper. *Makers of Mathematics*. New York: Random House, 1948. p.66-7.

nada matriz algébrica, e a usaram para conquistar para o século XVII o título de século da genialidade.[24]

Paralelamente aos avanços da simbologia matemática, houve uma mudança pelo menos igualmente importante na percepção do *significado* da matemática. Os números, à primeira vista, são símbolos de quantidades desprovidas de qualidades, e é por isso que são tão úteis. Significam aquilo que dizem, e é só o que significam. Por exemplo, a relação entre a circunferência, o raio e área de um círculo é uma questão de π, que corresponde a 3 1/7, ou 3,14, ou 3,1416. Podemos aperfeiçoá-lo mais, acrescentando outras casas decimais, mas esse processo só faz enfatizar que π é o que é. Nenhum político, sacerdote, general, santo, gênio, astro de cinema ou maníaco pode reduzi-lo a 3 ou aumentá-lo para 4, ou fazê-lo terminar num número inteiro. π é π em qualquer lugar e para sempre, no inferno e no céu, hoje e até o dia do Juízo Final.

Nossa mente, entretanto, que é pelo menos tão metafórica e analógica quanto lógica, é intolerante para com os caminhos curtos e retos que param pouco antes de atingir seu lugar de destino. Gostamos de fazer os caminhos serpentearem por arvoredos frondosos e, por isso, muitas vezes adaptamos a matemática a motivações não-matemáticas. Assim é que a maioria de nossos prédios altos não tem um 13° andar, porque 13 é 10 mais 3: *dá azar*. A matemática ocidental era repleta de mensagens desse tipo, na Idade Média e no Renascimento. Mesmo nas mãos dos especialistas – ou *principalmente* nas mãos dos especialistas – ela era uma fonte de informações extraquantitativas.

Roger Bacon, por exemplo, fez um grande esforço para predizer numericamente a queda do islamismo. Vasculhou os textos de Abu Ma'shar, o maior dos astrólogos a escrever em árabe, e verificou que ele havia descoberto na história um ciclo de 693 anos. Esse ciclo dera origem ao islamismo e o levaria até 693 anos depois, o que devia ficar num futuro próximo, pensou Bacon. Tal ciclo era corroborado na Bíblia, no Apocalipse de São João, 13:18, que Bacon julgou revelar que "o número" da Besta ou do Anticristo era 663, um número que com certeza estaria ligado a outras mudanças radicais.

A análise de Bacon tinha duas falhas. Primeiro, o número da Besta do Apocalipse é 666, e não 663: é provável que Bacon tivesse

---

24 Raymond L. Wilder. *Mathematics as a Cultural System*. Oxford: Pergamon Press, 1981. p.130.

um exemplar defeituoso do Apocalipse. A outra falha é mais interessante. O 693 de Abu Ma'shar e o 663 da Bíblia (ou 666, se preferirmos) não são o mesmo número. Se você acredita que a aritmética é sempre feita de números e nunca de mensagens, este é o momento de verificar os erros ou abandonar sua hipótese. Bacon, entretanto, acreditava que a mensagem era mais importante do que seu veículo, os números. Assim, falseou os números, justificando-se com a afirmação de que "as Escrituras, em muitos pontos, tomam uma coisa por um número completo, pois esse é o costume das Escrituras", e ainda, "Talvez Deus tenha querido que esse assunto não fosse inteiramente explicado, mas permanecesse um tanto velado, como outras questões registradas no Apocalipse".[25]

A matemática é magnífica porque, em sua especificidade, torna evidentes as manipulações semelhantes à de Bacon. É também magnífica porque, em sua generalidade, é tão poderosa que nos tenta a usar sua ajuda para enfrentar os mais vastos mistérios – por exemplo, a natureza do universo, físico e metafísico. Que pode haver de mais geral do que o 2, que é capaz de representar duas galáxias ou dois pepinos em conserva, ou uma galáxia e uma conserva (a mente realmente se atrapalha), ou apenas um 2 saltitando levemente – onde? Como Deus, ela é um *Eu sou*, e muita gente achou que devia ser um precipitado da realidade última.

No século XV, Nicolau de Cusa, fazendo eco ao que dissera Platão dois mil anos antes, escreveu: "O número em nossa mente é a imagem do número na mente de Deus". Quinhentos anos depois, Eugene P. Wigner, ganhador do prêmio Nobel, contemplou o mistério da relação dos números com a realidade física de um patamar muito mais elevado de conhecimentos e especialização do que Cusa ou qualquer neoplatonista já falecido, mas sua conclusão assemelhou-se à deles: "É difícil evitar a impressão de estarmos, aqui, diante de um milagre".[26] Nossas obsessões com os números 13 e 666 são tolas, mas não há nada de tolo nos matemáticos místicos em si. O misticismo é uma de nossas maneiras de enfrentar o mistério, e a matemática é misteriosa.

---

25 *The Opus Majus of Roger Bacon*. Trad. Robert B. Burke. Philadelphia: University of Pennsylvania Press, 1928. v.1, p.287; v.2: p.644-5.
26 Nicolau de Cusa. *Idiota de Mente. The Layman*: About Mind. Trad. Clyde L. Miller. New York: Abaris Books, 1979. p.61; Wilder, *Mathematics as a Cultural System*, p.45.

A física, a química, a astronomia – as ciências exatas – têm justificado empiricamente nossa confiança intuitiva em que a realidade é matemática (ou, talvez, em que só conseguimos compreender o que é matemático, mas essa já é outra preocupação). Essa confiança é um pré-requisito da ciência – na verdade, da maior parte do tipo de civilização que temos –, mas não leva necessariamente à física newtoniana, para citarmos apenas um exemplo. Essa confiança, além de ser um desafio em termos intelectuais, é esteticamente satisfatória, a ponto até de criar um vício. Ela pode transformar o matemático num virtuoso da computação, completamente desarraigado da materialidade, como Platão contemplando o "número perfeito", que provavelmente seria o perenemente numinoso 60 elevado à quarta potência, 12.960.000, ou como os monges budistas, que afirmam que o jovem Gautama era tão incompreensivelmente grandioso, que era capaz de dividir um *yoyana* (uma milha) em pedaços até o número 384.000, elevado à décima potência.[27]

Os artífices cristãos de números enveredaram pelo caminho da matemática como sendo uma expressão de reverência. No século II, o bispo Papias, um dos Padres da Igreja, escreveu que chegaria o dia em que as videiras cresceriam, cada qual com 10.000 galhos, e cada galho com 10.000 ramos, e cada ramo com 10.000 brotos, e cada broto com 10.000 cachos, e cada cacho teria 10.000 uvas, e cada uva produziria 25 "metros" de vinho; "E quando um dos santos segurar um dos cachos, um outro exclamará: 'Sou um cacho melhor, tomai a mim'".[28] Roger Bacon e Piero della Francesca, mil anos depois, quiseram batizar a geometria, não com o propósito de estabelecer as bases da óptica moderna, ou de estimular a invenção dos óculos ou do telescópio em si. Suas intenções tinham menos em comum com as de Galileu do que com as de um mago e matemático da rainha Elizabeth, John Dee, que alçou vôo numa corrente térmica de misticismo matemático até desaparecer de vista:

> Alçai-vos, clima, ascendei, e elevai-vos em espírito (com asas Especulativas), para fitar, no Espelho da Criação, a *Forma das Formas*, o

---

27 Edith Hamilton, Huntington Cairns. (Org.) *The Collected Dialogues of Plato*. Princeton, N. J.: Princeton University Press, 1961. p.775; Smith, *History of Mathematics*, v.1, p.89; Sal Restivo. *The Social Relation of Physics, Mysticism, and Mathematics*. Dordrecht: Reidel, 1983. p.218; Menninger, *Number Words*, p.136-8.
28 Edward H. Hall. *Papias and His Contemporaries*. Boston: Houghton, Mifflin, 1899. p.121-2.

Número Exemplar de todas as coisas Numeráveis: visíveis e invisíveis, mortais e imortais, Corporais e Espirituais.[29]

A Índia, pátria do Buda, produziu e continua a produzir um número desproporcionalmente grande de brilhantes matemáticos puros. O Ocidente, apesar de John Dee, tem produzido a maioria dos bons físicos aplicados, engenheiros e contadores. (Isso pode ou não ser verdade nos últimos tempos, mas estou falando em termos históricos.) Um dos problemas mais interessantes da história é saber por quê.

Uma resposta simples, mas falsa, seria que, no Ocidente, o misticismo dos números retrocedeu à medida que a matemática prática avançou. A verdade é que o Renascimento e a Reforma mais parecem ter estimulado do que desestimulado os magos a lerem o passado, o presente e o futuro de acordo com números e cálculos. A astrologia foi mais popular durante o Renascimento do que na Idade Média, empregando centenas de artífices de números e astrônomos na produção de horóscopos dotados de uma sofisticação matemática cada vez maior. Na Reforma, quando vicejou o sectarismo, Petrus Bungus calculou que o nome do rebelde mais ultrajante de seu século, se soletrado num sistema latino que era corrente na época – LVTHERNVC – e somado de acordo com o valor numerológico de suas letras, resultaria – bem, é claro – em 666. Os luteranos deram o troco de um salto, descobrindo que as palavras que adornavam a mitra papal – VICARIUS FILII DEI (Vigário do Filho de Deus) – também somavam 666, depois de se abandonarem o *a, r, s, f* e o *e*, que não tinham nenhum valor numerológico.[30]

Enquanto alguns usavam a matemática mística como um modo de atirar lama, o jovem copernicano neoplatônico Johannes Kepler deixou-se levar por uma espécie de mania a respeito dos cinco sólidos platônicos, que são o tetraedro, o cubo, o octaedro, o dodecaedro e o icosaedro. Eles são "perfeitos", porque as faces de cada um são idênticas (ou seja, as seis faces do cubo são iguais, assim como os vinte triângulos equiláteros do icosaedro são idênticos), e porque esses cinco sólidos podem ser inseridos numa esfera com todos os seus vértices (cantos) tocando sua superfície, ou podem ser colocados em

---
29 Christopher Butler. *Number Symbolism*. New York: Barnes & Noble, 1970. p.47.
30 George Ifrah. *From One to Zero*: A Universal History of Numbers. Trad. Lowell Blair. Harmondsworth: Penguin Books, 1987. p.307.

torno de uma esfera, com todos os centros de suas faces tocando-lhe a superfície. Em 1595, Kepler decidiu que eles explicavam o universo. Esses cinco, ele tinha certeza, podiam ser encaixados nas órbitas (esferas) dos seis planetas conhecidos, com os vértices mantendo as esferas externas do lado de fora e as faces contendo as esferas internas do lado de dentro – um exemplo divino da predileção de Deus pela ordem platônica. "Vi", escreveu Kepler, "um após outro sólido simétrico encaixar-se com tamanha precisão entre as órbitas apropriadas, que, se um camponês vos perguntasse em que tipo de gancho estão presos os céus para não caírem, ser-vos-ia fácil responder-lhe."[31]

Tragicamente, as observações expressas em números exatos (em geral, as de Tycho Brahe) provaram que ele estava errado. Kepler experimentou em seguida um modelo do sistema solar baseado nas harmonias da escala pitagórica. Elas também falharam, mas ele persistiu. Verificou cada uma das teorias, em todas as variações, por meio dos números, ano após ano, e, depois de cálculos hercúleos, concebeu suas três leis do movimento planetário, que serviram de base para a construção de Newton.

A confiança de Kepler estava em que a Divindade misericordiosa havia criado e colocado os seres humanos no único tipo de universo que eles tinham a possibilidade de compreender, um universo matemático. Em 1599, o astrônomo indagou:

> O que mais pode a mente humana abrigar além de números e magnitudes? Somente a esses apreendemos corretamente, e, se a devoção nos permite dizê-lo, nossa compreensão, nesse caso, é de tipo semelhante à de Deus, pelo menos na medida em que somos capazes de entendê-la nesta vida mortal.[32]

Tratava-se de uma fé para a qual as provas haviam-se acumulado com mais rapidez no século XVI do que em qualquer século anterior.

---

31 Arthur Koestler. *The Sleepwalkers*: A History of Man's Changing Vision of the Universe. Harmondsworth: Penguin Books, 1964. p.251-5, 270, 279.
32 Ibidem, p.535, 611.

Parte II

RISCANDO O FÓSFORO: A VISUALIZAÇÃO

> A ciência e a tecnologia avançaram em proporção mais do que direta à capacidade humana de conceber métodos mediante os quais certos fenômenos, que de outro modo só poderiam ser conhecidos através dos sentidos do tato, da audição, do paladar e do olfato, foram trazidos para a gama do reconhecimento visual e da mensuração e, com isso, tornaram-se objeto da simbolização lógica, sem a qual o pensamento e a análise racionais são impossíveis.
>
> William N. Ivins Jr., *On the Rationalization of Sight* (1938)

7

VISUALIZAÇÃO: UMA INTRODUÇÃO

> O olho é o mestre da astronomia. Produz a cosmografia. Orienta e corrige todas as artes humanas ... O olho transporta os homens para as diferentes partes do mundo. É o rei da matemática ... Criou a arquitetura e a perspectiva, e também a divina pintura ... Descobriu a navegação.
>
> *Leonardo da Vinci* (1452-1519)[1]

No século XVI, uma nova cultura prosperou na Europa Ocidental, especialmente em suas cidades, como celebrou Bruegel em seu quadro *Temperança*, discutido no Capítulo 1. As horas eram iguais, os desenhistas de mapas concebiam a superfície da Terra em graus de curvatura, e homens ambiciosos, como o Cássio e o Shylock de Shakespeare, embora ainda pudessem remexer os dedos no cômputo de transações insignificantes, calculavam e registravam por escrito suas grandes transações, e raciocinavam cada vez mais em algarismos indo-arábicos.

Tudo isso nos parece muito normal, mas apenas por sermos herdeiros diretos de Cássio e de Shylock. Nosso "senso comum" nos cega para a magnitude da revolução da *mentalité* que produziu nossas abordagens quantitativas da realidade. Meio milênio antes de Bruegel, a característica quantitativa da personalidade européia oci-

---

[1] Samuel Y. Edgerton Jr. From Mental Matrix to *Mappamundi* to Christian Empire: The Heritage of Ptolemaic Cartography in the Renaissance. In: David Woodward. (Org.) *Art and Cartography*: Six Historical Essays. Chicago: University of Chicago Press, 1987. p.15.

dental (se é que podemos falar dessa entidade) era recessiva e, segundo a visão moderna, bizarra. Dezenas de fatores eram capazes de ignorar os requisitos de clareza e exatidão numéricas na mensuração. Um pensador e matemático brilhante como Roger Bacon empenhava-se tão apaixonadamente na busca do numinoso, que era capaz de aceitar que 693 era um número próximo o bastante do da Besta do Apocalipse para ser exatamente ele. As unidades de quantificação diferiam em magnitude não apenas de uma região para outra, como se poderia esperar numa sociedade descentralizada, mas até de uma transação para outra numa mesma localidade. Um alqueire de aveia não era nem mais nem menos do que a capacidade de um cesto de um alqueire, embora o cesto entregue a um senhor feudal pudesse muito bem conter um alqueire *cheio*, enquanto outro, recebido por um camponês, talvez não passasse do nível de sua borda.[2] Essa variação (tão grande que provocaria guinchos de protesto de um economista moderno) não constituía uma trapaça, como o proverbial dedo dos nossos açougueiros na balança, mas era correta e apropriada, como o alongamento das horas dos dias de verão e o encurtamento das que formavam os dias de inverno.

As vantagens que provieram do avanço da apreciação quantitativa da realidade parecem-nos óbvias, mas não foram necessariamente evidentes em seus primórdios. Os relógios das cidades eram absurdamente dispendiosos, além de notoriamente inexatos, atrasando ou adiantando vários minutos por hora e, muitas vezes, parando por completo.[3] As primeiras cartas marítimas, que eram esboços a mão livre de linhas costeiras, mal dignos do esforço de desenho ou de consulta de um marinheiro prático, não passavam, na época e ainda por muito tempo, de suplementos às tradicionais orientações verbais ou escritas da navegação (os livros dos pilotos, ou *"rutters"* [roteiros] em inglês), que incluíam informações não apenas sobre as localizações e as distâncias, mas também sobre ancoradouros, profundidades, marés, fundos lamacentos ou arenosos ou cascalhosos, os locais e momentos em que seria possível deparar com piratas, e assim por diante.[4] A mudança para a mensuração e o método quantitativo, em seus estágios iniciais, não foi tão imaculadamente racio-

---

[2] Witold Kula. *Measure and Men*. Trad. R. Szreler. Princeton, N.J.: Princeton University Press, 1986. p.104.
[3] David S. Landes. *Revolution in Time*: Clocks and the Making of the Modern World. Cambridge, Mass.: Harvard University Press, 1983. p.78-9, 83.
[4] E. G. R. Taylor. *The Haven-Finding Art*: The History of Navigation from Odysseus to Captain Cook. New York: Abelard-Schuman, 1957. p.104-9, 131.

nal quanto nós, que a consideramos por intermédio de séculos sucessivos de costumeira quantificação, podemos supor. Essa mudança foi parte de algo subliminar – uma mudança gigantesca da *mentalité*.

Johan Huizinga, que possivelmente teve mais familiaridade com a arte, a música, a literatura e os costumes da Europa Ocidental do fim da Idade Média do que qualquer outro estudioso da primeira metade de nosso século, e que sem dúvida foi um dos historiadores mais argutos de qualquer geração, percebeu essa mudança em sua dimensão mais ampla:

> Um dos traços fundamentais da mentalidade do final da Idade Média é o predomínio do senso da visão, predomínio esse que se acha estreitamente ligado à atrofia do pensamento. O pensamento vai assumindo a forma de imagens visuais. Para de fato impressionar a mente, um conceito precisa, primeiro, assumir uma forma visível.[5]

Huizinga, um estudioso da chamada cultura superior, encarou a transmutação da civilização que havia produzido Dante e Santo Tomás de Aquino e que, depois disso, durante gerações, não conseguira produzir poetas e filósofos de estatura similar, como estando *ipso facto* em declínio. Na literatura dos séculos XIV e XV, Huizinga encontrou uma obsessão crescente com detalhes sobre a aparência superficial e uma preferência cada vez maior pela prosa, em vez de pela poesia, por ela ser um meio mais eficaz de descrição física exata. Ele descartou Froissart, o cronista ímpar da Guerra dos Cem Anos, como alguém que tinha a "alma de uma chapa fotográfica".[6]

Partindo de Froissart, saltemos um século e meio à frente e examinemos de novo a *Temperança* de Bruegel (Figura 1). Observe-se que tudo o que os seres humanos ali retratados estão *fazendo* (com exceção dos debatedores, na porção central direita, e dos atores, no canto superior esquerdo) – medir, ler, calcular, pintar e cantar – é visual. Até os cantores estão lendo, lendo para saber que sons produzir para o deleite do ouvido.

A transição para o visual foi o "riscar do fósforo" que não situamos entre as "causas necessárias mas insuficientes" do surto de quantificação do fim da Idade Média e do Renascimento, citado no

---

5 J. Huizinga. *The Waning of the Middle Ages*. New York: Doubleday, 1954. p.284.
6 Ibidem, p.292, 296-7, 302.

Capítulo 3. Há provas dele nos picos mais elevados da cultura superior. Por exemplo, Marsilio Ficino, o esteta quatrocentista, escreveu que "nada revela mais plenamente a natureza de Deus do que a luz", e chamou-a, numa das metáforas mais marcantes do Renascimento, de "a sombra de Deus".[7]

A mudança no pensamento religioso e estético que inspirou as observações de Ficino foi apenas o sinal de um movimento no magma das atitudes comuns que serve de esteio para os picos da cultura superior e faz que eles se elevem. Nestes, a mudança manifestou-se não tanto como um novo modo de pensar sobre o infinito e o inefável, mas como um modo de ver e manipular as questões da realidade finita e cotidiana.

Ela ocorreu em muitos campos do esforço humano, como veremos nos três capítulos que se seguem. Comecemos pela capacidade de ler e escrever, não por ela ter sido *a* causa – muitos povos haviam progredido nesse conhecimento sem alterarem sua apreciação básica da realidade física, e não me parece que os primeiros avanços da alfabetização na Europa medieval tenham surgido mais cedo que os ocorridos em outros campos –, mas porque essa capacidade de ler e escrever foi, no mínimo, tanto um efeito quanto uma causa. Ademais, ela é patentemente visual e universalmente reconhecida como importante, sendo por isso mesmo ilustrativa. Ela não apontou necessariamente o caminho para a cristandade ocidental, mas é possível que o aponte para nós.

A prática de comunicar e preservar as informações através do estilo, da pena e da tinta prosperou no século XIII. O papa Inocêncio III (1198-1216) despachava, no máximo, alguns milhares de cartas por ano; Bonifácio VIII (1294-1303) chegava a despachar cinqüenta mil. A Real Chancelaria da Inglaterra usava, em média, 3,63 libras de cera por semana para selar seus documentos, no fim da década de 1220, e 31,9 libras no fim da década de 1260.[8] Uma sociedade em que o principal canal da autoridade era o ouvido, inclinado para a recita-

---

[7] Thomas S. Kuhn. *The Copernican Revolution*: Planetary Astronomy in the Development of Western Thought. Cambridge, Mass.: Harvard University Press, 1957. p.130; *The Letters of Marsilio Ficino*. Tradução dos Membros do Departamento de Línguas da Escola de Ciências Econômicas. London: Shepheard-Walwyn, 1975. v.1, p.38.
[8] M. T. Clanchy. *From Memory to Written Record*: England, 1066-1307. Cambridge, Mass.: Harvard University Press, 1979. p.45, 258.

ção das Escrituras e para os Padres da Igreja, bem como para a soporífera repetição dos mitos e poemas épicos, começou a se transformar numa sociedade em que preponderava o receptor da luz: o olho. A palavra *audit* [auditar] (da mesma raiz de *audível* e *auditivo*), que significava examinar através da escuta de depoimentos, enveredou por seu estranho caminho de passar a significar, quase sem exceção, examinar por meio da leitura, no mais absoluto silêncio.[9]

Durante séculos, os herdeiros do alfabeto romano têm tomado por uma coisa natural a sua capacidade de escrever e ler com rapidez, comodidade e em silêncio. Mas nem sempre foi assim. Ler e escrever, no fim da Antigüidade e no início da Idade Média, eram tarefas difíceis. A prática da cômoda escrita cursiva teve vários começos, porém, em sua maioria, os escribas desenhavam as letras em separado e, como quase poderíamos dizer, penosamente. Um escriba que trabalhasse com um estilo e um tablete de cera podia tomar ditados com rapidez, mas a transcrição desses ditados num material mais permanente era extremamente trabalhosa.

A leitura também era trabalhosa: havia pouca ou nenhuma divisão entre as palavras e, quando os escribas deixavam espaços, não o faziam necessariamente depois de cada palavra, mas onde quer que lhes fosse cômodo, quer isso fosse ou não conveniente para o leitor. Não havia divisões obrigatórias entre as frases ou parágrafos, nem tampouco grande coisa à guisa de pontuação, se é que existia alguma.[10]

Escrever não era nada mais do que a fala posta numa página, e, sendo assim, não surpreende que os letrados da Antigüidade e dos primeiros séculos da Idade Média fizessem quase toda a sua escrita e leitura em voz alta. Foi por isso que Santo Agostinho considerou necessário explicar-nos por que, quando seu mentor, Santo Ambrósio, "lia, seus olhos percorriam a página e seu coração explorava o sentido, mas sua voz se mantinha em silêncio e sua língua permanecia imóvel". Agostinho oferece algumas explicações, dentre as quais a mais provável, segundo ele presume, seria a de que o idoso santo es-

---

9 Ibidem, p.215.
10 Paul J. Achtemeier. *Omne verbum sonat*: The New Testament and the Oral Environment of Late Western Antiquity. *Journal of Biblical Literature*, v.109, p.10,17, primavera de 1990; Paul Saenger. Silent Reading: Its Impact on Late Medieval Script and Society. *Viator*, v.13, p.371, 378, 1982.

taria poupando sua voz, que era propensa à rouquidão. Fosse qual fosse a razão do estranho comportamento de Ambrósio, Agostinho tinha "certeza de que ela era boa".[11]

Havia, é claro, um pouco de leitura silenciosa – Júlio César era capaz de praticar esse truque ao ler cartas de amor, e Santo Agostinho, ao ler as Epístolas de São Paulo –, mas, na maioria das vezes, os redatores murmuravam e os leitores declamavam, e os *scriptoria* e bibliotecas eram agitados e até barulhentos. Escrever e ler em voz alta eram um processo lento, mas convém notarmos que talvez ajudassem os leitores, porque o ouvido podia ser um guia melhor do que o olho para indicar o ponto em que uma frase ou uma palavra começavam e terminavam. Entretanto, persiste o fato de que ler, por maior que fosse a perícia do leitor, era mais parecido com andar sobre pernas de pau do que com deslizar de esquis por uma encosta coberta de neve.[12]

Os letrados da Europa Ocidental foram impelidos, por seu provincianismo e sua falta generalizada de sofisticação, a alterar e aperfeiçoar a escrita do fim da era romana e os métodos gerais associados à escrita e à leitura. É possível que os romanos conhecessem tão bem o latim que não sentissem necessidade da separação entre as palavras, certamente não para que ela auxiliasse a pronúncia, mas isso não acontecia com os padres saxões e celtas dos pantanais remotos e enevoados da cristandade. Os calígrafos e os leitores romanos e do início da Idade Média talvez não tivessem que executar uma carga tão grande de trabalho que os convencesse a apoiar a escrita cursiva, assim como a improvisar uma maneira de ler mais depressa, porém os letrados da Alta Idade Média, no Ocidente, intimidados e inspirados pelo simples volume dos clássicos do mundo antigo – a Bíblia, o direito canônico, as obras dos Padres da Igreja, as intermináveis glosas que deles fizeram os escolásticos, e os documentos que provinham aos borbotões das burocracias eclesiásticas e reais – tinham essa carga de trabalho.

No início do século XIV, eles haviam concebido escritas novas e cursivas, providas de separação entre as palavras e pontuação,

---
11 Santo Agostinho. *Confessions*. Trad. R. S. Pine-Coffin. Harmondsworth: Penguin Books, 1961. p.114.
12 Plutarco. *The Lives of the Noble Grecians and Romans*. Trad. John Dryden. New York: The Modern Library, s. d. p.1189; Santo Agostinho, *Confessions*, p.178; Saenger, Silent Reading, p.368.

que permitiam que os escribas redigissem mais depressa e que os leitores lessem com mais rapidez. O pobre Carlos Magno nunca aprendeu a escrever, embora mantivesse tábuas de redigir embaixo dos travesseiros da cama, para tentar desenhar letras em suas horas vagas. Carlos V (aquele que criou *o* relógio e *a* hora certa para sua capital, Paris) corrigia de próprio punho os rascunhos de suas cartas e as assinava.[13]

A escrita cursiva em letra gótica ou escolástica (ou, em sua forma mais recente, em *Fraktur*[14]) disseminou-se por toda a Europa Ocidental, em muitos casos substituindo os estilos de escrita das províncias. A escrita romana acabou por superá-la (tardiamente, nas áreas de língua alemã), mas – com justa razão, poder-se-ia dizer – foi a escrita gótica que deu a Gutenberg o modelo para as faces de seus tipos.[15]

Surgiu e se disseminou um novo estilo de leitura, por meio do qual o hábito da visualização, com suas inclusões e exclusões especiais, implantou-se com mais firmeza na mente ocidental. No século XIII, a leitura silenciosa – ágil e psicologicamente interna – já era aceita como perfeitamente normal nas abadias e nas escolas das catedrais, e começava a se espalhar pelas cortes e escritórios de contabilidade. Do século XIV chegaram-nos miniaturas de Carlos V, sentado em sua biblioteca – a primeira verdadeiramente real –, não escutando uma leitura feita por outra pessoa em voz alta, mas sozinho e lendo para si mesmo, com os lábios firmemente cerrados. Antes de seu século, os quadros mostravam Deus e os anjos e santos sempre a se comunicar com os seres humanos por meio da fala. Pouco depois de 1300, um missal anglo-francês exibia a Virgem Maria apontando para palavras escritas num livro. Um equivalente atual seria um quadro de Nossa Senhora apontando para uma tela de computador.

No século seguinte, as universidades – a Sorbonne, pelo costume, Oxford e Angers, por leis, datadas de 1412 e 1431 – determinaram que as bibliotecas, que em certa época tinham sido pequenas e ruidosas como refeitórios, fossem não apenas maiores, mas também silenciosas: em outras palavras, o silêncio e a apreciação do que havia

---

13 Saenger, Silent Reading, p.406; Einhard & Notker, o Gago. *Two Lives of Charlemagne*. Trad. Lewis Thorpe. Harmondsworth: Penguin Books, 1969. p.79.
14 Estilo de tipo gótico, freqüentemente reproduzido na arte dos imigrantes alemães que se fixaram na Pensilvânia, nos EUA, e usado na redação do alto-alemão falado por eles. (N. T.)
15 Albert Kapr. *The Art of Lettering*: The History, Anatomy, and Aesthetics of the Roman Letter Forms. New York: Saur Müchen, 1983. p.57-63.

nos livros caminhavam de mãos dadas.[16] A leitura passou a ser silenciosa e rápida: podia-se examinar e, presumivelmente, aprender muito mais. A leitura passou a ser um ato mais individual – e potencialmente herege.

As pessoas para quem a palavra escrita dera uma guinada, libertando-se da fala, também estavam engajadas em outras aventuras no campo da visualização. As primeiras delas foram realizadas por indivíduos muito inteligentes, situados um ou mais degraus abaixo dos poetas e filósofos na hierarquia das profissões e ofícios, tal como concebida por celebrantes da cultura literária, como Huizinga. Já mencionamos alguns desses inovadores: os relojoeiros e os desenhistas dos *portolani*, por exemplo. Um pequeno número deles, meros artesãos ou navegadores, escreveu sobre o que estava fazendo ou atraiu a aprovação de um certo tipo de pessoas cujos escritos foram preservados. (Ricardo de Wallingford não constituiu realmente uma exceção: era abade, além de relojoeiro.) Sabemos tanto quanto jamais poderemos saber sobre os primeiros fabricantes de relógios e desenhistas de cartas marítimas, a menos que haja, no futuro, descobertas milagrosas em antigos arquivos e sótãos.

Felizmente, havia outras pessoas de percepção similar, sobre as quais dispomos de maiores conhecimentos. O prestígio de seus patronos garantiu-lhes um lugar na história, tal como o fizeram o louvor ou, pelo menos, o plágio praticado por professores e autores universitários, como Oresme, Petrarca e Luca Pacioli. Além disso, esses outros foram homens cujas obras passaram a ser admiradas e preservadas por sucessivas gerações.

Refiro-me aos compositores, pintores e contadores. Eles eram adeptos de uma percepção visual e quantitativa do material que constituía o objeto de seus respectivos ofícios; e, ainda que atordoados com o palavrório neoplatônico, tinham que fazer mais do que especular. Na verdade, eles tinham que *fazer* coisas – cantar, pintar quadros e levantar o balanço de seus livros. A feitura dessas coisas implicava contas – isto é, uma compreensão da realidade como composta de quantidades que podiam e deviam ser contadas –, e é por isso que esses antigos trabalhadores permanecem presentes em nossa vida.

---

16 Saenger, Silent Reading, p.384, 397, 402-3, 407. No século XV, essa prática era tão comum que as normas de Oxford de 1412 declararam que a biblioteca tinha que ser um lugar silencioso e, em 1431, a Universidade de Angers proibiu as conversas e até mesmo os murmúrios em sua biblioteca.

8

MÚSICA[1]

> Já não é surpresa que o homem, mímico de seu Criador, tenha finalmente descoberto a arte de cantar polifonicamente, que era desconhecida dos antigos, especificamente para poder tocar a perenidade de todo o tempo criado numa breve partitura de uma hora, através da harmonia artística de muitas vozes, e para poder, até certo ponto, provar a satisfação de Deus, o Operário.
> *Johannes Kepler* (1618)[2]

> As condições específicas do desenvolvimento musical no Ocidente implicam, antes de mais nada, a invenção da notação moderna. Uma notação como a nossa é de importância mais fundamental para a existência da música que possuímos do que é a ortografia para nossas formações artísticas lingüísticas.
> *Max Weber* (c. 1911)[3]

A música é um fenômeno fisicamente mensurável, que se move no tempo. É universal na humanidade: a tendência para criar música está presente em nosso sistema nervoso, juntamente com nossa

---

[1] Fui estimulado a escrever este capítulo por um artigo de Géza Szamosi, "A lei e a ordem no fluxo do tempo: a música polifônica e a revolução científica", em seu livro *The Twin Dimensions*: Inventing Time and Space. New York: McGraw-Hill, 1986.
[2] Johannes Kepler. The Harmonies of the World. In: Robert Hutchins. (Org.) *Great Books of the Western World*. Chicago: Encyclopaedia Britannica, 1952. v.16, p.1048.
[3] Max Weber. *The Rational and Social Foundations of Music*. Trad. Don Martindale, Johannes Riedel e Gertrude Neuwirth. Carbondale: Southern Illinois University Press, 1958. p.83.

propensão à fala, de modo que ela constitui um material adequado para a avaliação de todas as sociedades e eras.[4]

Se quisermos investigar o senso de tempo que tinham os europeus medievais e renascentistas como parte de sua percepção da realidade, dificilmente poderemos fazer melhor do que examinar sua música. Tal como os antigos gregos, eles acreditavam que ela era uma emanação da estrutura básica da realidade, ou até parte dessa estrutura. "Sem a música", escreveu Santo Isidoro de Sevilha, o enciclopedista favorito da Idade Média, "não pode haver conhecimento perfeito, de vez que não existe nada sem ela. Pois se afirma que até o universo foi montado com uma certa harmonia dos sons, e os próprios céus giram sob a orientação da harmonia."[5] Mil anos depois, Johannes Kepler perguntou: "Qual Planeta Canta Como Soprano, Qual Como Contralto, Qual Como Tenor e Qual Como Baixo?".[6]

Começamos pelo primeiro tipo de música escrita da Europa Ocidental – o cantochão da Igreja, especificamente o canto gregoriano. Segundo uma tradição venerada, presume-se que Gregório, o Grande, que foi papa entre 590 e 604, tenha composto o corpo de cantos litúrgicos que receberam seu nome (ou, tal como se retratou isso, muito tempo depois, que o tenha redigido a partir de um ditado do Espírito Santo, manifesto sob a forma de uma pomba branca). A verdade é que já existiam inúmeros cânticos antes que ele ascendesse ao trono papal, e que ele não dispunha de meios efetivos de escrever música. "A menos que os sons sejam lembrados pelo homem", escreveu Santo Isidoro, cuja passagem pela Terra foi concomitante à do grande papa, "eles perecerão, pois não podem ser escritos".[7]

---

[4] G. Rochberg. The Structure of Time in Music: Traditional and Contemporary Ramifications and Consequences. In: J. T. Fraser, N. Lawrence (Org.) *The Study of Time*: Proceedings of the Second Conference of the International Society for the Study of Time. New York: Springer, 1975. v.2, p.147.

[5] Ernest Brehaut. *An Encyclopedist of the Dark Ages*: Isidore of Seville. New York: Burt Franklin, 1964. p.137.

[6] Eric Werner. The Last Pythagorean Musician: Johannes Kepler. In: Martin Bernstein, Hans Lenneberg, Victor Yellin. (Org.) *Aspects of Medieval and Renaissance Music*. New York: Norton, 1966. p.867-92; Kepler, *The Harmonies of the World*, p.1040, 1049.

[7] Giulio Cattin. *Music of the Middle Ages*. Trad. Steven Botterill. Cambridge: University Press, 1984. v.1, p.48-53; Oliver Strunk. (Org.) *Source Readings in Music History*. New York: Norton, 1965. v.1: Antiquity and the Middle Ages. p.93.

Até as últimas gerações do primeiro milênio cristão, os europeus executavam a música litúrgica de memória. A variedade dos textos e das apresentações devia ser enorme, considerando-se as falhas da memória, as diferenças regionais e as preferências individuais. Consideremos, por exemplo, o irmão Caedmon, do mosteiro de Streanaeshalch, na Inglaterra, que, depois de uma visão, pegou tudo o que sabia sobre Deus e a história, desde a Criação até o dia do Juízo Final, e, "qual um dos animais puros em sua ruminação", transformou-o em versos anglo-saxões cantados com música de sua própria autoria ou, talvez, musicados pelas melodias que circulavam na época. Com certeza, há de ter havido paganismo em sua poesia e, em sua melodia e ritmo, deve ter havido muita coisa que provavelmente poderíamos chamar de *tribal*.[8]

Por outro lado, havia uma tendência inversa de convergência para uma tradição e conformidade a ela. Os campônios que iam subindo na escala social eram propensos a crer que havia uma única maneira certa de fazer as coisas, especialmente quando isso lhes era dito por visitantes provenientes da metrópole e trajados de sobrepelizes. Eddi, conhecido como Steven, o primeiro mestre-de-capela das igrejas nortumbrianas, "foi um expoente sumamente habilidoso do cântico romano, que aprendera com discípulos do abençoado papa Gregório".[9] Foi essa tendência, personificada por Eddi e acentuada pelo Renascimento carolíngio, que impulsionou a compilação e a codificação do que hoje chamamos canto gregoriano, e que motivou os homens da Igreja a desenvolverem um tipo de notação musical.

O canto gregoriano é uma versão cantada da liturgia católica romana. É monofônico e desprovido de contrastes dramáticos de tom ou de alta ou baixa sonoridade. Nesse canto, a característica que parece mais marcante para os ouvidos do século XX é a falta da marcação do compasso (ou até, para o ouvido não educado, de qualquer ritmo). O canto gregoriano é a música mais imaculadamente não-mensurável que a maioria de nós jamais conseguirá ouvir. A estrutura de sua linha melódica é ditada pelo fluxo variável do latim, pelo significado de cada verso na liturgia e pelo caráter espiritual do culto.[10]

---

8 Beda. *A History of the English Church and People*. Trad. Leo Sherley-Price. Harmondsworth: Penguin Books, 1968. p.250-2.
9 Ibidem, p.206-7.
10 Donald Jay Grout, Claude V. Palisca. *A History of Western Music*. 3.ed. New York: Norton, 1980. p.36, 45; Gregorian Chant. In: *New Catholic Encyclopedia*. Washing-

Ela *não* é o som quantificado. No canto silábico, por exemplo, cada sílaba corresponde a uma nota, que é cantada pelo tempo exigido por essa sílaba específica. Essa nota não é, necessariamente, um múltiplo ou uma divisão exatos de nenhuma outra; é tão longa quanto for preciso.[11] O canto gregoriano proporciona o mais claro exemplo que temos probabilidade de encontrar de um tempo exclusivamente medido por seu conteúdo. (No Capítulo 9, referente à pintura, depararemos com um tipo de espaço cujas dimensões também são ditadas pelo que está contido nele.)

Mais ou menos no último século do primeiro milênio cristão, o acúmulo de cantos a serem memorizados havia-se tornado tão grande, que dez anos de aprendizado eram insuficientes para dominar essa arte especial. "Se em algum momento a memória de um cantor", escreveu um autor contemporâneo, "até mesmo um cantor experiente, viesse a falhar, não haveria nada que ele pudesse fazer para recuperá-la, a não ser voltar a se transformar em ouvinte."[12] E que haveria ele de fazer, se não houvesse ninguém com uma memória melhor do que a sua a quem ouvir?

Os monoteístas ocidentais, lutando no início da Idade Média para estabelecer o monoteísmo entre fiéis politeístas e animistas, tinham certeza de que só havia uma maneira certa de fazer as coisas e apenas uma versão correta de cada canto: eles precisavam de um meio de escrever música. Os monges produziram a notação neumática. Durante gerações, ela foi pouco mais do que uma coletânea de sinais, derivados dos antecedentes clássicos gregos e romanos de nossos acentos agudo, grave e circunflexo da língua escrita, menos pertinentes ao tempo do que ao tom relativo. O que chamaríamos de acento agudo indicava uma subida de tom; o acento grave, uma queda; e o circunflexo, uma subida seguida de uma queda. Esses si-

---

ton, D.C.: The Catholic University of America, 1967. v.6, p.760; John A. Emerson. Gregorian Chant. In: Joseph R. Strayer. (Org.) *The Dictionary of the Middle Ages*. New York: Scribner's, 1985. v.13, p.661-4. No século XIV, Jacques de Liège reclamou que alguns cantores estavam distorcendo o canto gregoriano, reduzindo-o a uma música mensural, o que sugere que nossa avaliação global dele como não mensural está correta. Ver F. Joseph Smith. *Jacobi Leodiensis Speculum Musicae*. Brooklyn: Institute of Mediaeval Music, 1966. v.1: "A Commentary", p.30. Ver também Curt Sachs. *Rhythm and Tempo*: A Study in Music History. New York: Norton, 1953. p.147.

11 Cattin, *Music of the Middle Ages*, v.1, p.69, 74.
12 Gregory Murray. *Gregorian Chant According to the Manuscripts*. London: L. J. Cary, 1963. p.5.

nais, ao lado de pontos e arabescos que indicavam variações mais sutis – crescendos, pausas e vibratos – eram chamados *neumas*, palavra derivada do grego e que significa sinal, ou, mais provavelmente, respiração. Eles não necessariamente diziam respeito a notas isoladas, mas a sílabas do texto.[13] Os neumas estavam para as notas como as palavras para os fonemas; isto é, às vezes havia uma relação de 1 para 1 (como na palavra e no fonema *o*) e, às vezes, de 1 para 2, para 5 ou lá o que fosse (como na palavra *apreciar*, com seus muitos fonemas), ou ainda, de acordo com o efeito musical exigido, havia uma relação com qualquer divisão fracionada das palavras. A notação neumática *não* era quantitativa.

Examinemos primeiro a questão do tom na notação, como fizeram os monges, antes de passarmos ao nosso interesse central, que é a duração ou o tempo das notas. A princípio, e com freqüência em épocas posteriores, os neumas eram escritos *in campo aperto*, "em campo aberto", ou seja, sem linhas de pauta. Sua posição alta ou baixa dava uma indicação de que determinada nota ou frase era mais aguda ou mais grave do que a precedente ou a seguinte. Passado algum tempo, os monges começaram a riscar de leve uma e, depois, duas ou mais linhas horizontais na página, para tornar os agudos e graves mais fáceis de reconhecer. Estavam a caminho da pauta musical, que originalmente teve quatro linhas horizontais e, depois, cinco. As linhas e os espaços entre elas, com mais algumas marcações, permitiam que o copista indicasse e o executante lesse todas as alturas legítimas em relação umas às outras.[14]

A pauta musical foi o primeiro diagrama da Europa. Ela mede a passagem do tempo da esquerda para a direita, e mede a altura dos sons conforme a posição de cima para baixo. Os escolásticos e a maio-

---

13 Cattin, *Music of the Middle Ages*, v.1, p.56-8; John Stevens. *Words and Music in the Middle Ages*. Cambridge: Cambridge University Press, 1986. p.45, 272-7; Higini Anglés. Gregorian Chant. In: Richard Crocker, David Hiley. (Org.) *The New Oxford History of Music*. Oxford: Oxford University Press, 1954-1990. v.2: Early Medieval Music Up to 1300. (Org.) Dom Anselm Hughes. Oxford: Oxford University Press, 1955. p.106; Carl Parrish. *The Notation of Medieval Music*. London: Faber & Faber, 1957. p.4-6; James McKinnon. The Emergence of Gregorian Chant in the Carolingian Era. In: James McKinnon. (Org.) *Antiquity and the Middle Ages*: From Ancient Greece to the 15th Century. Englewood Cliffs, N.J.: Prentice-Hall, 1990. p.94; David Hiley. Plainchant Transfigured: Innovation and Reformation through the Ages, in ibidem, p.123-4; David Crystal. (Org.) *The Cambridge Encyclopedia of Language*. Cambridge: Cambridge University Press, 1987. p.404.
14 Murray, *Gregorian Chant*, p.6.

ria das outras pessoas que recebiam uma instrução formal também recebiam, juntamente com o alfabeto e o ábaco, esse gráfico musical. O desenho geométrico que Oresme fez do movimento (ver Figura 3, Capítulo 3) talvez tenha sido uma simples adaptação da pauta. (Os europeus, no entanto, esperaram até o século XVIII para explorar na íntegra esse meio de representar os fenômenos físicos, demora essa que um historiador da matemática chamou de "incompreensível" e até "imperdoável".)[15]

A invenção da pauta é tradicionalmente atribuída a um mestre de coro beneditino do século XI, Guido d'Arezzo, que lamentou que, ao cantar os ofícios divinos, "muitas vezes não pareçamos estar louvando a Deus, mas lutando uns com os outros".[16] Nem ele nem qualquer outro indivíduo isolado inventou a pauta, mas Guido parece, de fato, ter sido o primeiro a padronizá-la e a divulgá-la amplamente. Ele e outros chegavam até a marcar as linhas da pauta usando um código de cores, para minimizar a confusão a respeito dos intervalos.[17]

Um cantor com um bom ouvido podia ser treinado a identificar intervalos específicos com um monocórdio, deslizando o cavalete de um lado para outro e alinhando-o com as marcas da caixa de ressonância que representavam as várias alturas dos sons. Isso, entretanto, levava muito tempo e nem sempre funcionava. O engenhoso Guido observou que os tons ascendentes representados em sua pauta correspondiam, pela ordem, aos das primeiras sílabas dos versos de um dos hinos mais conhecidos, o "*Ut queant laxis*", então com 400 anos, e que era cantado nos festejos de São João Batista:

> Ut *queant laxis* Resonare *fibris*
> Mira *gestorum* Famuli *tuorum*
> Solve *polluti* Labii *reatum*
> Sancte *Iohannes*.[18]

Qualquer um que conhecesse a melodia do hino conheceria as notas correspondentes a *ut, re, mi, fa, sol* e *la* (grifadas acima), o que

---

15 Salomon Bochner. *The Role of Mathematics in the Rise of Science*. Princeton, N.J.: Princeton University Press, 1966. p.40.
16 Charles M. Radding. *A World Made by Men*: Cognition and Society, 400-1200. Chapel Hill: University of North Carolina Press, 1985. p.188.
17 Source Readings in Music History, v.1, p.117-9.
18 "Para que possam livremente/ Ressoar as cordas/ Sobre teus feitos/ Apaga os erros/ Dos lábios manchados/ Ó São João". (N. T.)

significava que o ouvido mental tinha passado a dispor de alguma coisa a ser equiparada àquilo que o olho via quando fitava a notação musical. Guido orgulhava-se do fato de seus métodos reduzirem de dez para não mais de um ou dois anos o tempo necessário para produzir um bom cantor de cânticos litúrgicos. Ele e seus ajudantes haviam feito tanto pelos músicos, em sua opinião, que "da gratidão de muitos provirão orações para nossas almas".[19]

A história do destino final de seus métodos levar-nos-ia muito além do período a que este livro é dedicado, mas a responsabilidade de arrematar algumas idéias soltas justifica uma digressão. As gerações posteriores substituíram o *ut* pelo *dó* (provavelmente pelo fato de o primeiro terminar num *t* impossível de cantar, enquanto o segundo terminava numa vogal cantável) e acrescentaram acima dele o *si*, derivado das iniciais das duas últimas palavras do hino batista, *"Sancte Iohannes"*, com isso concluindo a escala que centenas de milhões de nós decoramos, nos primórdios de nosso conhecimento formal da música: *dó, ré, mi, fá, sol, lá, si*.[20] (A alteração mais recente foi a mudança do *si* para *ti*, pelo menos nos Estados Unidos.)

Havia necessidade de uma nova pedagogia na música, na época da vida de Guido d'Arezzo, e também de teoria. A música, no que tinha de melhor, disse ele, precisava andar sobre dois pés: o pé da prática e o pé da razão ou intelecto.[21] Este último vinha sendo arrastado. Não apenas o corpo da música eclesiástica havia-se expandido, quantitativamente, além da capacidade da memória, como também estava mudando em termos qualitativos. No século IX, o canto gregoriano era um todo sacrossanto, mas se permitiam algumas interpolações e acréscimos decorosos ao final de alguns cantos, assim como hinos separados desses cantos. Já no ano de 860, alguém acrescentou uma interpolação *superposta* à melodia de um canto tradicional. Em princípio, essas interpolações e o canto foram avançando exatamente no mesmo ritmo, num perfeito paralelismo e com apenas algumas notas de intervalo, o que constituiu em si uma pequena inovação, mas abriu as comportas para outras.[22] Passadas algumas gerações, as notas dos cânticos (restritas apenas à voz mais grave, o

---

19 Ibidem, p.121-4.
20 Richard Rastall. *The Notation of Western Music*. New York: St. Martin's Press, 1982. p.136-7.
21 Cattin, Music of the Middle Ages, v.1, p.188.
22 Manfred F. Bukofzer. Speculative Thinking in Mediaeval Music. *Speculum*, v.17 p.168-73; Cattin, *Music of the Middle Ages*, v.1, p.101-27.

tenor, do latim *tenere*, sustentar) foram-se expandindo até desempenhar, em termos musicais, se não litúrgicos, o papel de um bordão. O tenor era responsável pela base, o *cantus firmus* (canto firme), que originalmente era sempre um canto e, mais tarde, por vezes era uma melodia nova e até secular. Com isso, cuidava-se do respeito à tradição, liberando a voz mais aguda e, posteriormente, as vozes mais agudas, para que elas pudessem saltitar e brincar.[23]

Os primeiros mestres dessa polifonia de cujos nomes temos conhecimento, Leonin e Perotin, viveram nos últimos anos do século XII e nos primeiros do seguinte. Suas composições encontram-se entre os mais antigos exemplos de música especificamente *composta* (e não desenvolvida) dos quais possuímos cópias manuscritas. A complexidade da música desses compositores, com as vozes agudas fazendo marchas e contramarchas por sobre a base maciça e aparentemente eterna do *cantus firmus*, era espantosa, se comparada à monofonia imperturbável do canto gregoriano. Essas obras levaram a música ocidental tão longe quanto ela podia ir, sem avanços radicais na notação e na teoria.

As obras de Leonin e Perotin equivaleram, em termos de inovação, às catedrais góticas. É provável que tenham sido executadas pela primeira vez numa das mais magníficas dentre elas, a Notre Dame de Paris. À medida que a música ocidental passou da simplicidade gregoriana para a complexidade polifônica, ela também se mudou do claustro e do interior para a catedral e a cidade, ou seja, para o reino da universidade e do mercado. Do século XII ao XIV, Paris foi o centro do desenvolvimento da polifonia ocidental, assim como de muitas outras coisas. Ali, onde lecionavam Abelardo, Alberto, o Grande, e Santo Tomás de Aquino, os músicos foram expostos ao sentimento da possibilidade de mudança, ou, pelo menos, de uma reavaliação, e ao mesmo tempo foram expostos a uma lógica e um senso de ordem que eram novos e rigorosos. Ali, em meio ao tumulto urbano, os músicos podiam enfiar os dedos e os polegares no ouvido, mas, ainda assim, certamente ouviriam a música dos dançarinos de roda nos pátios das igrejas e na rua. As cantigas de roda populares eram tão perturbadoras, que quem as escutasse e deixasse de contar isso a seu confessor era automaticamente condenado a dezoito dias

---

23 Denis Arnold. (Org.) *The New Oxford Companion to Music*. Oxford: Oxford University Press, 1983. v.1, p.312.

no Purgatório. Alguns vestígios de melodias e ritmos populares começaram a aparecer nas vozes mais agudas da polifonia litúrgica logo no início do século XIII.[24]

Na cidade, os músicos esbarravam em comerciantes e cambistas, o que teve efeitos tanto práticos quanto intelectuais. A ascensão de uma economia monetária significou que os bons cantores do cantochão e da polifonia, nas catedrais, podiam cobrar honorários por seu trabalho e, quem sabe, até ganhar a vida como músicos profissionais. À medida que foram cantando mais e mais, eles aperfeiçoaram suas técnicas e se entregaram ao que os tradicionalistas chamavam de "música licenciosa dos menestréis", ou seja, adornos como a *longa florata* e a *reverberatio*, mesmo nos cantos gregorianos. Os monges cistercienses podaram seus cantochões até torná-los tão pouco individualistas quanto seus hábitos, mas outros sucumbiram.[25] Naquela época, como hoje, o virtuosismo na execução e na composição era a maior tentação do músico consumado.

Em Paris, no epicentro da revolução cultural do Ocidente, os músicos seguiam adiante, andando com os dois pés apontados por Guido – primeiro Leonin e Perotin e, depois, os teóricos. Quando se pretende cantar em uníssono, começar, cantar e parar não são difíceis. Quando se quer cantar polifonicamente – ou seja, com várias linhas melódicas independentes –, começar ao mesmo tempo pode ser fácil, mas, a partir desse instante, tudo tende a resvalar para a anarquia. Tem-se necessidade da orientação de formas rigorosas e de um ditador temporal; é preciso saber para onde se vai e com que ritmo se deve marchar. Até certo ponto, a liturgia fornecia as formas, mas por quanto tempo iriam elas satisfazer as jovens celebridades da polifonia? Leonin e Perotin, assim como seus colegas anônimos (e, possivelmente, os menestréis das ruas), proporcionaram ao canto o que faltava, ou seja, um controle do tempo, uma medida rítmica.

A música era um dos componentes das quatro entre as sete artes liberais conhecidas como *quadrivium*, no qual eram formados todos os estudantes superiores da Idade Média. O *quadrivium* incluía a aritmética, a geometria e a astronomia, que podemos admitir como matemáticas, e a música, que diríamos estar numa companhia curiosa.

---

24 Christopher Page. *The Owl and the Nightingale*: Musical Life and Ideas in France, 1100-1300. London: J. M. Dent, 1989. p.126, 152-3.
25 Ibidem, p.135, 144-5, 148, 180.

Mas a música, sendo uma questão de alturas dos sons e de durações, é altamente suscetível à análise matemática, como concordaram legiões de teóricos, desde Pitágoras até Arnold Schönberg. A importância dela, em sua influência sobre as atitudes gerais que levaram à quantificação e à relação da matemática com a realidade, consistia nisto: a música era o único dos quatro membros do *quadrivium* no qual a mensuração tinha uma aplicação prática imediata. Jacques de Liège, um reacionário do século XIV, desdenhava dos músicos práticos como de animais que remoessem notas no desconhecimento da proporcionalidade,[26] mas seus colegas progressistas ficavam atentos à execução. Eles reconheciam que a prática podia e devia fornecer subsídios à teoria, muito embora esta última fosse sempre matemática em sua essência.[27] É no pareamento da quantificação e da prática que reside a importância intelectual geral da música.

Todos os teóricos medievais tinham lido os trabalhos de Anicius Manlius Boécio, que pode ser tomado como a mais importante fonte de conhecimento do Ocidente sobre a civilização antiga, desde sua época, *c.* 500 d. C., até a enxurrada de traduções surgidas no século XII. Ele foi quem mais perdurou como a autoridade máxima em matéria de música nas escolas. Seu *De institutione musica* pouco contém que se relacione com a prática musical, e traz muito de análise matemática da harmonia, dos intervalos e das proporções.[28] Esse texto tem tão pouco a ver com a prática efetiva da música quanto seu livro sobre a teoria dos números tem a ver com o regateio de preços nas feiras livres, mas era eminentemente respeitável e intelectualmente rigoroso – uma base sólida, ainda que estreita, sobre a qual era possível construir.

No início do século XIII e prosseguindo até o século XIV, um par de influências adicionais norteou o músico ocidental por novos caminhos. A polifonia, como já vimos, questionou as tradições, e surgiram traduções do *corpus* aristotélico que impulsionaram toda uma geração de filósofos a uma reconsideração de praticamente tudo. Alguns desses filósofos eram teóricos musicais. Utilizando as técni-

---

26 Smith, *Jacobi Leodiensis*, v.2, p.7-8.
27 André Goddu. Music as Art and Science in the Fourteenth Century. *Scientia und ars im Hoch- und Spätmittelalter*. Berlin: De Gruyter, 1994. V.22: "*Miscellanea Mediaevalia*". p.1038-9.
28 Claude V. Palisca. Theory, Theorists. In: Stanley Sadie. (Org.) *The New Grove Dictionary of Music and Musicians*. London: Macmillan, 1980. v.18, p.744.

cas escolásticas da definição e da lógica mencionadas no Capítulo 3, eles construíram o arcabouço da música formal para a civilização do Ocidente. Sua técnica era escolástica, e a maioria deles, ou talvez todos, tinha um ou outro tipo de vínculo com a Universidade de Paris.

Em Paris, o período de 1260 a 1285 assinalou, como é razoável afirmarmos, o momento e o local do auge da civilização medieval no Ocidente. Os reis Luís IX e Filipe III governaram a partir de Paris, a França prosperou, e uma nova tradução de Aristóteles, feita pelo dominicano Guilherme de Moerbeke, foi lançada e se transformou num padrão. Santo Tomás de Aquino, São Boaventura e Siger de Brabante, o averroísta radical, foram todos professores da Universidade de Paris. Nesse período, Johannes de Garlandia, Lambertus, Franco de Colônia e outros dois cavalheiros, a quem só conhecemos como o Anônimo de 1279 e o Anônimo IV, escreveram sobre música. Todos cinco empregaram conceitos e terminologia escolásticos e também a análise dialética escolástica, especificamente a *quaestio*, ou seja, a exposição de problemas seguida por seus possíveis esclarecimentos, acompanhada da citação de autoridades e, a seguir, de uma solução.[29]

Johannes de Garlandia, por exemplo, dividiu e subdividiu a música em gêneros, estes em espécies, e assim sucessivamente, até chegar ao particular. Um desses gêneros era a música mensural, que ele dividiu em descanto, cópula e órgano, e assim por diante. Havendo, num estilo caracteristicamente escolástico, situado seus tópicos em relação a seu tema como um todo, ele os submeteu a uma análise meticulosa, freqüentemente matemática. Dedicou maior consideração do que qualquer teórico anterior aos problemas rítmicos (arranjo temporal) levantados pela *ars antiqua*, a música de Perotin e dos outros adeptos da escola de Notre Dame. Chegou até a introduzir notações para pausas de duração variável: as pausas não eram sinais de sons, mas de *ausências* de som. Talvez valha a pena mencionar, neste ponto, que o zero, aquele misterioso sinal indo-arábico que indicava o que não existia, estava circulando pelo Ocidente nessa ocasião.

Franco de Colônia (é possível que ele e Johannes tenham-se conhecido) conduziu seus leitores por um processo muito semelhante, e também codificou e padronizou um sistema de notação que estabelecia valores temporais para todas as notas e pausas, chegando até

---

29 André Barbera. (Org.) *Music Theory and Its Sources*: Antiquity to the Middle Ages. Notre Dame, Ind.: University of Notre Dame Press, 1990. p.182-3; Page, *The Owl and the Nightingale*, p.152.

a insistir em valores temporais inequívocos para uma escorregadia sucessão de notas chamada ligadura. Para dar um exemplo de sua contribuição prática, Franco proclamou que havia quatro sinais de notas isoladas na notação musical, chamadas de longa, longa dupla, breve e semibreve. Essas notas eram múltiplos ou divisões *exatos* uns dos outros. A breve podia ter uma duração de três tempos ("perfeita") ou dois tempos ("imperfeita").[30] (A breve com duração de três tempos era "perfeita", em grande parte, por fazer eco à Santíssima Trindade.)[31] A seqüência das durações das diversas notas não se assemelhava à sucessão orgânica e empírica da polegada (largura de um polegar), do pé (doze vezes a largura do polegar, ou um pé real de um ser humano),[32] da jarda (três pés) e do *furlong* (220 jardas, ou o comprimento de um sulco),[33] mas era lógica e abstrata, prefigurando o sistema métrico.

Os teóricos validaram e sistematizaram o que os músicos práticos tinham inventado por volta do ano de 1200: não o tempo como seus conteúdos, mas o tempo como um padrão de medida de existência independente, com o qual era possível medir as coisas ou até a ausência delas – o tempo abstrato. Assim se expressou Franco de Colônia: "O tempo é a medida do som real, bem como do inverso, sua omissão".[34] Era o tempo que media seus conteúdos, e não os conteúdos que mediam o tempo. Esse tempo dispunha de unidades, como os centímetros visíveis num metro visível. A unidade básica chamava-se *tempus* (no plural, *tempora*). E qual era a duração de um tempus? Por volta de 1300, Johannes de Grocheo (que também se grafa Grocheio) definiu-o em termos pragmáticos. O tempus, disse ele, era o "intervalo em que o menor tom ou a menor nota são plenamente representados, ou podem ser representados".[35]

---

30 Source Readings in Music History, v.1, p.142.
31 Nan Cooke Carpenter. *Music in the Medieval and Renaissance Universities*. New York: Da Capo Press, 1972. p.58; Palisca, Theory, Theorists, p.748-9. Isso é bem mais complicado do que indiquei. Para uma breve sugestão de quão mais complicado é, ver Rebecca A. Baltzer, Lambertus in ibidem, v.10, p.400-1.
32 Ronald E. Zupko. *British Weights and Measures*: A History from Antiquity to the Seventeenth Century. Madison: University of Wisconsin Press, 1977. p.10.
33 O *furlong* corresponde a 201,16m. (N. T.)
34 Source Readings in Music History, v.1, p.140.
35 *Johannes de Grocheo*: Concerning Music. Trad. Albert Seay. Colorado Springs: Colorado College Music Press, 1967. p.21-2. Ver também F. Alberto Gallo. *Music of the Middle Ages*. Cambridge: Cambridge University Press, 1985. v.2, p.11-2.

O Ocidente havia chegado a uma espécie de momento decisivo: os teóricos da música – que, com raríssimas exceções, sobretudo a do pedagogo Guido, haviam escrito sobre ela como se a música devesse ser pensada, e não ouvida – começaram a consultar os músicos de verdade, além de Aristóteles e Boécio. Por exemplo, Johannes, que citamos há pouco, minimizou o valor das autoridades tradicionais, mencionou compositores seculares e se interessou pela monofonia secular e pela polifonia sacra, bem como pela música tal como executada e pela música como matemática.[36] Um musicólogo e historiador sugeriu que alguns teóricos medievais não eram teóricos de verdade, mas "professores-repórteres".[37]

Os músicos da *ars antiqua* quantificaram o som e o silêncio por volta de 1200, cerca de cinqüenta anos a um século inteiro antes do primeiro relógio mecânico do Ocidente. Os teóricos validaram e sistematizaram a quantificação musical num prazo de poucos anos, a contar dessa invenção. A base que eles construíram, reverenciando a proporção matemática e o efeito real do som no ouvido humano, subjaz a toda a música formal do Ocidente.[38]

Os músicos tiraram proveito das disciplinas da música mensural para exercer seu talento. Os sons no tempo abstrato – isto é, os sons nos pergaminhos ou no papel – podiam ser divididos em pedaços e virados para trás, ou de cabeça para baixo. Até o tenor, o burro de carga das vozes agudas, podia fazer travessuras. Por exemplo, no século XIII, alguém compôs um órgano em que o tenor proclama, monomaniacamente, a palavra sagrada *Dominus*, só que, nesse caso, cantando-a de trás para a frente – *Nusmido* –, e a sacrossanta melodia gregoriana também avança de trás para adiante, ou do fim para o começo.[39] Um compositor de audácia ainda maior escreveu o motete (infelizmente sem data) intitulado *Dieus! comment porrai laisser la vie – O regina glorie*. Seu tenor entoa um cantochão tradicional e a voz intermediária glorifica a Virgem Maria, enquanto o soprano proclama:

---

36 Tom R. Ward. Johannes de Grocheo, in: *New Grove Dictionary of Music and Musicians*, v.9, p.662-3.
37 Marion S. Gushee. The Polyphonic Music of the Medieval Monastery, Cathedral, and University, in: *Antiquity and the Middle Ages*, p.152.
38 Goddu, Music as Art and Science in the Fourteenth Century.
39 Bukofzer, Speculative Thinking in Medieval Music, p.176.

> Ó Deus! Como pude abandonar a vida em Paris com meus companheiros? Jamais para sempre, pois eles são encantadores. Quando estão todos reunidos, cada qual se empenha em rir, em tocar e em cantar.[40]

Vieram à tona novas atitudes do indivíduo perante si mesmo e perante a possibilidade de realizar mais do que seus sagrados predecessores, atitudes estas geralmente associadas apenas com o fim do Renascimento e com a Itália renascentista. Os músicos cultivaram seu ego e se tornaram conscientemente progressistas – o que era impensável na época de Guido, e até na de Leonin e Perotin. Um dos principais compositores e teóricos foi Philippe de Vitry, nascido em Paris em 31 de outubro de 1291 e falecido na mesma cidade em 9 de junho de 1361. (Note-se a precisão nada medieval no tocante às datas pessoais.) Por volta de 1320, surgiu um tratado intitulado *Ars nova* – provavelmente da autoria dele –, versando sobre o novo estilo que levava o mesmo nome. Johannes de Muris, matemático e astrônomo, além de teórico musical, escreveu outro tratado mais ou menos nessa época, possivelmente ainda mais influente que o de Philippe, com um título quase idêntico, *Ars nove musice*. Esse talvez tenha sido o primeiro momento na história da música em que os músicos declararam e até divulgaram sua afirmação de que estavam fazendo mudanças intencionais, de que a música estava progredindo.[41]

Johannes Boen, escrevendo em *c.* 1355 sobre a inovação na execução musical, propôs uma idéia profundamente antimedieval: a possibilidade de que a mudança perpétua fosse a norma. Talvez, sugeriu ele, os novos sons e técnicas viessem a se "tornar audíveis através do uso de novos instrumentos e aptidões vocais". Afinal, antes de Pitágoras, não tinha havido "nenhuma sutileza do canto, tal como a usada em nossa época". Os historiadores costumam datar o surgimento do conceito de progresso de muito depois do século XIV,

---

40 Gallo, *Music of the Middle Ages*, v.2, p.26.
41 Ernest H. Sanders, Vitry, Philippe de, in: *New Grove Dictionary of Music and Musicians*, v.20, p.22; Philippe de Vitry's *Ars Nova*. Trad. Leon Plantinga. *Music Theory*, v.5, p.204-20, nov. 1961; Gallo, *Music of the Middle Ages*, v.2, p.31; Daniel Leech-Wilkinson, Ars Antiqua – Ars Nova – Ars Subtilior, in: *Antiquity and the Middle Ages*, p.221. Quanto ao original em latim e à tradução francesa do tratado de Philippe de Vitry sobre a nova música, ver "Philippi de Vitriaco", in Gilbert Reaney, André Gilles, Jean Maillard. (Org.) *Ars Nova*. s. l.: American Institute of Musicology, 1964.

mas não é fácil dar outro nome ao que Boen escreveu a respeito da *ars nova*.[42]

Os músicos da *ars nova* aceitaram a métrica dupla, ou "imperfeita", como tendo um *status* idêntico ao da ternária, ou "perfeita". A métrica ternária, com cada breve compondo-se de três tempos, tinha sido tão apropriada que a dupla, onde cada breve se compunha de dois tempos, era considerada errada, correspondendo a apenas dois terços de uma coisa. A *ars nova* abraçou a métrica dupla e ofendeu ainda mais os tradicionalistas, ao criar figuras com valores de duração mais curtos do que os formalmente reconhecidos até então. A *mínima* era a mais curta e a mais ultrajante. Um músico era capaz de voar por 81 delas durante uma única *longuíssima*.[43] O musicólogo e historiador Daniel Leech-Wilkinson comentou que "é difícil pensar em algum avanço musical que tenha mudado tantas coisas com tamanha rapidez".[44] É o quanto basta dizer (mais uma vez) sobre o velho adágio que afirma que a Idade Média foi um período de estagnação.

Os músicos da *ars nova*, como outros revolucionários, zombavam de seus antecessores,[45] mas, olhando-os de uma distância de muitos séculos, podemos ver que tinham com estes muita coisa em comum. Os praticantes da *ars nova* estavam sujeitos aos mesmos anseios boecianos de arquitetura sonora que haviam inspirado o desenvolvimento do órgano e do motete e, mais tarde, da ricercata, da fuga e da sinfonia. Philippe de Vitry e seus colegas não compunham de modo rapsódico – nem mesmo na monofonia –, mas esculpiam cuidadosamente jóias bem proporcionadas. Nas formas mais extensas, eles separavam a melodia e o ritmo, alteravam seus andamentos, recombinavam os dois (*in vitro*, por assim dizer) e reiniciavam os híbridos, mais depressa aqui, mais devagar acolá. O efeito podia ser encantador, quando os padrões melódicos e rítmicos diferiam em sua duração e tinham que ser repetidos até tornarem a se sincronizar. Esses recursos *isorrítmicos*, que surgiam e ressurgiam no tenor e sob vários disfarces nas outras vozes, atendiam a dois objetivos: dar

---

42 Reinhard Strohm. *The Rise of European Music, 1380-1500*. Cambridge: Cambridge University Press, 1993. p.38; J. B. Bury. *The Idea of Progress*: An Inquiry into Its Origin and Growth. New York: Dover, 1987.
43 *Source Readings in Music History*, v.1, p.177.
44 Leech-Wilkinson, Ars Antiqua – Ars Nova – Ars Subtilior, p.223.
45 F. J. Smith. *Jacobi Leodiensis Speculum Musicae*: A Commentary. Brooklyn, N.Y.: Institute of Mediaeval Music, 1983. v.3, p.61.

unidade a obras grandes e deleitar a primeira geração ocidental de conhecedores de música.[46] "Esses métodos", escreveu Johannes Boen no século XIV, "*são mais fáceis de ver do que de ouvir*"[47] (grifo meu).

Entre a pesarosa afirmação de Santo Isidoro, feita por volta do ano 600, de que "a menos que os sons sejam lembrados pelo homem, eles perecerão", e o comentário de Boen, feito por volta de 1355, a música ocidental modificou-se mais do que mudou entre Boen e Igor Stravinsky ou Arnold Schönberg.[48] Entre os séculos VI e XIV, sucedeu uma coisa singular na Europa Ocidental: os compositores musicais adquiriram o controle dos detalhes sutis do som, um fenômeno físico que se desloca no tempo.[49] Os compositores aprenderam a retirar a música do tempo real, colocá-la no pergaminho ou no papel, e fazer dela algo que tanto satisfazia como símbolo quanto como som, e vice-versa. Um Beethoven surdo, escrevendo seus últimos quartetos, tornou-se uma possibilidade.

A confiança no tempo absoluto, no qual os músicos que inventaram a notação mensural no Ocidente figuraram entre os primeiros a pensar com seriedade, e o qual, desde então, uma parcela crescente de seus colegas acolheu como uma verdade evidente, foi uma confiança que alterou a percepção da realidade e promoveu uma reordenação das maneiras de compreendê-la. Essa confiança, por exemplo, facultou e instigou Johannes Kepler, cujo interesse pela música era tão constante quanto seu interesse pelo firmamento, a reconhecer no emaranhado das observações astronômicas o que hoje conhecemos como sua segunda lei do movimento planetário,

---

46 Essa questão do isorritmo é fácil de explicar, até mesmo a quem não é músico, utilizando-se um piano, mas foge à possibilidade de descrição em palavras. A explicação menos opaca que li é a de Albert Seay, nas páginas 132-6 de seu *Music in the Medieval World*, 2.ed. Englewood Cliffs, N.J.: Prentice-Hall, 1975.
47 Gallo, *Music of the Middle Ages*, v.2, p.39.
48 Grout, *History of Western Music*, p.111, 118-22; *Source Readings in Music History*, v.1, p.93,175-6; Gilbert Reaney, Ars Nova, in: *The Pelican History of Music*, v.1: "Ancient Forms to Polyphony", org. Alec Robertson e Denis Stevens. Harmondsworth: Penguin Books, 1960. p.273-4; Gallo, *Music of the Middle Ages*, v.2, p.36-9; Anselm Hughes, The Motet and Allied Forms, in: *New Oxford History of Music*: Early Medieval Music up to 1300. v.2, p.391; Rudolph von Ficker, The Transition on the Continent, in: *The New Oxford History of Music*, v.3: "Ars Nova and the Renaissance 1300-1540", org. Anselm Hughes e Gerald Abraham. Oxford: Oxford University Press, 1960. p.145-6.
49 John E. Kaemmer. *Music in Human Life*: Anthropological Perspectives on Music. Austin: University of Texas Press, 1993. p.79.

ou seja, a de que uma linha traçada a partir de qualquer planeta até o Sol cobrirá sempre áreas iguais em tempos iguais.[50]

Nem todos admiravam a *ars nova*. Na polifonia, o texto, que antes costumava ditar cada faceta da liturgia cantada, estava-se tornando ininteligível. Já em 1242, os dominicanos opuseram-se a uma polifonia complexa nos ofícios divinos, e Santo Tomás divulgou a opinião de sua ordem sobre esse assunto. No século seguinte, Jacques de Liège enfureceu-se com o fato de que pessoas criteriosas não conseguissem discernir se a língua cantada nos novos motetes era hebraico, grego, latim ou alguma outra. "Deverão", perguntou ele, "os modernos ser chamados de sutis por introduzirem longas tríplices, por juntarem longas duplas em ligaduras, por usarem profusamente as longas duplas, por usarem as semibreves isoladamente, por proverem-nas de caudas...? Originalmente, a música era discreta, decorosa, simples, masculina e de moral impoluta; não a terão os modernos tornado desmedidamente lasciva?"[51]

Em 1322, o Papa João XXII emitiu a primeira proclamação papal a versar exclusivamente sobre a música, a *Docta sanctorum patrum*. Irou-se ele com o fato de a música dos ofícios religiosos estar "empestada" de semibreves e mínimas e "pervertida" por descantos e melodias seculares. As vozes polifônicas "estão incessantemente correndo de um lado para outro, excitando o ouvido, em vez de apaziguá-lo", e "a devoção, verdadeiro objetivo do culto, é pouco considerada, enquanto a lascívia, que se deveria evitar, aumenta". Em particular, ele detestava o *hocket*, técnica em que uma voz cantava uma nota enquanto outra voz descansava, e depois o inverso – em rápida seqüência. A palavra *hocket* vem do francês *hoquet* e do inglês *hiccup* [soluço].[52]

João XXII proibiu a polifonia pervertida nos ofícios eclesiásticos, donde a quantidade da nova música cantada nas catedrais sofreu uma redução, mas a música, velha ou nova, não tinha que ser litúrgica. Afinal, havia outros lugares que não as catedrais em que

---

50 Arthur Koestler. *The Sleepwalkers*: A History of Man's Changing Vision of the Universe. Harmondsworth: Penguin Books, 1964. p.332, 393-4.
51 Source Readings in Music History, v.1, p.184-5, 189-90; Craig Wright. Music and Ceremony at Notre Dame of Paris, 500-1550. Cambridge: Cambridge University Press, 1989. p.345.
52 Gallo, *Music of the Middle Ages*, v.2, p.32; Goddu, Music as Art and Science, p.1031.

praticá-la, fosse ela sacra ou leiga. Em Paris, as inovações musicais passaram da Notre Dame para a outra ponta da Île de la Cité, onde ficava o rei. Noutras regiões, as capelas particulares da nobreza e dos cardeais, bem como dos sucessores epicuristas de João XXII em Avignon, transformaram-se em laboratórios da *ars nova* e até de outros experimentos.[53] Os dois séculos seguintes, o XV e o XVI, foram os maiores na história da polifonia vocal e, talvez, da polifonia de todos os tempos no Ocidente – assim como de avanços rápidos em outros campos quantitativos, como a álgebra, a trigonometria, a pintura em perspectiva e a cartografia.

Muito bem, mas será que isso tem alguma importância verdadeira para a *mentalité* central do Ocidente? Os músicos eram centrais ou periféricos nas sociedades? Não há dúvida de que eles estiveram próximos do centro durante a revolução científica do fim do século XVI e do século XVII – Galileu, Descartes, Kepler e Huyghens eram todos músicos treinados que escreviam sobre temas musicais, às vezes abundantemente[54] –, mas talvez isso tenha sido uma coincidência. E que dizer da Idade Média? Tomemos o exemplo específico de Philippe de Vitry. Ele surge inicialmente como um provável colaborador do *Roman de Fauvel*, uma sátira contundente sobre a corte, a Igreja e a moral contemporânea em geral, composta de milhares de versos poéticos, desenhos francamente insolentes e 169 peças musicais, sendo 34 delas polifônicas.[55] Uma destas, um motete intitulado *In nova fert* – um dos muitos atribuídos a Philippe –, inspirou-se na queda e enforcamento de Enguerran de Marigny, ministro de Filipe IV. O tenor é um palíndromo que oscila de um lado para outro entre cômodas métricas ternárias e incômodas métricas duplas. O padrão rítmico se repete seis vezes, enquanto a melodia se repete duas, e as vozes mais agudas entoam um clamor sobre um leão cego, galos traiçoeiros, raposas espertas e cordeiros e galinhas transformados

---

53 H. E. Wooldridge, Percy. C. Buck. (Org.) *The Oxford History of Music*, 2.ed. Oxford: Oxford University Press,1929. v.1:"The Polyphonic Period", parte 1: "Method of Musical Art, 330-1400", p.294-5; Wright, *Music and Ceremony at Notre Dame*, p.346-7.
54 Claude V.Palisca. Scientific Empiricism in Musical Thought. In: Hedley H. Rhys. (Org.) *Seventeenth Century Science and the Arts*. Princeton, N.J.: Princeton University Press, 1961. p.91-2.
55 Leech-Wilkinson. Ars Antiqua – Ars Nova – Ars Subtilior, p.221-3; Ernest H. Sanders, Fauvel, Roman de, in: *New Grove Dictionary of Music and Musicians*, p.429-33.

em vítimas.[56] Os *désengagés* devem tê-la considerado deliciosa, tanto em termos musicais quanto políticos.

Em nossa época, tal exercício de musicalidade, nas sociedades submetidas a regimes autoritários, levaria o compositor para a cadeia. As elites benevolentes das sociedades mais tolerantes o identificariam, rotulariam e exilariam não na Sibéria, mas nas fronteiras obscuras da vanguarda artística. Philippe, no entanto, que era professor de arte na Universidade de Paris, matemático e estudioso da história da Antigüidade e da filosofia moral, tornou-se secretário e conselheiro de reis da França. Chefiou missões diplomáticas enviadas à corte papal e tornou-se bispo de Meaux. A seu pedido, Levi ben Gerson, o matemático e astrônomo judeu, escreveu o tratado intitulado *De harmonicis numeris*. Nicole Oresme, o gênio protocientífico da época, dedicou seu tratado, *Algorismus proportionum*, a Philippe, "a quem eu chamaria de Pitágoras, se fosse possível acreditar na opinião popular sobre a reencarnação das almas". Francesco Petrarca, amigo de Philippe e decano intelectual do Ocidente europeu, chamou-o de "o mais arguto e ardoroso pesquisador da verdade que já existiu", bem como de "o poeta ímpar da França".[57]

Se pudéssemos escolher uma e apenas uma autobiografia proveniente da Idade Média ocidental, nossa escolha bem poderia recair sobre a de Philippe de Vitry. Se ele estava pensando em termos de um novo tipo de tempo, esse conceito não era um redemoinho, mas uma correnteza no fluxo principal de sua sociedade.

Falando em linhas gerais, nada diagnostica melhor a interpretação dada à realidade por uma sociedade do que a percepção que esta tem do tempo. As mudanças na música medieval nos séculos XIII e XIV, intituladas *ars antiqua* e *ars nova*, são prova de uma grande transformação na cultura da Europa Ocidental. Victor Zuckerkandl, autor de *Sound and Symbol: Music and the External World* [*Som e símbolo*: a música e o mundo externo], declarou que, para a maioria dos povos e a maioria das épocas, o tempo musical "é da natureza do ritmo poético: o ritmo livre, no sentido de que não é obri-

---

56 Edward H. Roesner. Philippe de Vitry: Motets and Chansons, Deutsche Harmonia Mundi (CD n. 77095-2-RC), v.8, p.22-3; *Le Roman de Fauvel in the Edition of Mesire Chaillou de Pesstain*. Introd. de Edward Roesner, François Avril, Nancy Freeman Regalado: New York: Broude Brothers, 1990. p.3, 6, 15, 24-5. 25, 30-9, 41.
57 Ernest H. Sanders, Vitry, Philippe de, in: *New Grove Dictionary of Music and Musicians*, v.20, p.22-3; Part 1 of Nicole Oresme's *Algorismus proportionum*. Trad. Edward Grant. *Isis*, v.56, p.328,1965.

gado a marcar o tempo". Excetuado o caso especial da música dançante, que se explica por si só, somente a música ocidental do segundo milênio d. C. "impôs a si mesma os grilhões do tempo, do compasso".[58] O metrônomo mecânico ainda levaria séculos para ser inventado, mas o metrônomo mental da Europa começou a tiquetaquear na época de Leonin e Perotin, quase um século antes do primeiro relógio mecânico europeu.

Encerremos este capítulo com um produto musical do século XIV, não de Philippe de Vitry – pouca coisa de sua música chegou até nós –, mas do maior dos compositores da *ars nova*, Guillaume de Machaut (*c.*1300-1377) (Figura 4). A maioria dos contemporâneos de Machaut considerava-o um poeta melhor do que Philippe, e a posteridade o considera melhor compositor. Machaut, que em sua auto-estima foi uma prefiguração do Renascimento italiano, teria concordado em ambos os casos. Dispomos, para examinar e usufruir, de uma parte maior de sua obra que a de qualquer outro músico anterior à era das partituras impressas, pelo simples fato de que ele assim o desejou. No fim de sua vida produtiva, Machaut reuniu toda a sua obra e supervisionou sua reprodução em vários volumes grandes e belamente ilustrados.[59] Ele é um exemplo precoce e marcante da convenção, mais acentuada no Ocidente do que noutros lugares, de que o compositor é o mais importante de todos os músicos.[60]

Machaut exultou com a manipulação do tempo, do ritmo, que era o forte da *ars nova*, utilizando os compassos 2/4, 4/4, 6/8, 9/8 e o *hocket* (que Jacques de Liège considerava ter o som de cães latindo).[61] Serviu-se com facilidade da difícil técnica isorrítmica. Esse tipo de música só era possível porque havia um relógio marcando o tempo na mente do compositor, relógio este que era o mesmo que soava na cabeça dos músicos e dos ouvintes.[62]

---

58 Victor Zuckerkandl. *Sound and Symbol*: Music and the External World. Trad. Willard R. Trask. New York: Pantheon Books, 1956. p.159; G. Rochberg, The Structure of Time in Music, in: *The Study of Time*, v.2, p.143.
59 William Calin. *A Poet at the Fountain*: Essays on the Narrative Verse of Guillaume de Machaut. Lexington: University Press of Kentucky, 1974. p.15, 245; Sarah J. M. Williams. Machaut's Self-Awareness as Author and Producer. In: Madeleine P. Cosman, Bruce Chandler. (Org.) *Machaut's World*: Science and Art in the Fourteenth Century. New York: Annals of the New York Academy of Science, 1978. p.189.
60 Strohm, *Rise of European Music*, p.2.
61 Smith, *Jacobi Leodiensis*, v.3, p.127.
62 Grout, *History of Western Music*, p.113, 122-7. Ver também Armand Machabey. *Guillaume de Machaut, 130?-1377*: La vie et l'oeuvre musical. Paris: Richard-Masse, 1955. 2v.; Gilbert Reaney. *Guillaume de Machaut*. Oxford: Oxford University Press, 1971.

A MENSURAÇÃO DA REALIDADE 157

FIGURA 4 – Guillaume de Machaut, *"Ma fin est mon commencement – Rondeau"*. Guillaume de Machaut. *Musikalische Werke*: Balladen, Rondeaux und Virelais, Leipzig: Breitkopf & Hartel Muskivetag. 1926. p.63-4.

O *"Ma fin est mon commencement"* de Machaut (Figura 4) é um de seus rondós, os quais, nas palavras de Robert Craft, "exigem nosso respeito e, na verdade, são por demais sofisticados para nós".[63] Ele tem três vozes. Duas delas têm a mesma melodia, uma num movimento para adiante e a outra em movimento retrovertido, ou seja, uma de A para Z, por assim dizer, e a outra, simultaneamente, de Z para A. A terceira voz, que tem sua própria melodia, muda de dire-

---

63 Robert Craft. Musical Rx for a Political Season. *New York Review of Books*, p.39, 15 jul. 1976.

ção a meio caminho (vai de seu A até M, digamos, e volta para A).[64] Nenhum ouvido é capaz de compreender plenamente essa complexidade no tempo – só a visão é capaz de fazê-lo.

---

64 Gustave Reese. *Music in the Middle Ages.* New York: Norton, 1940. p.350-2.

9

PINTURA[1]

> Dentre todos os estudos das causas naturais e do raciocínio, a Luz é o que mais encanta o observador; e, dentre as grandes características da matemática, a certeza de suas demonstrações é a que tende com mais preeminência a elevar a mente do investigador. A perspectiva, portanto, deve ser preferida a todos os discursos e sistemas do saber humano.
>
> *Leonardo da Vinci* (1497-9)[2]

Os seres humanos inventaram a pintura no intuito de manipular a luz, as linhas e o espaço[3] para fins de satisfação intelectual e emocional, de lucro econômico e com objetivos políticos, sociais e religiosos. À medida que esses incentivos se modificaram, o mesmo se deu com a percepção da luz, da extensão e do espaço e com a representação apropriada de cenas tridimensionais em superfícies bidimensionais. Na França do século XIV, os retratos que de fato se pareciam com pessoas específicas, e não com tipos genéricos, entraram em voga como ilustrações de livros, e dispomos de alguns deles retratando Carlos V, o rei que ordenou que Paris aceitasse os ditames de

---

[1] Quase tudo o que há de valioso neste capítulo foi extraído de dois livros de Samuel Y. Edgerton Jr. *The Renaissance Rediscovery of Linear Perspective*. New York: Basic Books, 1975; e *The Heritage of Giotto's Geometry*: Art and Science on the Eve of the Scientific Revolution. Ithaca, N.Y.: Cornell University Press, 1991.

[2] Jean P. Richter. (Org. e trad.) *The Literary Works of Leonardo da Vinci*. London: Phaidon, 1970. v.1, p.112, 177.

[3] Em nome da concisão e da clareza, omitirei a cor e a textura, assim como desdenhei do tom e ignorei o timbre no capítulo sobre a música.

um relógio (o dele) e que foi patrono da *ars nova*. Os manuscritos de Machaut incluíam imagens do próprio compositor, além de inovações como a diferenciação entre o primeiro e o segundo planos, as paisagens e os detalhes naturalistas (Figura 5).[4] Essas ilustrações eram lampejos de um avanço revolucionário na pintura, possivelmente levado pelos ventos que sopraram por sobre os Alpes a partir da Itália, onde vinha despontando uma aristocracia da opulência, que ansiava pela glorificação estética de seu Deus, de suas cidades e dela mesma.

FIGURA 5 – Miniatura extraída das *Obras de Guillaume de Machaut*, c. 1370. "O compositor recebe o Amor, que lhe traz os Doces Pensamentos, o Deleite Sereno e a Esperança", século XIV. Biblioteca Nacional, Paris. Cortesia de Giraudon/Art Resource, Nova York.

---

4 Marcel Thomas. French Illumination in the Time of Guillaume de Machaut. In: Madeleine P. Cosman, Bruce Chandler. (Org.) *Machaut's World*: Science and Art in the Fourteenth Century. New York: Academy of Science, 1978. p.144-65; John White. *The Birth and Rebirth of Pictorial Space*. Boston: Boston Book and Art Shop, 1967. p.219-35; A. C. Crombie. *Medieval and Early Modern Science*. New York: Doubleday, 1959. v.2, lâmina 1.

Antes de abordarmos a explosão artística que esses aristocratas alimentaram com seu patrocínio, devemos familiarizar-nos com o modo como as pinturas eram feitas até então. Comecemos pelo "agora" das pinturas medievais. Uma única iluminura ou afresco podia incluir vários "agoras", claramente diferenciados. Num mesmo quadro, era possível ver o barco de São Paulo encalhando, a luta dele para chegar à praia e sua pregação aos pagãos. Isso equipara três "agoras" e pode muito bem nos confundir.

Até um único "agora" medieval pode ser confuso. Hoje, costumamos pensar nos quadros como imagens de algo que existiu e aconteceu num instante tão pontual quanto o fio de uma navalha, ou seja, o "agora" de um afresco quinhentista que retrate a fuga da Sagrada Família para o Egito ou o de uma fotografia de um piquenique familiar do século XX são essencialmente idênticos. Mas o "agora" medieval aproximava-se mais do tipo descrito pelo pragmático norte-americano William James, isto é, não do "fio de uma navalha, mas de um telhado de duas águas, com uma certa largura própria na qual nos empoleiramos e de onde fitamos duas direções no tempo".[5] Por exemplo, ao passarmos por um prédio cúbico, não o percebemos num instante sem duração, no qual jamais conseguimos ver mais do que duas paredes, mas sim *à medida que nos deslocamos*, e, desse modo, às vezes conseguimos vislumbrar três paredes num único "agora".

Os pintores do Ocidente medieval não apenas olhavam o mundo do telhado de William James, como também desciam e davam uma volta para enxergar melhor. Se fitar um objeto por dois ou mais pontos de vista simultâneos ajudasse a transmitir informações que eles consideravam importantes, eles iam em frente e faziam exatamente isso. Era tão pequena a sua relutância em fazê-lo quanto foi a de Shakespeare, tempos depois, em deter a ação enquanto um protagonista pensava em voz alta, num solilóquio. Quando os pintores medievais queriam que os observadores dessem uma boa espiada nos pratos e travessas de comida sobre uma mesa, eles a inclinavam como a tampa da mala de um carro – e não caía nada.

Os artistas medievais tinham a convicção de que o *status* das pessoas que lhes serviam de tema era mais importante do que os traços efetivos de seus rostos, a cor de seus olhos ou a maneira como seus braços se encaixavam nos ombros. Os artistas freqüentemente

---

5 Charles M. Sherover. (Org.) *The Human Experience of Time*: The Development of Its Philosophical Meaning. New York: New York University Press, 1975. p.371.

indicavam a importância através dos meios mais óbvios: o tamanho, que tornava os protagonistas – Cristo, a Virgem Maria, os imperadores – relativamente grandes, e o posicionamento deles bem no meio do quadro. As pessoas e coisas sem importância eram pequenas e se encaixavam nas margens, ou onde quer que houvesse um pequeno espaço. O artista – provavelmente um monge – que desenhou *São Dunstan aos pés de Cristo*, algum tempo antes do ano de 956[6] (Figura 6), foi um reprodutor criterioso da realidade *teológica*, além de um mestre do traço.

FIGURA 6 – *São Dunstan aos pés de Cristo*, século X. David M. Wilson. *Anglo-Saxon Art from the Seventh Century to the Norman Conquest.* Woodstock, N.Y.: Overlook Press, 1984. lâmina 224.

---

6 David M. Wilson. *Anglo-Saxon Art from the Seventh Century to the Norman Conquest.* Woodstock, N.Y.: Overlook Press, 1984. p.179.

A MENSURAÇÃO DA REALIDADE 163

Para o observador moderno, entretanto, a característica mais singular da arte medieval não é a manipulação do tamanho (vez por outra, os artistas do Renascimento também jogavam com ele, como fazemos nós), mas o tratamento dado ao espaço vazio, ao vazio tridimensional que circunda o objeto retratado ou se coloca entre os vários objetos. Para nós, na atualidade, as coisas existem no espaço como os legumes de uma salada feita com galantina. Os legumes podem ser o principal objeto de interesse, mas a galantina está inequivocamente *presente*, ocupando a área entre esses pontos de interesse. Não negamos a existência da galantina pelo fato de ela ser transparente, e raramente desconhecemos o espaço, mesmo quando ele está vazio.

A Florença pintada por volta de 1350 por um artista desconhecido, nos moldes do estilo medieval (Figura 7), não satisfaria um topógrafo que vivesse no século XX, mas é uma imagem exata da aparência que teria a cidade (uma coletânea de prédios, e *não* o nada que havia entre eles) para os visitantes que perambulassem por ela com seu olhar medieval, atravessando suas ruas estreitas e sinuosas. O espaço medieval era aquilo que ele continha, assim como o tempo era aquilo que acontecia. O vazio não tinha nenhuma autenticidade ou autonomia para um povo que rejeitava o vácuo como possibilidade.

FIGURA 7 — Autor anônimo, panorama de Florença, detalhe do afresco da Madonna della Misericordia, século XIV. Loggia del Begallo, Florença. Cortesia de Alinari/Art Resource, Nova York.

Em 1300, entretanto, vinha-se processando na Itália uma mudança na percepção do espaço. Do Oriente chegavam exemplos da arte bizantina, que era um pouco mais figurativa do que a arte do Ocidente. Do norte vinha a influência dos escultores, cujas estátuas e relevos tridimensionais, mais naturalistas do que qualquer coisa que se houvesse criado desde o auge do Império Romano, conferiam um encanto devoto à catedral de Chartres. E do interior do solo da terra natal vinham exemplos da arte da antiga Roma, freqüentemente naturalista.[7]

Havia também a crescente obsessão do Ocidente com a óptica e a geometria, que estavam em franca evidência na virada do século XIV. Jean de Meun, um dos autores de *O romance da rosa* – que era o que mais se aproximava, na época, de um livro comercial, feito para ganhar dinheiro –, conseguiu introduzir a óptica até mesmo nesse poema sobre o amor cortês e, às vezes, nem tão cortês assim. Se Marte e Vênus, sugeriu ele, houvessem examinado seu leito de luxúria com espelhos ou com lentes de aumento, teriam visto as redes que o marido dela colocara ali para apanhá-los, "e o cruel Vulcano, consumindo-se em ciúme e raiva, nunca teria provado seu adultério".[8]

A geometria, ausente do *Inferno* e do *Purgatório* de Dante, aparece no *Paraíso*, onde tudo é perfeitamente ordenado. Em seu 13º canto, Santo Tomás de Aquino refere-se às tentativas de refutação de uma das afirmações de Euclides a respeito dos triângulos dentro dos círculos. No canto 17º, há um indivíduo capaz de ver o futuro "tal como as mentes terrenas percebem que não podem num triângulo estar contidos dois ângulos obtusos". No 33º e último canto, diante de Deus, o Eterno Lume, Dante compara sua incapacidade de discernir a relação existente entre a divindade e o ser humano com a incapacidade de um geômetra de medir a quadratura do círculo.[9]

---

[7] Miriam S. Bunim. *Space in Medieval Painting and the Forerunners of Perspective*. New York: AMS Press, 1940. p.127-35; John White. *Art and Architecture in Italy, 1250-1400*. Harmondsworth: Penguin Books, 1987. p.19,143-4, 161; John Beckwith. *Early Christian and Byzantine Art*. Harmondsworth: Penguin Books, 1979. p.241-85.

[8] Guillaume de Lorris, Jean de Meun. *The Romance of the Rose*. Trad. Charles Dahlberg. Hanover, N.H.: University Press of New England, 1986. p.300-1.

[9] Dante Alighieri. *The Divine Comedy*: Paradiso. Trad. Charles S. Singleton. Princeton, N.J.: Princeton University Press, 1975. p.146-7, 186-7, 376-9.

"A Geometria", escreveu Dante noutro texto, "é alvíssima, posto não ter a mácula do erro, e é corretíssima em si mesma e em sua criada, que tem o nome de perspectiva."[10] A perspectiva, que, na época, era a divisão da geometria pertinente à luz, incluía em sua jurisdição a produção de quadros exatos.[11] Que poderia ser mais perfeito para a transmissão dos desejos de Deus? Através dos quadros, escreveu Roger Bacon, "a verdade literal pode tornar-se evidente aos olhos e, por conseguinte, também o pode a verdade espiritual".[12]

Tudo isso poderia não ter levado a nada além de palavras e mais palavras, porém, enquanto os poetas e os filósofos especulavam, os pintores estavam pintando – e eles, como os músicos, tinham que produzir realidades a serem avaliadas. Depois de 1250, o espaço, na pintura italiana, começou a se afirmar; a galantina começava a endurecer. O joelho da Virgem, que servia de apoio ao Menino Jesus, começou a se mostrar ligeiramente protuberante, numa tímida manifestação de uma terceira dimensão. As linhas paralelas das paredes, tetos, degraus e cornijas de prédios, salões e altares anunciaram seu relevo, afastando-se aos poucos de seu posicionamento tradicional, paralelo ao plano do quadro, e começando a convergir para uma área meio vaga no fundo da tela. Essas inovações eram especialmente visíveis nos afrescos da basílica de Assis, dedicados ao fundador da ordem franciscana.[13]

Alguns historiadores da arte especularam que Giotto di Bondone (1267 ou 1277-1337) teria sido um dos artistas dos afrescos de Assis. Não há nenhuma prova contemporânea nesse sentido, mas é tentador aceitar essa hipótese porque, logo após a conclusão da série de Assis, ele pintou afrescos que utilizaram e promoveram incontestavelmente a perspectiva. Seja como for, é indiscutível que Giotto foi um mestre dessa nova arte, no início do século XIV.

Tal como Machaut, ele foi um dos primeiros indivíduos de seu campo artístico sobre quem dispomos de um bom número de infor-

---

10 *Dante's Convivio*. Trad. William W. Jackson. Oxford: Clarendon Press, 1909. p.111.
11 David C. Lindberg. Roger Bacon and the Origins of *Perspectiva* in the West. In: Edward Grant, John E. Murdoch. (Org.) *Mathematics and Its Applications to Science and Natural Philosophy in the Middle Ages*. Cambridge: Cambridge University Press, 1987. p.250-3, 258-9; Vasco Ronchi. Optics and Vision. In: Philip P. Wiener. (Org.) *Dictionary of the History of Ideas*. New York: Charles Scribner's, 1968-1974. v.3, p.410.
12 *The Opus Majus of Roger Bacon*. Trad. Robert B. Burke. New York: Russell & Russell, 1962. v.1, p.238-42.
13 White, *Art and Architecture in Italy*, p.143-224.

mações e, também como o francês, foi famoso em sua vida. Dante, que talvez o tenha conhecido (é possível que nosso quadro mais conhecido do poeta tenha sido pintado por Giotto), enalteceu-o na *Divina Comédia*.[14] Petrarca o chamou "rei dos pintores" e era dono de um de seus quadros: "Os ignorantes não entendem a beleza desse painel, mas os mestres da arte ficam estarrecidos com ele." Boccaccio disse que Giotto havia "tornado a trazer à luz uma arte que por séculos estivera soterrada sob os erros daqueles que, em sua pintura, almejavam proporcionar deleite visual aos ignaros, em vez de satisfação intelectual aos sábios".[15]

Os contemporâneos de Giotto impressionavam-se com a organização rigorosa que havia em seus quadros, com sua combinação de intensa emoção e extrema dignidade, e com os indícios de uma terceira dimensão (Figura 8). Aos nossos olhos, seus quadros parecem encerrados por muros e montanhas rochosas que se amontoam em torno das figuras centrais, mas, para o olhar medieval, acostumado a quadros que eram tão planos quanto plantas baixas, pareciam ter profundidade suficiente para que se pudesse penetrar neles. Giotto posicionou os prédios e outras estruturas retangulares em ângulo em relação ao espectador, com uma quina projetando-se para a frente e as paredes e bordas partindo dessa quina para o fundo da tela. Houve quem considerasse perturbador esse radicalismo, e Petrarca, investindo-se momentaneamente de uma máscara de rabugice, reclamou desse novo tipo de pintura, com suas

> imagens que se projetam para fora da moldura, e com os contornos de rostos tão vivos que, a qualquer momento, espera-se escutar o som de sua voz. É aí que reside o perigo, pois grandes mentes ficam profundamente encantadas com isso.[16]

---

14 Giovanni Boccaccio. *The Decameron*. Trad. G. H. McWilliam. Harmondsworth: Penguin Books, 1972. p.494; Dante, *Paradiso*, canto 11, linhas 94-96; Giorgio Vasari. *Lives of the Artists*. Trad. George Bull. Harmondsworth: Penguin Books, 1965. p.68; Thomas C. Chubb. *Dante and His World*. Boston: Little, Brown, 1966. p.505-7; Patrick Boyde. *Dante Philomythes and Philosopher*: Man in the Cosmos. Cambridge: Cambridge University Press, 1981. p.350.
15 Chubb, *Dante and His World*, p.505-7; Boccaccio, *The Decameron*, p.493-5; Theodor E. Mommsen. *Medieval and Renaissance Studies*. Org. Eugene F. Rice Jr. Westport, Conn.: Greenwood Press, 1966. p.212.
16 John Larner. *Culture and Society in Italy, 1290-1420*. New York: Scribner's, 1971. p.268.

FIGURA 8 – Giotto di Bondone, *Adoração dos Magos*, 1306. Capela Scrovegni, Pádua, Itália. Cortesia de Alinari/Art Resource, Nova York.

Giotto costumava pintar seus afrescos como se cada um fosse uma cena vista por um único observador, num único momento, e, na capela Arena, em Pádua, pintou uma série de afrescos como se o espectador pudesse olhar para todos do centro da capela, do mesmo modo como poderíamos colocar-nos numa praça de uma cidade e, voltando-nos para um lado e para o outro, olhar para a esquerda e para a direita.[17] (O crescimento das cidades expunha constantemente aos olhos certas cenas – longas fileiras de barracas de mercado, torres tão altas que pareciam recuar para longe do espectador – que estimulavam a curiosidade sobre a perspectiva. É impossível que

---

17 Edgerton, *Heritage of Giotto's Geometry*, p.76.

tenha sido completamente por acaso que tantos dos maiores pintores da época, de Brunelleschi a Michelangelo, tenham sido também arquitetos, e vários deles, urbanistas.)

Giotto foi um gênio, mas em termos empíricos, e não científicos. Pouco teria tido a acrescentar à sugestão que Cennino d'Andrea Cennini fez aos artistas, no fim do século XIV, para que eles pintassem os prédios de tal modo que "as cornijas que pintais no alto dos prédios descrevam uma linha descendente a partir da borda que fica junto ao telhado; os frisos no meio dos edifícios, a meia altura da fachada, sejam nivelados e planos; e os frisos da base, na parte inferior dos edifícios, tenham uma inclinação para cima".[18]

Nas pinturas de Giotto, em geral sabemos qual das figuras está mais próxima do que as outras do plano do quadro, mas não temos certeza da distância que as separa umas das outras, do primeiro plano para o fundo. Seus afrescos fazem-nos lembrar os *portolani*, aqueles mapas que indicavam com mais precisão as direções do que as distâncias, e o primeiro dos quais deve ter sido traçado durante sua vida.[19] Qualquer tentativa de desenhar uma planta baixa exata das cenas de Giotto seria inútil, e, quando o pintor achava que os desvios da perspectiva de um espectador isolado poderiam ser úteis, ele os adotava. Na capela Arena, ele pintou duas cenas do quarto de Sant'Ana, mãe de Maria. A posição do observador parece ser idêntica em relação a ambas, mas Giotto retratou a cama de dois ângulos diferentes. No primeiro afresco, no qual o anjo anuncia a Ana que ela será mãe de Maria, a cama, que fica atrás de Sant'Ana ajoelhada e que, nesse momento, tem muito pouca importância, é pintada no que chamaríamos de perspectiva correta. No segundo afresco, Ana traz Maria ao mundo, e nesse, a cama sagrada tem uma inclinação para cima, num ângulo "absurdo", para que possamos vê-la melhor.[20]

Giotto e seus contemporâneos deram corajosamente a partida no uso da perspectiva, mas seus sucessores pouco progrediram durante o restante do século XIV. O problema de "ver" geometricamente era mais difícil do que pode ser compreendido por nós, que estamos do lado de cá da revolução que eles instauraram. Taddeo Gaddi, discípulo de Giotto e, na opinião de alguns, seu sucessor como o

---

[18] Cennino d'Andrea Cennini. *Il Libro del' Arte*: The Craftsman's Handbook. Trad. Daniel V. Thompson Jr. New Haven, Conn.: Yale University Press, 1933. p.57.
[19] Edgerton, Renaissance Rediscovery of Linear Perspective, p.97.
[20] White, Art and Architecture in Italy, p.317-9.

mais destacado artista italiano do século, recheou *A Apresentação da Virgem* (Figura 9) de elementos arquitetônicos, para indicar a posição relativa das muitas pessoas que figuram no quadro, mas sua técnica não conseguiu atingir esse objetivo. Se alguém vivesse num mundo com aquele aspecto, jogar uma bola com precisão para alguém que estivesse a mais de um ou dois passos de distância seria uma questão de pura sorte. Mesmo decorridos outros duzentos anos, depois de supostamente se haverem solucionado os problemas da perspectiva, Jacopo da Pontormo pilheriou, dizendo que Deus havia criado o homem não em duas, mas em três dimensões, porque, desse modo, era "muito mais fácil dar vida a uma figura".[21]

FIGURA 9 – Taddeo Gaddi, *A Apresentação da Virgem*, 1332-1338. Sta. Croce, Florença. Cortesia de Alinari/Art Resource, Nova York.

---

21 *Pontormo's Diary*. Trad. Rosemary Mayer. New York: Out of London Press, 1982. p.59.

Poderíamos atribuir a culpa pela falta de novos avanços na perspectiva geométrica ao horror generalizado da Peste Negra, porém é mais provável que ele tenha-se devido ao fato de que Giotto e sua escola estavam tentando ir adiante com base tão-somente no instinto artístico. Eles produziram obras-primas – mas não representações geometricamente exatas do espaço. Isso exigia algo que complementasse o talento artístico: a teoria.

Platão e Aristóteles mantiveram-se influentes durante toda a Idade Média e o Renascimento, um mais do que o outro em cada época considerada, e nunca um deles sozinho. Na época de Santo Tomás e Oresme, o aristotelismo teve um grande impulso, paralelo à fé depositada na confiabilidade da experiência imediata e da lógica meticulosa. Mas o platonismo, com seu pendor para a intuição e para a matemática como manifestações da realidade máxima, sobreviveu e ressurgiu, à medida que a escolástica iniciou seu lento declínio para a atenção excessiva aos detalhes insignificantes.

No século XV, o Ocidente obteve acesso às fontes originais do pensamento platônico através das traduções dos diálogos platônicos para o latim, obra de estudiosos do norte da Itália.[22] Essa região, tal como a França, tinha suas universidades e seus filósofos aristotélicos, mas os centros de sua vitalidade intelectual e estética eram suas cortes – veneziana, milanesa, romana e, acima de tudo, florentina – e, nestas, Platão reafirmou sua reivindicação de paternidade da tradição intelectual do Ocidente.

Ilustrando: os Médici (originalmente banqueiros, convém notar), que por longo tempo haviam figurado com enorme destaque nos assuntos de Florença, ansiavam pela posse não apenas do poder, mas também do melhor da civilização antiga que fosse possível resgatar. Marsilio Ficino (um cristão que conseguiu realizar o feito considerável de aceitar Zoroastro como um dos Magos)[23] esforçou-se por nortear e atender as preferências dos Médici. Supriu-lhes traduções de Platão e de antigos platônicos, acompanhadas de comentários, além de seus próprios tratados neoplatônicos. Fundou uma Academia Platônica, através da qual propagou suas teorias de que o caminho da alma para a realidade superior passava, sucessivamente, pelas filosofias moral e natural e, por último, pela filosofia matemática. Entre aqueles que visitaram sua academia ou

---
22 James Hankins. *Plato in the Italian Renaissance*. Leiden: Brill, 1990. v.1, p.3-10.
23 Ibidem, v.2, p.461.

que, de algum outro modo, participaram da onda neoplatônica que perpassou toda a intelectualidade italiana do século XV estavam Nicolau de Cusa, com quem já deparamos no Capítulo 5, que tentou encontrar Deus através da quadratura do círculo, e também Leon Battista Alberti e Piero della Francesca, de quem teremos outras notícias neste capítulo.[24]

Ficino, seus colegas e outros semelhantes a eles, em toda a Itália, constituíram o meio intelectual favorável a um ressurgimento da convicção platônica de que os números "têm o poder de nos conduzir à realidade", e de que "a geometria é o conhecimento do que tem existência eterna".[25] Em 1504, o jovem Rafael deu expressão artística a essa convicção em *Sposalizio*, uma pintura do casamento da Virgem Maria em que quase todas as linhas levam, no plano de fundo, a uma construção que ou é irrelevante (impossível!), ou é a emanação arquitetônica perfeitamente simétrica do Deus perfeito (Figura 10).

No século XV, a distância entre a teoria e a prática, no tocante ao espaço, revelou-se mais curta do que tinha sido em relação ao tempo nos séculos XIII e XIV, porque, a essa altura, os ocidentais já podiam servir-se de um atalho que passava pela antiga Grécia. Como já foi mencionado, surgiu em Florença, em 1400, um manuscrito da *Geographia* de Ptolomeu, datado de 1.300 anos antes.[26] Baseando-se no que Euclides havia ensinado sobre o comportamento da luz e sobre o modo como as pessoas vêem, Ptolomeu fornecia regras para que se traçasse com rigor geométrico uma superfície curva (a do globo) sobre uma superfície plana (um mapa), através do uso de uma grade quadriculada (de latitudes e longitudes). Pode-se argumentar que o grupo no qual essas normas tiveram seu efeito inicial não foi o dos cartógrafos, mas o dos pintores.

---

24 Paul L. Rose. *The Italian Renaissance of Mathematics*. Genève: Libraire Droz, 1975. p.5, 9, 119-20; E. A. Burtt. *The Metaphysical Foundations of Modern Science*. Garden City, N.Y.: Doubleday, 1954. p.53-5; Paul O. Kristeller. *Renaissance Thought and Its Sources*. New York: Columbia University Press, 1979. p.58, 62-3, 151; Nesca A. Robb. *Neoplatonism of the Italian Renaissance*. New York: Octagon Books, 1968. p.60-1, 69; *Nicholas of Cusa on Learned Ignorance*. Trad. Jasper Hopkins. Minneapolis: Arthur J. Banning Press, 1981. p.52, 116-7; Hankins, *Plato in the Italian Renaissance*, v.1, p.344.
25 *The Republic of Plato*. Trad. Francis M. Cornford. New York: Oxford University Press, 1945. p.241-4.
26 Edgerton, *Renaissance Rediscovery of Linear Perspective*, p.93-7.

FIGURA 10 – Rafael, *As núpcias da Virgem*, 1503. Pinacoteca di Brere, Milão. Cortesia de Alinari/Art Resource, Nova York.

Não é inteiramente clara a identidade do herói ou heróis que de fato quantificaram pela primeira vez a arte pictórica, isto é, que empregaram as técnicas ptolomaicas para produzir representações bidimensionais naturalísticas de cenas tridimensionais, tal como vistas por um único observador num dado momento. Ele ou eles certamente foram florentinos.

Esse herói, se é que houve apenas um, foi Filippo Brunelleschi,[27] um exemplo modelar do homem renascentista – relojoeiro, ourives, engenheiro militar e arqueólogo, entre outras coisas. Tal como Nicolau de Cusa, era fanático pela mensuração, e, diferentemente de Nicolau, de fato mediu uma porção de coisas. Ao estudar os monumentos da antiga Roma, ele mediu e anotou suas dimensões como múltiplos de uma unidade básica de quantificação, e não com um pedaço de barbante não segmentado ou com uma vara, como era a praxe. Sua ambição era ser um arquiteto tão esplêndido que seu nome tivesse a perpetuidade do de Giotto como pintor. E conseguiu realizá-la ao projetar e dirigir a construção da assombrosa abóbada da catedral de sua cidade, a igreja de Santa Maria del Fiore. (Convém notar, para não nos esquecermos de que a música prosseguiu depois da *ars nova*, que Guillaume Dufay compôs para a inauguração dessa catedral, em 1436, um motete intitulado *Nuper rosarum flores*, cujas proporções isorrítmicas, 6:4:2:3, correspondiam às proporções da nave, do cruzeiro, da abside e da altura da abóbada da igreja.)[28]

Podemos ter certeza, tomando essa abóbada como prova, de que Brunelleschi conhecia o suficiente de geometria para entender os problemas da perspectiva. É possível que também houvesse deparado com exemplos de perspectiva nas pinturas de paredes e nos mosaicos da antiga Roma, e certamente teve acesso a Euclides e Ptolomeu. Todavia, tal como Giotto, ele não deixou nenhuma autobiografia nem qualquer explicação de suas técnicas, e os únicos teste-

---

27 Martin Kemp.*The Science of Art*: Optical Themes in Western Art from Brunelleschi to Seurat. New Haven, Conn.: Yale University Press, 1990. p.9, 12-4.
28 Vasari, *Lives of the Artists*, p.139-40; Giorgio de Santillana. The Role of Art in the Scientific Renaissance. In: Marshall Clagett. (Org.) *Critical Problems in the History of Science*. Madison: University of Wisconsin Press, 1959. p.49; Charles W. Warren. Brunelleschi's Dome and Dufay's Motet. *Musical Quarterly*, v.59, p.92-105, jan. 1973.

munhos sobre seus feitos como pintor perspectivista foram escritos *a posteriori*.[29]

Segundo Michael Kubovy, a palma de ouro pela descoberta da perspectiva no Renascimento deveria ser conferida a Leon Battista Alberti, que inventou essa técnica – e, nesse ponto, Kubovy escolhe criteriosamente as palavras – "como um conjunto transmissível de procedimentos práticos passíveis de serem usados pelos artistas".[30] Alberti, descendente ilegítimo de uma antiga família florentina de comerciantes e banqueiros, foi outro típico homem do Renascimento, destacando-se como arquiteto, urbanista, arqueólogo, estudioso humanista, cientista natural, cartógrafo, matemático, defensor da língua vernácula italiana, criptógrafo e, como Brunelleschi, adepto inveterado da mensuração. Ofereceu-se, caso lhe fosse permitido tirar medidas exatas, para fazer uma cópia precisa, em qualquer escala, de qualquer estátua, fosse ela da qualidade ou do tamanho que fosse, até mesmo das dimensões do Monte Cáucaso, e ainda que estivesse dividida em duas metades em dois lugares, uma na ilha de Paros, no Egeu, e outra em Lunigiani, na Itália setentrional.[31] Na década de 1430, escreveu um instrutivo livrete sobre a perspectiva, que constituiu um marco na história da arte.

Alberti beneficiou-se da melhor educação disponível na época e foi membro de uma classe que produzia livros. Ao contrário da maioria dos membros de sua classe, estava familiarizado com os problemas práticos de produzir quadros – na verdade, talvez ele mesmo tenha sido um pintor diletante – e estava habilitado a explicar ao mundo as teorias da perspectiva.[32]

A teoria albertiana da perspectiva baseava-se numa antiga teoria óptica grega, interpretada, ampliada e divulgada pelos árabes, por

---

29 Vasari, *Lives of the Artists*, p.135-6; Antonio di Tuccio Manetti. *The Life of Brunelleschi*. Trad. Catherine Enggass. University Park: Pennsylvania State University Press, 1970. p.42-6; Edgerton, *Renaissance Rediscovery of Linear Perspective*, p.143-52; Lawrence Wright. *Perspective in Perspective*. London: Routledge & Kegan Paul, 1983. p.55-9; Eugenio Battisti. *Filippo Brunelleschi*: The Complete Work. Trad. Robert E. Wolf. New York: Rizzolli, 1981. p.102-11; Michael Kubovy. *The Psychology of Perspective in Renaissance Art*. Cambridge: Cambridge University Press, 1986. p.32-9.
30 Ibidem, p.32-8.
31 Leon Battista Alberti. *On Painting and On Sculpture*. Trad. Cecil Grayson. London: Phaidon Press, 1972. p.125.
32 Vasari, *Lives of the Artists*, p.208-9; Joan Gadol. *Leon Battista Alberti, Universal Man of the Early Renaissance*. Chicago: University of Chicago Press, 1969. p.3-7; Jacob Burckhardt. *The Civilization of the Renaissance in Italy*. New York: Harper & Row, 1958. v.1, p.149.

Grosseteste, Bacon e outros. "Ver" era uma questão de o olho obter informações através de um cone (ou, como se costumava chamá-lo, uma pirâmide) de luz, que se estendia a partir do olho. Um quadro preciso era uma fatia desse cone, num corte vertical transverso em relação a seu eixo central, feito a qualquer distância do olho que fosse escolhida pelo pintor. Essa fatia seria idêntica ao que poderíamos produzir fazendo deslizar pelo cone uma chapa fotográfica em ângulos retos. Em alguns casos, houve artistas renascentistas que de fato colocaram um painel de vidro atravessando o cone e pintaram diretamente sobre o vidro. Isso não se prestaria para criar afrescos nas paredes, mas Alberti produziu normas que permitiam fazê-lo.

Alberti informou a seus leitores que o primeiro passo para produzir um quadro na perspectiva correta consistia em orientar o cone ou a pirâmide da visão do artista. Sua "linha central" seria a linha mais curta possível entre o olho e o centro da cena que se quisesse pintar. Em seguida, recomendava Alberti, era preciso recorrer a um tipo tosco de quantificação espacial, colocando um véu entre o sujeito e o tema a ser pintado, um "véu fino, de trama delicada, pintado na cor que mais vos agradar, e com os fios mais grossos [assinalando] tantas linhas paralelas quantas vos aprouver". (Todos hão de estar lembrados de que a *Geographia* de Ptolomeu, com sua grade de latitudes e longitudes, era a última moda da época.) A realidade situada além da trama do véu deveria ser observada somente através deste, presumivelmente mantendo-se a cabeça e o olho sempre exatamente na mesma posição. O véu era o plano do quadro, a fatia que atravessava o cone visual. Era preciso pintar ou desenhar não o que se *sabia* ser verdadeiro naquela cena – por exemplo, mantendo as linhas paralelas sempre a uma mesma distância –, mas estritamente aquilo que se *via*. E o que se via eram linhas paralelas que convergiam umas para as outras, à medida que se afastavam do observador. Podia-se medir quanto elas convergiam na aparência, olhando-as através do véu e contando os fios. Depois, transferia-se *isso* para uma superfície plana, na qual se houvessem traçado, cuidadosamente, linhas equivalentes aos fios da trama do véu. O véu permitia que o pintor quantificasse não a realidade, porém algo mais sutil: a *percepção* da realidade.

Os véus e as redes mostraram-se muito úteis, mas era difícil "ver" apenas o que de fato se via. Algumas das primeiras tentativas renascentistas de reproduzir a perspectiva têm certos traços muito curiosos. As construções inclinam-se para os lados... ou será que se alongam para o fundo, a partir do plano do quadro? É impossível ter certeza. (Observe-se o estranho alpendre à esquerda do prédio que aparece em *O nascimento da Virgem*, Figura 11.) Além do véu, os pintores precisavam da técnica geométrica.

FIGURA 11 – Painel principal dos painéis dos Barberini, *O nascimento da Virgem*, século XV. Cortesia do Metropolitan Museum of Art, Rogers and Gwynne Andrews Funds, 1935 (35.121), Nova York.

Também esta, Alberti a forneceu. Primeiro, estabeleça o plano do quadro, a "janela" através da qual o pintor vê aquilo que pretende retratar. Depois, desenhe uma pessoa no primeiro plano, com os pés na base da tela. A cabeça ficará no nível do olho do artista, porque é presumível que ela e a cabeça do artista estejam a uma distância mais ou menos igual do solo, e ficará também na linha do horizonte, porque sempre vemos os horizontes planos – oceanos, pradarias – no nível de nossos olhos. Em seguida, divida a altura da pessoa situada em primeiro plano em três unidades iguais. Estas serão as unidades básicas, os quantificadores do quadro. Feito isso, divida a linha basal da tela por essas unidades. Escolha um ponto, o ponto central do cone visual, no meio da linha do horizonte. A partir dos marcadores das unidades de quantificação na base do quadro, desenhe linhas até este ponto, que é o "ponto de fuga" no qual se encontram todas as linhas que formam um ângulo reto com o plano do quadro (as ortogonais). (Pense nas linhas ortogonais como trilhos de trem que se estendam para adiante, diretamente a partir da base do quadro, os quais, é claro, parecerão convergir na linha do horizonte.) Assim como essas linhas convergem, os objetos deverão diminuir de altura e tamanho sobre a superfície do quadro, à medida que se distanciarem do olho do pintor.

Desenhe linhas horizontais transversais às ortogonais convergentes. As distâncias que separam as linhas horizontais deverão diminuir na mesma proporção da convergência das ortogonais (de acordo com uma das invenções mais felizes de Alberti, a qual, no entanto, é complicada demais para ser descrita aqui).[33] Com isso, passaremos a ter o piso quadriculado que é típico de inúmeros exemplos da arte renascentista. (Alberti chamava essa grade horizontal de *pavimento*, nome dos pisos azulejados das casas de sua época.)[34] Essa rede, como um conjunto de linhas ou ranhuras desenhadas, pode ser identificada sob o quadro da *Trindade*, de Masaccio, pintado por volta de 1425, assim como sob inúmeras das maiores obras-primas da arte ocidental durante gerações, a partir de Alberti. Essa nova perspectiva, chamada de *costruzione legittima*, pode ser vista abertamente,

---

33 Alberti, *On Painting*, p.43-56. Para aqueles que quiserem aprofundar-se mais, recomendo *The Renaissance Rediscovery of Linear Perspective*, de Samuel Y. Edgerton Jr.; *Perspective in Perspective*, de Lawrence Wright; *The Psychology of Perspective and Renaissance Art*, de Michael Kubovy; e, é claro, *On Painting*, de Leon Battista Alberti.
34 Edgerton, The Heritage of Giotto's Geometry, p.156; Edgerton, Renaissance Rediscovery of Linear Perspective, p.45.

sob a forma de pisos azulejados, em dezenas ou, talvez, centenas de quadros de Leonardo, Rafael e inúmeros outros artistas menores. Esses artistas menores, em sua inocência, às vezes colocavam São João Batista sobre um pedaço de piso azulejado em pleno deserto, e davam ao estábulo de Belém um assoalho similar.[35]

A perspectiva uniu-se à louvável companhia das artes liberais. Em 1493, Antonio Pollaiuolo incluiu uma imagem alegórica da *Prospectiva* como uma das Artes Liberais reunidas em torno do túmulo do papa Sisto IV.[36] Um contemporâneo do escultor, Leonardo da Vinci, proclamou que a pintura era mais digna de um lugar entre as artes liberais do que a música, "porque não desaparece tão logo nasce, como é o destino da desafortunada música".[37]

A tenda arqueada do espaço medieval, cuja lona havia afundado e estremecido ao vento de todas as influências, exceto a de Ptolomeu, firmou-se e se tornou algo a ser levado em consideração. Passou a ser homogênea, uniforme e primacial em todas as suas qualidades, em todos os ambientes, em todos os sentidos e em todos os momentos. Os artistas do Renascimento, se lhes fosse indagado se as leis da óptica para além da Lua seriam necessariamente idênticas às que ficavam abaixo dela, talvez respondessem que não, mas, mesmo assim, obedeciam aos ditames da *costruzione legittima* em suas pinturas do paraíso.[38]

Os intelectuais da Idade Média respeitavam a matemática no plano abstrato, mas tendiam a se afastar dela na prática. Os do Renascimento respeitavam a matemática, especialmente a geometria, e a utilizavam extravagantemente na prática. O retrato (é esse o nome que ele merece) que Paolo Uccello fez de um cálice de linhas arredondadas, sob a forma de centenas de superfícies retangulares minúsculas, vistas por ângulos diferentes, ou a gravura em que Albrecht Dürer retratou um artista na tentativa de solucionar os problemas mais intratáveis do escorço, fitando por um véu albertiano um nu deitado, visto dos dedos dos pés para a cabeça (Figura 12), ou ainda a *Anunciação* quase vertiginosa de Carlo Crivelli (Figura 13), esses e dezenas de outros exemplos deixam-nos claro que os artistas da van-

---

35 Wright, *Perspective in Perspective*, p.82.
36 Edgerton, *Renaissance Rediscovery of Linear Perspective*, p.91-2.
37 *The Literary Works of Leonardo da Vinci*, v.1, p.76, 117.
38 William M. Ivins Jr. *On the Rationalization of Sight*. New York: Da Capo Press, 1973. p.7-10, e Samuel Y. Edgerton Jr. The Art of Renaissance Picture-Making and the Great Western Age of Discovery. In: Sergio Bertelli, Gloria Romalus. (Org.) *Essays Presented to Myron P. Gilmore*. Firenze: La Nuova Italia, 1978. v.2, p.144; Edgerton, *Heritage of Giotto's Geometry*, p.107.

guarda renascentista, que muitas vezes eram arquitetos, engenheiros, artesãos e matemáticos, além de pintores, estavam obcecados com o espaço-como-geometria. Uccello, um pintor que pouco se importava com as cores – ou, já que estamos no assunto, com a comida e a bebida –, costumava responder de seu estúdio, quando sua mulher o chamava para se deitar: "Oh, que coisa encantadora é essa perspectiva!".[39]

FIGURA 12 – Albrecht Dürer, *Desenhista traçando um nu reclinado*, 1538. Cortesia do Museum of Fine Arts, Horatio G. Curtis Fund, Boston.

Havia também a questão da confiança nas realizações contemporâneas, ou mesmo naquilo a que chamamos progresso – uma espécie de fé que tinha sido escassa entre os intelectuais do início da Idade Média, e que era cada vez mais abundante entre a vanguarda artística e protocientífica dos séculos seguintes. Giorgio Vasari, o artista do século XVI que também biografou outros artistas, enalteceu a pintura de sua época como um tenor operístico que entoasse uma canção em louvor à amada. Em tempos idos, disse ele, tinha existido a arte clássica grega e romana, que era muito boa, e depois viera a arte ocidental e bizantina (com santos "de olhar vidrado, como se estivessem possuídos, com as mãos esticadas e erguendo-se nas pontas dos pés"), que era muito ruim. Depois tinham vindo Giotto e o Renascimento da pintura: ele e seus sucessores pintavam imitando diretamente a natureza. O maior de todos eles, segundo Vasari, era seu contemporâneo Michelangelo, que "suplanta não apenas aqueles cuja obra podemos dizer que é superior à natureza, mas também os artistas do mundo antigo". O único obstáculo que impedia os artistas de produzirem obras ainda mais grandiosas do que as que já haviam pintado, disse Vasari, estava em eles não serem adequadamente remunerados.[40]

---

39 Vasari, *Lives of the Artists*, p.95-104.
40 Ibidem, p.36-8, 45-7, 89, 93, 253-4.

FIGURA 13 – Carlo Crivelli, *Anunciação*, 1486. National Gallery, Londres. Cortesia de Foto Marburg/Art Resource, Nova York.

Prestamos à perspectiva renascentista nossa mais alta homenagem: dizemo-la realista. Mas isso, é claro, leva a uma pergunta: o que queremos dizer com "realista"? Não pretendemos dizer realista *de verdade*, pois é raríssimo confundirmos um quadro com a coisa real. Vasari deixou registrada a história de um cavalo, pintado por Bramantino, que era tão fiel à realidade que um cavalo de verdade escoiceou-o repetidamente, mas, como seria de esperar, o próprio Vasari nunca viu essa tela.[41] O que pretendemos dizer com a palavra "realista" é "geometricamente exato"; em outras palavras, podia-se usar um quadro construído de acordo com os princípios da *costruzione legittima* do mesmo modo que se pode usar um bom mapa. Em contraste, as pinturas muçulmanas tradicionais são superfícies requintadamente decoradas, mas sem uma ilusão de profundidade real; e as pinturas chinesas de paisagens, que de fato dão uma impressão de grande profundidade, não têm nenhum ponto de vista fixo.[42] Somente um grosseirão deixaria de considerá-las belas, mas ninguém quereria atravessar sequer um aposento, e muito menos um vasto terreno, carregando uma bandeja com copos cheios de líquido, se dispusesse unicamente desses quadros como guia.

Para pintar quadros que fossem realistas segundo os padrões do Renascimento ocidental, os praticantes da *costruzione legittima* eram obrigados a fazer escolhas tão arbitrárias quanto as de qualquer artista islâmico ou chinês. Para citar alguns exemplos, os ocidentais retratavam as cenas, segundo julgavam, como se elas fossem vistas num só instante e por um único olho. A maioria de nós tem dois, o que produz uma visão estereoscópica, mas, vá lá que seja. O olho só consegue focalizar, num único instante, o centro de uma cena, porém, mais uma vez, não faz mal. Giotto, Alberti e companhia desenhavam e pintavam as cenas tal como estas se afiguravam num instante único – e depois se dedicavam demoradamente a se mover para cima e para baixo, de um lado para outro, a fim de focalizar suas diversas partes.[43] Proveitoso, útil e justificável, mas, a seu modo, tão arbitrário quanto mostrar São Paulo, ao mesmo tempo, num barco

---

41 Ibidem, p.193.
42 Wright, *Perspective in Perspective*, p.305; Edgerton, The Art of Renaissance Picture-Making, v.2, p.135; Yi-Fu Tuan. Space, Time, Place: A Humanistic Frame. In: Tommy Carlstein, Don Parkes, Nigel Thrift. (Org.) *Making Sense of Time*. New York: Wiley, 1978. p.7-16.
43 Wright, *Perspective in Perspective*, p.1-32; *Dante's Convivio*, p.98; Graham Nerlich. *The Shape of Space*. Cambridge: Cambridge University Press, 1976. p.63-4.

naufragado, na praia e pregando para os pagãos, tudo num mesmo quadro.

Os mestres renascentistas da perspectiva optaram por obedecer às leis da perspectiva óptica tal como aplicadas às linhas paralelas que se estendem para longe à frente de um observador, e que parecem convergir, mas preferiram ignorar o fato de que as paralelas que se estendem lateralmente também parecem convergir. Para o artista, desenhar essas linhas, tal como efetivamente vistas, equivaleria a traçar linhas paralelas convergindo para *dois* pontos de fuga diferentes, à esquerda e à direita. Isso significaria que essas linhas retas pareceriam *curvar-se*. Os únicos artistas do século XX que obedecem sistematicamente a essa verdade óptica são, curiosamente, os artistas das histórias em quadrinhos, à procura de efeitos exagerados.

Depois do *quattrocento*, a torrente de criatividade originada em Giotto, Brunelleschi, Masaccio e Alberti dividiu-se e tomou duas direções diferentes. Uma levou a mais arte, acabando por chegar às torturadas perspectivas dos pintores maneiristas do século XVI. A outra levou a mais matemática: à geometria projetiva, inventada por Girard Desargues (1593-1662), promovida por Blaise Pascal (1623-1662), e que hoje constitui um dos principais ramos da matemática. A pintura renascentista talvez seja a única arte, em todos os tempos, a ter levado à criação de um tipo de matemática.[44] Isso a confirma, a despeito de toda a sua arbitrariedade, como consideravelmente compatível com a realidade óptica, ou, pelo menos, com a maneira como a mente humana interpreta a realidade.

No século XV, a pintura tomou um rumo próximo ao da matemática, ou até se confundiu com este, mais do que fizera a música nos cem ou duzentos anos anteriores. A carreira de Piero della Francesca, que nasceu mais ou menos na época em que foi inventada a *costruzione legittima*, e que morreu no ano em que Colombo zarpou para o que viria a se transformar na América, fornece provas que corroboram essa afirmação. Dentre os pintores renascentistas, nenhum foi maior mestre da matemática, e, dentre os matemáticos do Renascimento, nenhum foi maior pintor.[45] Tal como Machaut, ele

---

44 Morris Kline. *Mathematics for the Nonmathematician*. New York: Dover, 1985. p.232-41.
45 Vasari, *Lives of the Artists*, p.191; E. Emmett Taylor. *No Royal Road*: Luca Pacioli and His Times. Chapel Hill: University of North Carolina Press, 1942. p.191; Kenneth Clark. *Piero della Francesca*. London: Phaidon, 1969. p.70; Marilyn A. Lavin. *Piero della Francesca*. London: Allen Lane, 1972. p.12.

provinha de uma família sem maior renome, mas, de algum modo, tornou-se aprendiz de Domenico Veneziano, um perito na nova perspectiva e colega de Brunelleschi, Alberti, Masaccio e Donatello. Em meio a esses homens, segundo Kenneth Clark, Piero "respirou o ar da proporção matemática".[46]

Piero escreveu três tratados, que versaram sobre a aritmética, a geometria e a pintura. O mais simples deles instruía os comerciantes e artesãos no uso da tábua de calcular e nos métodos comerciais. Por exemplo, eis como se calculava o volume de um barril:

> Considere-se um barril no qual cada extremidade se curva num diâmetro de 2 *bracci*; o diâmetro da tampa corresponde a 2 *bracci* e 1/4 e, à meia altura entre a tampa e o fundo, corresponde a 2 *bracci* e 2/9. O barril tem 2 *bracci* de altura. Qual é sua medida cúbica?

A resposta, depois de uma enxurrada de cálculos, era 7 *bracci* e 23600/54432,[47] cálculos e resposta estes que mostram a que ponto pelo menos alguns dos neoplatônicos renascentistas estavam familiarizados com a quantificação prática (e ilustram também o quanto os matemáticos do Renascimento precisavam dos números decimais!).

Os outros dois livros de Piero della Francesca, que se situam entre os textos científicos mais importantes do século XV, foram tratados técnicos sobre a pintura e a geometria. Embora fosse um mestre na arte sutil do uso das cores, ele as ignorou no *De prospectiva pingendi*, livro que aperfeiçoou os princípios albertianos da pintura. A cor era secundária, a geometria, primária. Piero dedicou o terceiro e último de seus grandes textos (postumamente publicado na *Divina proportione*, de Luca Pacioli, sobre o qual teremos mais a dizer no Capítulo 10) aos cinco corpos regulares da geometria. Estes – o tetraedro, o cubo, o octaedro, o icosaedro e o dodecaedro – haviam fascinado Platão e iriam obcecar Kepler, um século depois.[48]

Em parte alguma a devoção de Piero ao neoplatonismo, à matemática e à sua arte torna-se mais evidente do que em sua enigmática obra-prima intitulada *A flagelação de Jesus* (Figura 14). Seu ponto de fuga albertiano é rigidamente correto, mas, onde fica o centro de in-

---

46 Clark, *Piero*, p.10-6.
47 Michael Baxandall. *Painting and Experience in Fifteenth-Century Italy*. 2.ed. Oxford: Oxford University Press, 1988. p.86.
48 Clark, *Piero*, p.70-4; Arthur Koestler. *The Sleepwalkers*: A History of Man's Changing Vision of the Universe. Harmondsworth: Penguin Books, 1964. p.251-4.

teresse? Estará nos três homens em primeiro plano, à direita, que estão juntos mas parecem ignorar uns aos outros? Ou estará no grupo de homens ao fundo, centrados em Cristo (Cristo em segundo plano?), que é açoitado numa cena tão desprovida de expressão emocional direta quanto uma natureza morta que retratasse uma travessa de frutas?

FIGURA 14 – Piero della Francesca, *A flagelação de Jesus*, década de 1450. Galleria Nazionale delle Marche, Urbino, Itália. Cortesia de Alinari/Art Resource, Nova York.

A *Flagelação* não é um quadro moderno. Menos exemplifica valores patrióticos, étnicos, de classe, ou sequer da pintura, do que a devoção. É um quadro repleto de símbolos de um cristianismo platonizado e pessoal, a maioria dos quais não compreendemos, e provavelmente nunca entenderemos, mas (e nisso reside a importância especial desse quadro para nós), eles são quase inteiramente quantitativos e geométricos. Em seus significados, sejam estes quais forem, instigam o espectador ao misticismo. Pela natureza de sua linguagem, eles empurram o espectador para uma percepção matemática da realidade.

Os pintores-matemáticos do *quattrocento* executavam sua pintura tendo em mente um quantificador, uma unidade de medida das telas. Alberti gostava de dividir em três a altura de uma figura humana traçada em primeiríssimo plano, e usava essa terça parte como sua unidade de medida.[49] A unidade escolhida por Piero della Francesca na *Flagelação* parece ter sido a distância, na superfície do quadro, entre o piso e o ponto em que o nível do olhar do pintor atinge a parede no ponto de fuga albertiano, atrás do homem com o açoite. A maior parte do piso da área visível é ocupada por grandes quadrados de azulejos marrons, tendo cada quadrado 8 azulejos de largura e 8 de profundidade. Cada azulejo, no primeiro plano, mede 2 unidades de quantificação por 2 e, daí por diante, cada grande quadrado marrom mede 16 unidades por 16. O quadrado em cujo centro está Jesus compõe-se de azulejos de cores diferentes, num padrão geométrico complexo, mas o quadrado inteiro também parece ter 16 unidades de medida por 16. A distância entre os centros das duas colunas próximas do plano do quadro é de 19 unidades. E corresponde a 38 unidades, ou o dobro de 19, desde o grupo em primeiro plano até a figura mais próxima dele no grupo que aparece em segundo plano, a figura de turbante, vista de costas. Desta até Cristo, há mais 19 unidades de medida. A coluna de Cristo, incluindo a estátua que a encima, tem 19 unidades de altura. A distância do olho do pintor para o plano do quadro, que pode ser geometricamente calculada, é de 31,5 unidades de medida; a coluna de Cristo fica a uma distância de 63 unidades, ou 2 vezes 31,5, do plano do quadro. Todos os elementos principais da pintura – o grupo em primeiro plano, a coluna mais próxima, o homem de turbante e o homem com o açoite – situam-se a distâncias do olho do espectador que podem ser expressas em valores correspondentes à multiplicação da unidade de medida pelo sempre místico π. E assim sucessivamente, até penetrarmos nos labirintos da matemática mística.[50]

Se você fosse um cristão neoplatônico, poderia consultar a *Flagelação* de Piero como um guia da realidade última. Se fosse um secularista crasso, poderia usá-la em confiança para comprar e cortar carpetes e papéis de parede para a cena toda[51] (Figura 15). Mais, talvez, do que qualquer outra obra-prima do Renascimento, esse quadro

---

49 Edgerton, *Renaissance Rediscovery of Linear Perspective*, p.42-3, 195.
50 R. Wittkower, B. A. R. Carter. Perspective of Piero della Francesca's "Flagellation". *Journal of Warburg and Courtauld Institutes*, v.16, p.293-302, jul.-dez. 1953. Para uma análise quantitativa adicional desse quadro, ver Kemp, *Science of Art*, p.30-2. Ver também Marilyn A. Lavin, *Piero della Francesca*: "The Flagellation". London: Allen Lane, 1972.
51 Wittkower & Carter, Perspective of Piero della Francesca's "Flagellation", lâmina 44.

confirma o juízo formulado pelo supremo historiador da arte renascentista, Erwin Panofsky, de que a perspectiva era a tendência preponderante da época: "A perspectiva, mais do que qualquer outro método, satisfazia o novo anseio de exatidão e previsibilidade."[52]

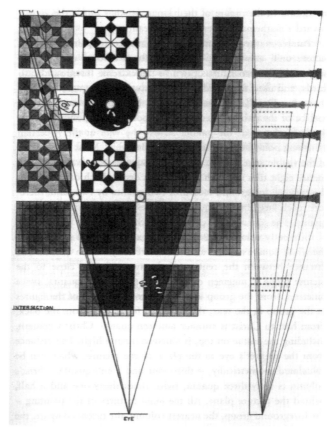

FIGURA 15 – "Reconstrução da Planta Baixa e Projeção Vertical da *Flagelação de Jesus*, de Piero della Francesca". R. Wittkower, B. A. R. Carter, Perspective of Piero della Francesca's "Flagellation". *Journal of Warburg and Courtauld Institutes*, v.16, lâmina 44, dez.1953.

---

52 Erwin Panofsky. *The Life and Art of Albrecht Dürer*. Princeton, N.J.:, Princeton University Press, 1955. v.1, p.261. Ver também Suzi Gablik. *Progress in Art*. London: Thames & Hudson, 1976. p.70.

10

CONTABILIDADE

> Sempre cederemos diante da honradez. Ela se postará diante de nós qual um perito contador, justo, prático e prudente ao medir, pesar, considerar, avaliar e aquilatar tudo o que fazemos, realizamos, pensamos e desejamos.
> *Leon Battista Alberti* (1440)[1]

> O dinheiro, que representa a prosa da vida, e do qual dificilmente se fala nos salões sem uma justificativa, tem, em seus efeitos e suas leis, a beleza das rosas.
> *Ralph Waldo Emerson* (1844)[2]

"Assim como todas as coisas do mundo foram feitas com uma certa ordem, do mesmo modo devem elas ser administradas", escreveu o negociante Benedetto de Cotrugli no século XV. A ordem era particularmente necessária em assuntos "de suprema importância, como o negócio dos comerciantes, que ... é ordenado em favor da preservação da raça humana".[3]

Seria de esperar que os comerciantes, que estavam tangendo o Ocidente em direção ao capitalismo, servindo de mecenas para os

---

[1] Leon Battista Alberti. *The Family in Renaissance Florence (1440)*. Trad. Renée Watkins. Columbia: University of South Carolina Press, 1969. p.150.
[2] Ralph Waldo Emerson. Nominalist and Realist. In: *Essays and Lectures*. New York: Literary Classics of the United States, 1983. p.578.
[3] Robert S. Lopez, Irving W. Raymond. (Org.) *Medieval Trade in the Mediterranean World*. New York: Columbia University Press, 1955. p.413.

praticantes da *costruzione legittima* e se casando com membros da aristocracia, achassem que, ao racionalizar seus negócios, estavam prestando um favor à humanidade. É possível que tivessem razão, talvez não exatamente como supunham, mas na medida em que estavam ensinando a humanidade a ser metodicamente organizada.

O dicionário define *metódico* como eficiente, conciso, direto, sistemático e minucioso. Nada de corajoso, ou elegante, ou piedoso, termos estes que a nobreza e a classe sacerdotal poderiam reivindicar para si. *Metódico* significa cuidadoso e meticuloso e é, na prática, uma questão de números. Foi uma das trilhas que conduziram à ciência e à tecnologia, na medida em que seus praticantes eram adeptos da quantificação, em sua percepção e manipulação do máximo da experiência que pudesse ser descrito em unidades de medida. Em seu caso, as unidades eram moedas – florins, ducados, libras, libras esterlinas, e assim por diante. "A moeda", como disse Paul Bohannan, "é uma das idéias mais arrasadoramente simplificadoras de todos os tempos e, como qualquer outra idéia nova e instigante, cria sua própria revolução".[4]

As negociações de Benedetto ou de qualquer outro negociante – com os mercadores, os banqueiros, os fornecedores de matéria-prima, os trabalhadores e os fregueses – eram complicadas. Havia a tática defensiva do garantir-se contra os prejuízos: "Não confio nunca os meus haveres aos porões de um só navio ou a um só lugar", disse Antônio em *O mercador de Veneza*, "nem dependem todos os meus bens apenas dos azares deste ano".[5] E havia a enxurrada de transações. Nenhum comerciante, recomendava Benedetto, devia confiar em sua memória, "a menos que seja como o rei Ciro, que era capaz de chamar pelo nome cada homem de todo o seu exército".[6] É concebível que os músicos e os artistas pudessem agarrar-se às saias de suas antigas musas e rejeitar a quantificação, mas os comerciantes, por definição, quantificavam seus negócios e, no intuito de sobreviver, tornavam-nos visíveis em pergaminho e papel.

Consideremos, por exemplo, um breve capítulo da carreira de Francesco di Marco Datini, o comerciante de Prato que gostava de abrir seus livros razão com a frase "Em nome de Deus e do lucro". Em

---
4 Paul Bohannan. The Impact of Money on an African Subsistence Economy. *Journal of Economic History*, v.19, dez. 1959. p.503.
5 Shakespeare, *O mercador de Veneza*, ato 1, cena 1. (N. T.)
6 *Medieval Trade in the Mediterranean*, p.375; William Shakespeare, *O mercador de Veneza*, ato 1, cena 1, versos 43-45; ato 1, cena 3, versos 17-20.

15 de novembro de 1394, ele transmitiu uma encomenda de lã a uma filial de sua companhia em Maiorca, nas Ilhas Baleares. Em maio do ano seguinte, as ovelhas foram tosquiadas. Depois houve um período de tempestades, de modo que somente em meados do verão foi que seu agente despachou 29 sacas de lã para Datini, via Peniscola e Barcelona, na Catalunha e de lá para Porto Pisa, na costa da Itália. Dali, a lã seguiu de barco até Pisa, onde foi dividida em 39 fardos, 21 dos quais seguiram para um freguês em Florença, indo os outros 18 para o depósito de Datini, em Prato. Esses 18 fardos chegaram em 14 de janeiro de 1396. No semestre seguinte, sua lã de Maiorca foi batida, desfiada, alisada, lavada, penteada, cardada, fiada e, depois, tecida, submetida à secagem, penteada e aparada, tingida de azul, flanelada e novamente aparada e, por fim, prensada e dobrada. Essas tarefas foram executadas por diferentes grupos de trabalhadores, sendo a fiação, por exemplo, feita por 96 mulheres, trabalhando em suas casas. No fim de julho de 1396, decorrido um ano e meio desde que Datini fizera sua encomenda de lã de Maiorca, ela fora transformada em seis rolos de aproximadamente 36 jardas cada um, prontos para serem vendidos. Os rolos foram então despachados para Veneza em lombo de mula, atravessando os Apeninos, para serem novamente embarcados para Maiorca e vendidos nessa praça. O mercado por lá andava fraco, de modo que eles foram remetidos para Valência e Barbária. Alguns rolos foram vendidos nessas cidades e outros foram devolvidos a Maiorca para negociação final, em 1398, três anos e meio depois de Francesco haver encomendado a lã.[7]

Podemos admirar-nos com a paciência dele, mas pense só em quão mais surpreendente era sua capacidade de manter o controle de suas transações comerciais, das quais essa questão da lã de Maiorca não passava de uma pequena parte. Como podia esse homem sequer saber se estava tendo sucesso ou indo à falência? Comerciantes como Datini foram impelidos a inventar a contabilidade do mesmo modo que, mais tarde, os físicos foram movidos a adotar o cálculo. Essa era sua única esperança de saber o que estava acontecendo.

Os mercadores do Ocidente, no fim da Idade Média e no Renascimento, viviam numa nevasca de transações. As balsas, navios e caravanas de mulas faziam a ligação entre as maiores cidades européias e, em última instância, entre cada cidade da Europa e todas as

---

7 Iris Origo. *The Merchant of Prato*: Francesco di Marco Datini, 1335-1410. Boston: David R. Godine, 1986. p.61-2.

demais, além de outras na Ásia, na África e na América, no século XVI. As letras de câmbio, os vários tipos de notas promissórias e a prática do crédito em geral embaralhavam a seqüência normal dos acontecimentos: a produção sempre precedia a entrega, mas o pagamento podia anteceder a entrega ou até a produção. E o pagamento era um assunto que se podia chamar de ondulatório, com as moedas e as letras de câmbio dando saltos e despencando de valor em relação umas às outras.

A luta dos negociantes para compreender suas contas era uma imagem batida nas histórias medievais. No "Shipman's Tale", de Chaucer, quando chegou a hora de um membro dessa confraria verificar se havia "prosperado ou não", ele juntou seus livros e sacolas de dinheiro, colocou-os sobre a tábua de calcular, ordenou que ninguém o perturbasse e deixou sua mulher na companhia de um jovem monge lascivo. Mulher virtuosa, ela bateu à porta e exclamou:

> *How longe tyme wol ye rekene and caste*
> *Youre sommes, and youre bookes, and youre thynges?*
> *The devel have part on alle swiche rekenynges!*[8]

O marido respondeu que estava ocupado, que o comércio era um negócio perigoso, que os comerciantes "têm pavor do acaso e do azar", e a mandou embora – com os resultados previsíveis. Um sistema claro e racional de contabilidade poderia ter-lhe poupado um bocado de *"rekenynges"* [cálculos] – e mais até.[9]

Como é que se acompanha a evolução de uma nevasca? O meteorologista o faz mantendo registros exatos, se possível em termos quantitativos. Os comerciantes eram obrigados a fazer o mesmo. Alguns eram preguiçosos e tentavam guardar os números de memória. Datini queixou-se de que eles eram "como os transportadores que vão calculando suas contas pela estrada, vinte vezes ... E sabe Deus como o fazem! Pois quatro em cada seis deles não têm livros nem tinteiro, e os que têm a tinta não têm a pena para escrever". Outros tentavam anotar tudo por escrito. Cotrugli proclamou que o

---

[8] Trad. livre: "Por quanto tempo estareis fazendo contas e anotando / Vossas somas e vossos livros e vossas coisas? / Têm parte com o diabo todos esses cálculos!" (N. T.)

[9] Geoffrey Chaucer. The Shipman's Tale. The Canterbury Tales. In: John H. Fisher. (Org.) *The Complete Poetry and Prose of Geoffrey Chaucer*. New York: Holt, Rinehart & Winston, 1989. p.235-41.

negociante para quem a pena fosse um fardo não era negociante. Benedetto Alberti, um dos patriarcas da família de Leon Battista Alberti, sugeriu que a marca do bom comerciante eram os dedos manchados de tinta. Certa vez, em 1395, Datini escreveu tanto que chegou a adoecer. "Ontem estive doente, em razão de toda a escrita que fiz nestes últimos dois dias, sem dormir de dia ou de noite, e mal chegando a comer um pão nesse período."[10]

Mantendo seus livros a contento, o bom comerciante poupava-se de "um caos, uma confusão babélica".[11] A principal técnica para atingir esse objetivo veio a ser a escrituração por partidas dobradas. Matthäus Schwartz, contador dos Fugger no século XVI, chamava essa técnica de espelho mágico, no qual os iniciados podiam ver a si mesmos e aos outros.[12] Antes de examinarmos diretamente o espelho (no qual creio que veremos a nós mesmos), devemos recuar a vários séculos antes de os Fugger se tornarem grandes banqueiros. Não havia contas a receber ou contas a pagar, pouquíssimos eram os empréstimos de dinheiro e não existiam contadores. Não havia *companhias*, nem *firmas*, nem outras entidades econômicas que não fossem a pessoa ou pessoas reais envolvidas. Era impossível ser um parafuso numa máquina de natureza puramente econômica, porque tais máquinas não existiam. O feudo era econômico, sim, mas era também familiar, social, religioso e político. O mosteiro, com freqüência, era eficiente em termos econômicos, contando com pelotões de trabalhadores que lavravam seus campos e cuidavam de seus moinhos, mas era acima de tudo religioso.

Em muitos casos, o comerciante do início da Idade Média, sobretudo na Europa setentrional, não era muito mais do que um mascate. Não fazia o balanço de seus livros, porque esses livros não existiam. Fazia tão poucos balanços quanto fazemos nós quando, ao longo da vida, descobrimos numa quarta-feira que o dinheiro que pusemos no bolso ao ir para o trabalho na segunda (o "dinheiro de bolso" no vernáculo norte-americano) praticamente acabou. É provável que a contabilidade moderna tenha começado por uma espécie de diário do curso da vida de um negociante, um tipo de crônica que mesclava informações sobre transações comerciais, derrotas e

---

10 Origo, Merchant of Prato, p.109, 185; *Medieval Trade in the Mediterranean*, p.375; Alberti, *The Family*, p.197.
11 *Medieval Trade in the Mediterranean*, p.377.
12 Michael Baxandall. *The Limewood Sculptors of Renaissance Germany*. New Haven, Conn.: Yale University Press, 1980. p.136, 231.

vitórias militares e também acontecimentos sociais, tudo numa misturada só, sem mais do que um sinal de pontuação entre os itens – se é que chegava a haver algum. Os italianos davam a isso o nome de *ricordanza*, e era tudo muito bonito e coisa e tal, mas, como fazer o balanço de um diário?[13]

Depois do século X, o comércio aumentou de volume, valor e variedade das mercadorias envolvidas. Os comerciantes começaram a formar sociedades para agregar seu capital e seus conhecimentos, e também para se prevenir contra os fracassos, isto é, para dividir e distribuir os riscos, para decompor o possível desastre único em diversos infortúnios individuais aos quais fosse possível sobreviver. Eles descobriram que as sociedades eram de natureza espantosa: era freqüente terem a vida mais curta que a dos sócios, mas, vez por outra, sobreviviam a um ou mais deles. Os débitos e créditos de uma sociedade também podiam adquirir um caráter de imortalidade: era quase como se fossem devidos a e pela sociedade, e não aos e pelos sócios.

Além disso, havia a questão dos juros sobre as dívidas e empréstimos, que subiam conforme os atrasos e podiam gerar uma confusão muito dispendiosa. Havia ainda o agravante de negociar por meio de representantes. À medida que o comércio se expandiu, os grandes comerciantes passaram a ficar em casa, abstendo-se de viajar até mesmo para as maiores praças, e a funcionar pelo correio, por intermédio de sócios e representantes permanentemente sediados nas principais cidades que funcionavam como entrepostos comerciais. Era óbvio que esses homens tinham que apresentar relatórios aos patrões, mas, exatamente, como fazê-lo? Que é que devia ser relatado e de que maneira? O estilo desleixado que usavam os superintendentes dos feudos para prestar contas a seu senhores não servia. Era muito fácil fraudar os lucros dos patrões, como fez o bailio dos *Contos de Cantuária*:

> *His lord well koude he pleson subtilly,*
> *To yeve and lene hym of his owene good,*
> *And have many a thank, and yet a cote and hood.*[14]

---

13 Edward Peragallo. *Origin and Evolution of Double Entry Bookkeeping*. New York: American Institute, 1938. p.18-9. Ver também Origo, *Merchant of Prato*, p.109.
14 Chaucer, General Prologue, *Canterbury Tales*, linhas 610-612. [Trad. livre: "Bem sabia ele agradar a seu amo sutilmente, / Em lhe doando e emprestando recursos do patrimônio do próprio senhor, / E ainda assim receber agradecimentos, e de quebra um casaco e um capelo" (N. T.)]

Até a mais honesta prestação de contas, quando era inexata, levava a mal-entendidos, estes, a prejuízos e os prejuízos, à raiva. "Não sois capaz de enxergar um corvo numa vasilha de leite!", escreveu o grande Datini a um agente; e a outro: "Não tendes sequer o cérebro de um gato! Sois passível de perder-vos no trajeto do nariz para a boca!".[15]

Os registros, concisos e exatos, estavam-se transformando numa necessidade imperativa. Em 1366, os algarismos indo-arábicos começaram a aparecer em alguns pontos dos livros contábeis de Datini. Isso foi uma melhora, ou, pelo menos, o começo de uma melhora, porém, durante vários anos, ele e seus contadores continuaram a utilizar a forma narrativa, embora já existisse o sistema de partidas dobradas, que era mais claro e mais abstrato. Dispomos de um conjunto contínuo de livros de Datini, desde 1366 até 1410, e todos eles têm a forma narrativa até 1383. Um leitor ou um auditor é capaz de se informar, por meio deles, sobre muitas coisas referentes aos negócios de Datini antes de 1383. Entretanto, a informação mais importante – a empresa era ou não era solvente num dado momento? – é difícil de discernir. A receita e a despesa, o que era devido a Datini e o que ele devia, tudo isso se entrelaçava numa trama única. Em outras palavras, a leitura dos livros de Datini anteriores a 1383 é confusa como a vida: é fácil perder de vista o ponto em que se está e o que se está tentando fazer. E então, em 1383, ele e seus representantes e empregados começaram a usar um novo método, que enfim tornou a contabilidade mais clara do que a vida.[16]

Por volta de 1300, naquela deslumbrante era dos óculos, dos relógios, da *ars nova* e de Giotto, alguns contadores italianos começaram a utilizar o que chamamos de escrituração por partidas dobradas. Em suas origens, é possível que ela tenha tido alguma relação com a álgebra (do árabe *al-jabr*, o que, aliás, não ocorreu por acaso), a qual também divide em duas categorias o grão que alimenta seus moinhos, insistindo em que o que é mais numa coluna só pode ser menos na outra, e vice-versa.[17] O que sabemos com segurança é que, no início do século XIV, Rinieri Fini, representante de uma casa bancária florentina nos mercados de Champagne, e os comerciantes

---

15 Origo, *Merchant of Prato*, p.98.
16 Peragallo, *Origin and Evolution of Double Entry Bookkeeping*, p.22, 25.
17 R. Emmett Taylor. *No Royal Road: Luca Pacioli and His Times*. New York: Arno Press, 1980. p.61.

toscanos que operavam a partir de Nîmes, no sul da França, faziam os registros contábeis em seus livros mantendo separados o ativo e o passivo. Isso era apenas o começo; ainda estavam por surgir várias características de linguagem técnica, de abreviaturas e de formas que consideramos típicas da contabilidade, e até essenciais a ela. Por exemplo, no século XIV, muitos comerciantes anotavam os recebimentos nas seções iniciais de seus livros e as despesas na parte final, e deixavam as coisas assim, o que tornava difícil comparar esses dados. Somente em 1366 foi que os cambistas de Bruges passaram a usar a disposição moderna, com o ativo e o passivo anotados em colunas paralelas numa mesma página, ou em páginas adjacentes, disposição esta que eles provavelmente copiaram de exemplos italianos. Na Toscana, esse tipo de registro era conhecido como *alla veneziana*, estilo veneziano. A empresa de Datini começou a experimentar o novo método uns quinze anos depois.[18]

Um exemplo precoce da técnica das partidas dobradas, ainda não plenamente desenvolvida, mas já coerentemente *dupla*, pode ser útil neste ponto. Em 7 de março de 1340, a comuna de Gênova comprou 80 lotes de pimenta, cada um pesando 100 libras, ao preço de 24 *libbre* e 5 *soldi* por lote. Essa despesa – ou seja, saída – foi anotada do lado esquerdo do livro razão. Nos dias subseqüentes, houve outras despesas com mão-de-obra, pesagem, impostos e outras coisas ligadas à pimenta, que também foram anotadas do lado esquerdo. Diversas vendas de pimenta, todas ocorridas em março, foram anotadas do lado direito. Depois disso, o contador, tanto quanto indica o livro razão, voltou sua atenção, durante meses, para algum outro lugar. A escrituração por partidas dobradas, no entanto, tem um mandamento (muitas regras, mas um só mandamento), que reza que é preciso fazer o balanço, ainda que desonesto, de todas as contas, reconhecendo em seu fechamento um lucro ou prejuízo final. Quando o contador da comuna genovesa obedeceu ao mandamento de sua profissão e fez o balanço, no mês de novembro se-

---

18 R. de Roover. The Organization of Trade. In: M. M. Postan, E. E. Rich , Edward Miller. (Org.) *Economic Organization and Policies in the Middle Ages*. The Cambridge Economic History of Europe. Cambridge: Cambridge University Press, 1963. p.91-2; Peragallo, *Origin and Evolution of Double Entry Bookkeeping*, p.25; Geoffrey A. Lee. The Coming of Age of Double Entry: The Giovanni Farolfi Ledger of 1299-1300. *Accounting Historians Journal*, v.4. p.79-95,1977. Ver também as cerca de noventa páginas iniciais de Christopher Nobes. (Org.) *The Development of Double Entry, Selected Essays*. New York: Garland, 1984.

guinte, ele constatou que as despesas – custos de aquisição, impostos etc. – correspondiam a 2.073 *libbre* e 4 *soldi*. Ao somar toda a receita obtida com a venda da pimenta, ele constatou que a soma ficara 149 *libbre* e 12 *soldi* abaixo das despesas. Esse fato teve que ser atestado e registrado, fechando-se o balanço das contas mediante a anotação de um inegável prejuízo de 149 *libbre* e 12 *soldi* na parte inferior da coluna da receita, o que foi a única maneira adequada de elevar o total até as 2.073 *libbre* e 4 *soldi* necessários. Se a diferença houvesse aparecido no final da outra coluna, isto é, se as 149 *libbre* e 12 *soldi* excedentes constituíssem uma receita, esta teria sido um lucro, que o contador também registraria devidamente. (O contador da comuna, aliás, escreveu a soma crucial, 2.073 *libbre*, em algarismos romanos: IILXXIII. O "II" inicial significava dois do que se esperaria encontrar no início de um número dessa magnitude, isto é, milhares.[19])

Talvez eu deva fazer uma pausa aqui para reconhecer que a contabilidade por partidas dobradas garantiu a clareza, mas não a honestidade. A especulação da comuna com a pimenta parece ter sido um fiasco, mas é possível que tenha sido algo mais sutil. Talvez a comuna estivesse comprando a crédito e vendendo à vista, para levantar dinheiro sonante com rapidez, ou talvez o negócio inteiro fosse uma espécie de ficção para ocultar o pagamento de juros, que era condenado pela Igreja como usura.[20]

A importância imediata da escrituração por partidas dobradas foi que ela permitiu aos negociantes europeus, através de registros dispostos de maneira precisa e clara, escriturados em termos de quantidades, chegar à compreensão e, através dela, ao controle da cansativa multiplicidade de detalhes de sua vida econômica. O relógio mecânico lhes permitira medir o tempo, e a contabilidade por partidas dobradas permitiu-lhes detê-lo – pelo menos no papel.

Fazer o balanço dos livros não foi, a princípio, a cerimônia sagrada que é hoje. Nos séculos XIV e XV, os comerciantes florentinos costumavam ser desleixados em sua contabilidade, fosse ela ou não por partidas dobradas, e se contentavam com balanços que não se equili-

---

19 Peragallo, *Origin and Evolution of Double Entry Bookkeeping*, p.7-9.
20 Ibidem, p.7-9; Raymond de Roover. The Development of Accounting Prior to Luca Pacioli According to the Account-books of Medieval Merchants. In: A. C. Littleton, B. S. Yamey. (Org.) *Studies in the History of Accounting*. Homewood, Ill.: Irwin, 1956. p.132 (para outra edição do mesmo artigo, ver *Business, Banking, and Economic Thought: Selected Studies by Raymond de Roover* [Chicago: University of Chicago Press, 1974], p.119-82); Origo, *Merchant of Prato*, p.156.

bravam muito bem. O proverbial "bem próximo" era aceitável. Eles não costumavam fazer o balanço de seus livros a intervalos regulares, ou em momentos predeterminados. Às vezes, passavam-se um ou dois anos, ou até mais, antes que se dedicassem a essa árdua tarefa. Noutras ocasiões, eles simplesmente esperavam que fosse preenchida a última página de determinado livro razão. Entretanto, podemos ver alguns presságios de nossa veneração pela exatidão fiscal (os vigaristas tomam especial cuidado de se ajoelhar ao passarem diante do altar dessa exatidão) nas práticas de algumas das antigas empresas. Os sócios que dirigiam a filial de Avignon da firma de Datini produziam um *bilancio* ao fim da cada ano fiscal. Numa cidade movida pela intriga e que recendia a corrupção, em meio a ondas reiteradas de Peste Negra, guerras dinásticas e pilhagens informais, Franciescho e Toro faziam o balanço dos livros. Eis um balanço representativo:

> Registros e fechamento do livro secreto vermelho No. 139 da filial de Avignon, página 7. Será anotado abaixo o encerramento do período fiscal iniciado em 25 de outubro de 1367 e encerrado em setembro de 1368.
> Em 27 de setembro de 1368, temos em nossos depósitos mercadorias, móveis e equipamentos no valor de 3.141 *fiorini*, 23 *soldi* e 4 *denari*, conforme demonstrado no livro contábil.
> f.3.141, s.23, d.4.
> As contas a receber, conforme indicado no livro de apontamentos B e no livro razão amarelo A, somam 6.518 *fiorini*, 23 *soldi* e 4 *denari*.
> f.6.518, s.23, d.4.
> O total de mercadorias, equipamentos e contas a receber corresponde a 9.660 *fiorini*, 22 *soldi* e 8 *denari*.
> f.9.660, s.22, d.8.
> O passivo total, conforme o livro razão, incluindo na referida soma o capital dos dois sócios, isto é, Franciescho e Toro, extraído da página 7 deste livro razão, corresponde a 7.838 *fiorini*, 18 *soldi* e 9 *denari*.
> f.7.838, s.18, d.9.
> O lucro do período fiscal de 25 de outubro de 1367 a 17 de setembro de 1368, cuja extensão é de 10 meses e 22 dias, corresponde a 1.822 *fiorini*, 3 *soldi* e 11 *denari*.
> f.1.822, s.3, d.11.
> Esse lucro foi dividido em duas partes, isto é, uma para Franciescho e uma para Toro:
> Valor creditado a Franciescho, na página 6, por sua metade do lucro, no total de 911 *fiorini* e 2 *soldi*.
> f.911, s.2.

Valor creditado a Toro, na página 6, por sua metade do lucro, correspondente a 911 *fiorini*, 1 *soldo* e 11 *denari*.

f.911, s.1, d.11.

Os dois homens tinham um número ímpar de *soldi* e, desse modo, talvez tenham decidido no cara ou coroa quem ficaria com o último. Franciescho ganhou e recebeu o último soldo, enquanto Toro recebeu apenas 11 *denari*, um a menos do que completaria um *soldo*.[21]

Um contador de hoje usaria menos palavras e menos espaço, e deixaria as coisas mais claras, usando colunas feitas a régua, com isso simplificando as comparações entre os itens e os totais. Ainda assim, a folha que reproduzimos aqui é um milagre medieval de racionalidade e organização.

Luca Pacioli, freqüentemente chamado de pai da contabilidade por partidas dobradas, certamente não foi seu inventor, pois viveu uns duzentos anos depois do surgimento dela. É incontestável, porém, que foi o primeiro contador a combinar seus conhecimentos com a tecnologia de Johann Gutenberg, a fim de instruir o mundo sobre esse assunto no texto impresso.

Pacioli teve sorte ao nascer na época e no lugar em que nasceu. Ele veio ao mundo em meio à era mais gloriosa da Itália, o *quattrocento*, na cidadezinha de Borgo San Sepolcro. Esta era pequena e sonolenta, se comparada a Veneza ou Florença, mas era a terra natal de Piero della Francesca, que talvez tenha aceitado Luca como seu protegido. Dificilmente um menino com talento para os números teria encontrado melhor mentor em toda a Europa, e Piero tinha uma opinião suficientemente boa sobre Luca para incluí-lo em um ou mais de seus quadros.[22]

Ao tornar-se dono de seu nariz, Pacioli deixou Borgo San Sepolcro e partiu para Veneza, onde ficou morando na casa de um comerciante abastado, na qualidade de tutor de seus filhos. Essa cidade, o centro europeu das inovações na aritmética e na contabilidade comerciais e, provavelmente, o primeiro município a patrocinar palestras públicas sobre álgebra, era um dos melhores lugares do mundo para se estudar matemática. Ali Pacioli estudou, além de ensinar, e é possível que também tenha viajado ao exterior como agente comer-

---
21 Peragallo, *Origin and Evolution of Double Entry Bookkeeping*, p.27-9.
22 S. A. Jayawardene. Pacioli, Luca. In: Charles C. Gillispie. *The Dictionary of Scientific Biography*. New York: Scribner's, 1970-1980. v.10, p.269; Taylor, *No Royal Road*, p.9, 20, 23, 119.

cial do pai de seus pupilos, o que lhe teria proporcionado uma experiência em primeira mão das novas práticas comerciais.[23]

É possível que Pacioli tenha conhecido Leon Battista Alberti por intermédio de Piero, que era amigo dos dois. Alberti o acolheu em sua casa e o apresentou ao círculo de homens influentes que giravam em torno do papa. Para tirar proveito dessa apresentação, fazia-se necessário um certo odor de santidade, de modo que, na década de 1470, Pacioli tornou-se franciscano. A seu modo, era um homem devoto, advertindo os homens de negócio a escreverem o nome de Deus no início de cada agenda, diário e livro razão; e era místico em sua apreciação da matemática, como convinha a um neoplatônico cristão.[24] Mas ele foi também um franciscano muito diferente dos que pertenceram à geração que havia fundado essa ordem.

Pacioli tornou-se um dos principais matemáticos da Itália e lecionou nas universidades de Florença, Milão, Perugia, Nápoles e Roma. Produziu diversos livros, incluindo um manual de xadrez, uma coletânea de quebra-cabeças e jogos matemáticos, e uma trabalhosa tradução de Euclides. Não foi um inovador, mas um tradutor e compilador de livros que eram populares e, nessa condição, é valioso para os historiadores. Podemos usá-lo como uma indicação dos livros que os compradores, a elite letrada de sua época, consideravam importantes.[25]

Os dois livros mais significativos de Pacioli, por ordem de publicação, foram a *Summa de arithmetica, geometria, proportioni et proportionalita* (1494) e a *Divina proportione* (1509). O primeiro era um livro prático, escrito para qualquer um que soubesse ler e quisesse aprender matemática, tanto pura quanto comercial. Nessa condição, tratou-se da mais importante de suas obras. O segundo foi escrito para um mercado mais restrito – as cortes da Itália renascentista, com seus nobres diletantes e os intelectuais que os acompanhavam. Todos aspiravam a um conhecimento que superasse o da aritmética ou da geometria básicas. O autor da *Divina proportione* é o Luca Pacioli do retrato pintado por Jacopo de Barbari, que se encontra atualmente no Museu Nacional de Nápoles (Figura 16). Nele, Pacioli mostra-se austero e pomposo, com uma das mãos apoiada num grosso volume aberto de Euclides e a outra segurando um bastão pousado

---

23 Taylor, *No Royal Road*, p.48, 53, 55.
24 Ibidem, p.90-1, 117, 121, 124, 149, 176, 264-5; *Pacioli on Accounting*. Trad. e org. R. Gene Brown e Kenneth S. Johnston. New York: Garland, 1984. p.27.
25 Jayawardene, Pacioli, p.270-1.

sobre uma figura da geometria plana. À sua esquerda aparece um sólido geométrico, à direita, um prisma de vidro suspenso no ar, e, logo atrás dele, em segundo plano, a figura de um patrono nobre, que nos fita para ver se estamos prestando atenção. A *Divina proportione*, como a *Flagelação* de Piero della Francesca, foi um produto da moda intelectual de vanguarda do *quattrocento* italiano.

Pacioli concluiu a primeira parte do livro em 1497, quando era membro da brilhante corte do duque de Sforza, em Milão. Ali, teve como companheiro e orientador Leonardo da Vinci, para quem deve ter sido fácil concordar com um homem que escrevera que a visão era o mais nobre dos sentidos e "que o olho é o portal de entrada por onde o intelecto percebe".[26] Foi Leonardo quem forneceu as ilustrações geométricas para a *Divina proportione*.

FIGURA 16 – Jacopo de Barbari, *Retrato de Fra' Luca Pacioli*, c. 1500, Museo Nazionale de Capodimonte, Nápoles. Cortesia de Alinari/Art Resource, Nova York.

---

26 Samuel Y. Edgerton Jr. *The Heritage of Giotto's Geometry*: Art and Science on the Eve of the Scientific Revolution. Ithaca, N.Y.: Cornell University Press, 1991. p.148.

O livro era neoplatônico e até neopitagórico, como o autor deixou claro em seu título. A primeira parte era dedicada à proporção divina ou porção áurea, que em si não tem por que nos interessar aqui. Entretanto, podemos assinalar que também fascinou Johannes Kepler. Um século depois, este afirmou que ela era mais valiosa do que o teorema de Pitágoras. Este, em suas palavras, podia ser comparado ao ouro, enquanto àquela "podemos chamar de jóia preciosa".[27]

Os capítulos intermediários da *Divina proportione* de Pacioli versam sobre a arquitetura, e a última parte consiste no tratado não publicado de Piero della Francesca sobre os cinco fascinantes sólidos platônicos. Pacioli não deixa claro que o autor dessa parte tinha sido seu antigo mentor e, por esse e outros empréstimos cuja autoria não foi mencionada, ele foi alvo da condenação geral desde o século XVI, nas *Biografias dos artistas*, de Giorgio Vasari, até nossos dias. Essa questão se complica porque, em alguns casos, Pacioli efetivamente citou Piero, e é concebível que o frade matemático tenha sido a fonte original de parte do trabalho desse artista na matemática. Há também uma forte possibilidade de que o frade compilador, frustrado por se ajoelhar diante de mentes melhores do que a sua, estivesse buscando um pouquinho de originalidade substituta.[28]

O trabalho anterior de Pacioli, a *Summa de arithmetica, geometria, proportioni et proportionalita*, é uma das compilações mais importantes da história da matemática. Em suas seiscentas páginas de texto densamente compacto, ela constitui uma enciclopédia sobre as variedades da matemática. Na introdução, o autor anunciou aos europeus recém-iniciados nos números que a astrologia, a arquitetura, a escultura, a cosmografia, a administração, a tática militar, a dialética e até a teologia eram matemáticas. Incluiu também a perspectiva, que desejava acrescentar ao *quadrivium*, e a música, que declarou não ser "nada além de proporção e proporcionalidade".[29]

---

[27] H. E. Huntley. *The Divine Proportion*: A Study of Mathematical Beauty. New York: Dover, 1970. p.23. Quem quiser aprofundar-se no tema da proporção divina, dos sólidos platônicos e coisas similares, fará bem em ler esse livro.

[28] Paul L. Rose. *The Italian Renaissance of Mathematics*. Genève: Librairie Droz, 1975. p.144; Jayawardene, Pacioli, p.269-70; Taylor, *No Royal Road*, p.251, 253, 262, 264-5, 268-9, 274-5, 334-5; Giorgio Vasari. *The Lives of the Artists*. Trad. George Bull. Harmondsworth: Penguin Books, 1971. p.191, 96.

[29] Ann E. Moyer. *Musica Scientia*: Musical Scholarship in the Italian Renaissance. Ithaca, N.Y.: Cornell University Press, 1992. p.127, 132-3; Jayawardene, Pacioli, p.270; Taylor, No *Royal Road*, p.183, 190-5, 197.

A álgebra e a geometria, estimuladas pelas traduções quatrocentistas de Arquimedes e dos outros matemáticos gregos, estavam progredindo, e nesse momento passou a existir um livro, no vernáculo italiano, que expunha o velho e o novo em branco e preto. Fazia dois séculos que a aritmética comercial vinha aprimorando sua clareza e eficiência, e ali estava uma explicação límpida disso tudo, além de uma seção completa sobre a moeda e o câmbio monetário. Quase todos os números do livro foram escritos nos novos e convenientes algarismos indo-arábicos (e, para que não pensemos que a Idade Moderna já havia chegado, o livro incluiu uma página inteira ilustrando a maneira de contar de 1 a 9.000 pelo antigo sistema dos dedos).

A *Summa* foi publicada duas vezes em sua íntegra, a primeira em 1494 e a segunda em 1523. Constituiu o fundamento de muitos dos avanços do século XVI na matemática, especialmente na álgebra. Os matemáticos Girolamo Cardano e Nicolau Tartaglia renderam homenagens à sua influência, e Raffaele Bombelli disse que Pacioli fora o primeiro homem, desde Leonardo Fibonacci, que vivera no século XIII, a lançar uma nova luz sobre a ciência da álgebra. Durante meio século, essa luz brilhou intensamente, começando então a esmaecer, à medida que luzes mais cintilantes foram-se acendendo na Itália e na França.[30]

Pacioli exerceu sua influência mais duradoura não como profeta do neoplatonismo ou mestre da matemática, mas como professor de contabilidade. Em texto impresso, ele forneceu uma explicação clara e simples dessa técnica. A seção da *Summa* que versa sobre a contabilidade, "De computis et scripturis", foi separadamente publicada, no século XVI, em edições em italiano, holandês, alemão, francês e inglês, e foi fartamente plagiada. No século XIX, suas páginas sobre contabilidade apareceram em traduções alemãs e russas, e os manuais de escrituração por partidas dobradas publicados nos Estados Unidos referiram-se a essa técnica como exposta "na verdadeira forma italiana", o que foi um tributo aos inventores italianos do método, bem como a Pacioli, que publicara seu manual sobre o assunto apenas um ano depois de Colombo voltar de sua primeira viagem à América.[31]

---

30 Jayawardene, Pacioli, p.270-2.
31 *Pacioli on Accounting*, p.8; William Jackson. *Bookkeeping*: In the True Italian Form of Debtor and Creditor by Way of Double Entry, or, Practical Bookkeeping. Philadelphia, 1801, 1818.

Pacioli comparava o negociante bem-sucedido ao "galo, que é o animal mais alerta que existe, pois, entre outras coisas, mantém sua vigília noturna no inverno e no verão, sem jamais descansar".[32] Em suas explicações, Pacioli mencionou que o comerciante atarefado podia ter a expectativa de negociar com bancos de Veneza, Bruges, Antuérpia, Barcelona, Londres, Roma e Lyon, e com sócios, representantes, fregueses e fornecedores em Roma, Florença, Milão, Nápoles, Gênova, Londres e Bruges. Essas cidades tinham diferentes padrões de pesos e medidas, moedas diferentes e formas diferentes de negociar. "Se não conseguirdes ser um bom contador", advertiu Pacioli, "tateareis qual um cego e podereis incorrer em grandes prejuízos".[33]

A boa contabilidade era vital para as boas associações: "A contabilidade freqüente promove a amizade duradoura". A boa contabilidade permitia que o comerciante discernisse num só olhar seus lucros e perdas (o que um médico poderia chamar de "sinais vitais"). A boa contabilidade proporcionava um meio de determinar as tendências a curto e longo prazos.[34]

O primeiro passo para dispor de um conjunto preciso de livros era descobrir por onde se devia começar, isto é, fazer um inventário.[35] Isso, recomendou o frade, devia ser feito numa data específica, pois os negócios podiam mudar de um dia para outro. O *inventario* devia começar, para citarmos um exemplo, da seguinte maneira: "Em nome de Deus, no oitavo dia de novembro de 1493, em Veneza. O que se segue é o inventário de mim mesmo, na Rua dos Santos Apóstolos, em Veneza". Em seguida, devia-se arrolar o conteúdo da casa e da empresa comercial do indivíduo: dinheiro em espécie, jóias e ouro, designando cada item por seu peso; a seguir, os artigos de vestuário, descrevendo-se o estilo, a cor e o estado de cada peça; a prataria, também com uma descrição completa, incluindo não apenas o peso, mas também o tipo de liga; depois viriam a roupa de cama e mesa – lençóis, toalhas e similares –, os colchões de plumas, e assim por diante. Em seguida, o indivíduo deveria ir até o depósito e anotar, indicando o peso, a quantidade e as medidas exatas, tudo o que

---

32 *Pacioli on Accounting*, p.33, 55, 76-9, 99.
33 Ibidem, p.98.
34 Ibidem, p.9, 87.
35 As fontes da descrição subseqüente das técnicas contábeis de Pacioli são um pequeno resumo das que constam das páginas 64-75 de *No Royal Road*, de Taylor, e das páginas 25-109 da tradução de Gene Brown e Kenneth S. Johnston, *Pacioli on Accounting*.

houvesse ali: especiarias, madeiras corantes, peles etc. Depois, seria preciso listar todos os bens imóveis e depósitos em dinheiro do indivíduo, com todos os detalhes relativos à localização, aluguéis e juros, indicando-se todas as circunstâncias de cada item das duas categorias. Por fim, era preciso expor em preto e branco a situação creditícia do sujeito: quanto dinheiro fora emprestado e a quem, fornecendo-se os nomes completos e referências aos registros pertinentes, acompanhados de uma tentativa de avaliação: quanto fora emprestado a pessoas que poderiam pagar os empréstimos e quanto a caloteiros; e quais valores eram devidos e a quem, também com detalhes.[36]

Feito isso, o negociante podia iniciar a contabilidade atual. Os livros que deveria manter sobre o assunto eram três: o livro de apontamentos, o diário e o livro razão, podendo haver vários volumes de cada um. Cada livro devia ser marcado com "o glorioso sinal do qual fogem todos os inimigos do espiritual, e diante do qual estremece com justa razão a súcia do inferno: o Sinal da Santa Cruz". As páginas dos volumes deviam ser numeradas, de modo a frustrar quem quer que desejasse arrancá-las para esconder algum fato, com propósitos desonestos.[37]

O livro de apontamentos deveria incluir anotações de todas as transações, grandes ou pequenas, qualquer que fosse a moeda utilizada, e com todos os detalhes permitidos pela ocasião e pelas circunstâncias. Alguns comerciantes incluíam seu inventário em seus livros de apontamentos, mas Pacioli desaconselhava essa prática, porque esse livro ficava sobre o balcão, onde qualquer um poderia lê-lo, "e não é prudente deixar que as pessoas vejam e saibam o quanto possuís". O livro de apontamentos era uma coleção difusa de dados brutos, a partir dos quais deveriam ser organizados os outros dois livros, mais bem cuidados. O diário (também mantido onde somente o comerciante e as pessoas autorizadas pudessem vê-lo) era um registro datado das transações anotadas no livro de apontamentos, eliminando-se os detalhes externos e introduzindo ordem no caos dos dados brutos. Por exemplo, cada transação concluída que fosse anotada no diário deveria ser expressa em termos de uma única moeda, escolhida pela firma, "já que não seria apropriado totalizar somas de moedas diferentes". Como "moeda contábil" (ver o Capítulo 3 do presente livro), Pacioli preferia a moeda veneziana, baseada

---
36 *Pacioli on Accounting*, p.28-33.
37 Ibidem, p.37.

no ducado de ouro. A essência do diário era uma questão de entradas e saídas, as quais, conforme a recomendação do frade, deviam ser indicadas pelas expressões *Per*, para os débitos (hoje diríamos "de"), e *A* para os créditos (hoje diríamos "para").[38]

O livro diário era a fonte do livro razão, onde era feita a escrituração por partidas dobradas. Era no razão que o negociante podia verificar, antes de qualquer outra pessoa, se estava sendo bem ou malsucedido. Nele, cada anotação do diário tinha que ser registrada duas vezes, fazendo-se referência às páginas do livro diário e ficando as anotações do ativo de um lado, e as do passivo do outro. Toda transação era uma questão de ganhar alguma coisa – mercadorias, serviços, empréstimos – em troca de algo a ser fornecido, no presente ou no futuro. Toda transação era dupla, entrando e saindo como a respiração. Uma vez que cada anotação era duplicada, o livro razão era maior do que o livro diário, de modo que Pacioli recomendava que para ele se fizesse um índice, listando os credores e os devedores em ordem alfabética. (Esta última foi uma prática útil que os comerciantes provavelmente copiaram, não necessariamente em linha direta, dos escolásticos; mais uma vez, ver o Capítulo 3.)

Para fazer o balanço do livro razão, recomendava Pacioli, pegue um pedaço de papel (disponível na Itália desde o século XIII)[39] e relacione, do lado esquerdo, os totais dos débitos e, do lado direito, os totais dos créditos. Some separadamente as duas colunas e compare-as. Se o total de todos os débitos, "mesmo que haja dez mil deles", for igual ao total de todos os créditos, excetuados os lucros ou perdas reconhecidos, é muito provável que as contas estejam corretas. Se essas somas forem diferentes, terá havido algum erro de cálculo, omissão ou falseamento em algum lugar. Estes terão que ser "diligentemente" buscados. Todo contador, desde a época de Pacioli, está familiarizado com essa tarefa – um trabalho tão árduo que é capaz de abalar até a confiança de um neoplatônico nas simetrias da criação.

Se a receita fosse maior do que a despesa, tudo estaria bem. Caso se verificasse o oposto, isso seria tão inegável quanto o absinto na

---

38 Ibidem, p.43-5, 47.
39 Arnold Pacey. *Technology in World Civilization*: A Thousand-Year History. Cambridge: Mass.: MIT Press, 1990. p.42.

língua: "Que Deus proteja a cada um de nós, que somos verdadeiramente bons cristãos, de tal estado de coisas".[40]

A escrituração por partidas dobradas não mudou o mundo. Não foi nem mesmo essencial para o capitalismo. Por exemplo, a família Fugger ganhou muito dinheiro no século XV sem recorrer a ela.[41] Não foi uma obra-prima intelectual, como o modelo copernicano de um universo heliocêntrico, e os *literati* e *cognoscenti* desdenharam dos livros razão dos contadores, considerando-os não mais gloriosos do que a serragem e as aparas de madeira no piso das carpintarias. Reverenciamos Montaigne em sua torre, São João da Cruz em sua cela, e Galileu com seu telescópio, mas a idéia de Luca Pacioli com seu livro razão não desperta nenhum sentimento de assombro. Aliás, a idéia dele em meio a tais companheiros parece levemente absurda para a maioria de nós – um cavalo de tração em meio aos puros-sangues. Mas nossas predileções afetam menos do que nossas práticas o desenvolvimento de nossas culturas e sociedades. A contabilidade teve uma influência maciça e disseminada em nosso modo de pensar.

A escrituração por partidas dobradas foi e continua a ser um meio de deixar de molho, manter em suspensão e, depois, ordenar e dar sentido a uma massa de dados que anteriormente era derramada e se perdia. Desempenhou o importante papel de permitir que os europeus renascentistas e seus sucessores, no comércio, na indústria e no governo, lançassem e mantivessem sob controle suas empresas e burocracias. Hoje, os computadores fazem cálculos mais depressa do que o frade Pacioli jamais teria sonhado ser possível, mas o fazem dentro do mesmo arcabouço (contas a pagar, contas a receber, e tudo o mais) que ele usou. O eficiente frade ensinou-nos a obrigar as mercearias e as nações, que estão sempre zunindo de um lado para outro como crianças hiperativas, a ficarem quietas e se deixarem medir.

O estilo veneziano, *alla veneziana*, incentivou-nos em nossa prática, freqüentemente útil e às vezes perniciosa, de dividir tudo em preto e branco, bom ou mau, útil ou inútil, parte do problema ou parte da solução – ou isto ou aquilo. Quando os historiadores ocidentais buscam as origens de nosso duradouro maniqueísmo, eles apontam para o próprio profeta persa Mani e para Aristóteles e seu

---
40 *Pacioli on Accounting*, p.97.
41 Joseph R. Strayer. Accounting in the Middle Ages, 500-1500. In: Richard P. Brief. (Org.) *Accountancy in Transition*. New York: Garland, 1982. p.20-1.

conceito do "meio excluído". Permitam-me sugerir que a influência desses homens foi menor que a do dinheiro, que nos fala com extrema eloqüência nos balanços. O dinheiro nunca tende para o meio-termo. A cada vez que um contador dividiu em mais e em menos tudo o que estava ao seu alcance, nossa inclinação para categorizar toda a experiência em termos de isto ou aquilo foi validada.

Nos últimos sete séculos, a contabilidade contribuiu mais para moldar as percepções das mentes mais brilhantes do que qualquer inovação isolada da filosofia ou da ciência. Enquanto um punhado de pessoas ponderava sobre as palavras de René Descartes e Immanuel Kant, milhões de outras, de inclinação agitada e industriosa, escreviam anotações em livros bem organizados e, depois, racionalizavam o mundo para compatibilizá-lo com seus livros. A precisão, indispensável em nossa ciência, nossa tecnologia e nossa prática econômica e burocrática, era rara na Idade Média, e ainda mais raramente era quantitativa. No século VI, por exemplo, o bispo Gregório de Tours somou o número de anos decorridos desde a Criação e, segundo nossos manuscritos de seu trabalho, aumentou-os erroneamente em 271 anos. Poucos leitores medievais parecem haver notado isso ou, se o fizeram, haver-se importado.

Em contraste com a imprecisão de Gregório, leia-se o trecho abaixo, oferecido por Pacioli como um modelo de registro para os livros de apontamentos. Parece um texto vindo de outro mundo – o que, de certo modo, era mesmo.

> No dia de hoje, adquirimos (ou adquiri) de Filippo de Ruffoni, de Brescia, vinte peças de tecido bresciano branco. Elas estão armazenadas na casa-forte de Stefano Tagliapietra e têm tantos braços de comprimento cada uma, conforme ficou acordado. Custam doze ducados por unidade e estão marcadas com um certo número. Mencionai se o tecido é de urdidura tríplice, com um quadrado de quatro a cinco braços de extensão, se é largo ou estreito, fino ou médio, e se é bergamês, vicenciano, veronês, paduano, florentino ou mantuano. Informai se a transação foi inteiramente feita à vista, ou se apenas parte à vista e parte a crédito. Informai se há algum saldo devedor, ou se o pagamento foi feito dando-se uma parte em dinheiro e o restante em mercadorias.[42]

Como escreveu Pacioli, os estudantes italianos burgueses, que freqüentavam não as escolas ou universidades das catedrais, mas as

---

42 *Pacioli on Accounting*, p.40.

escolas do *abacco* (poderíamos chamá-las de escolas de comércio para mercadores e seus ajudantes),[43] afiavam suas habilidades matemáticas em problemas como este:

> Três homens, Tomasso, Domenego e Nicolo, formaram uma sociedade. Tomasso entrou com 760 ducados no primeiro dia de janeiro de 1472 e, no primeiro dia de abril, retirou 200 ducados. Domenego entrou com 616 ducados no primeiro dia de fevereiro de 1472 e, no primeiro dia de junho, retirou 96 ducados. Nicolo contribuiu com 892 ducados no primeiro dia de fevereiro de 1472 e, no primeiro dia de março, retirou 252 ducados. E, no primeiro dia de janeiro de 1475, os três verificaram haver ganho 3.168 ducados, 13 *grossi* e 1/2. Calcule a parcela que cabe a cada um, para que ninguém seja lesado.[44]

Em 1200, São Francisco de Assis, vivendo num mundo que fervilhava e fumegava com forças misteriosas e incontroláveis, conseguiu realizar-se abraçando a pobreza. Trezentos anos depois, o franciscano Luca Pacioli escreveu um clássico do reducionismo, expondo as técnicas destinadas a reduzir o mundo a sinais de mais e menos, a reduzir o mundo a algo visual, quantitativo e, por conseguinte, compreensível e possivelmente controlável. Ele recebeu do papa uma dispensa do voto de pobreza que lhe permitiu possuir propriedades, e parece ter legado a seus herdeiros quinhentos ducados.[45]

A Figura 17 ilustra a última página escrita por Pacioli sobre a contabilidade. Seu terço superior consiste numa discussão sobre os "Itens Que Requerem Registro Por Parte Dos Mercadores", e os outros dois terços, "Uma Ilustração Dos Registros Do Livro Razão". É muito curioso ver o italiano redigido em letra escolástica, hoje comumente chamada de tipo gótico, que era comum por toda parte na década de 1490. Observe-se o uso que Pacioli faz dos algarismos indo-arábicos, com exceção do maior número de todos, o ano. Tal como nós, ele recorria aos algarismos romanos na hora de buscar o efeito imponente, grandioso, assombroso. "Utilizai as letras antigas ao fazer essa anotação, nem que seja em nome da maior beleza", recomendou, ainda que "isso não tenha importância".[46]

---

43 Paul F. Grendler. *Schooling in Renaissance Italy*: Literacy and Learning, 1300-1600. Baltimore: Johns Hopkins Press, 1989. p.22-3, 306-23.
44 Frank J. Swetz. *Capitalism and Arithmetic*: The New Math of the 15th Century. La Salle, Ill.: Open Court, 1987. p.139.
45 Taylor, *No Royal Road*, p.359, 370-3, 379, 381.
46 *Pacioli on Accounting*, p.51, 107-9.

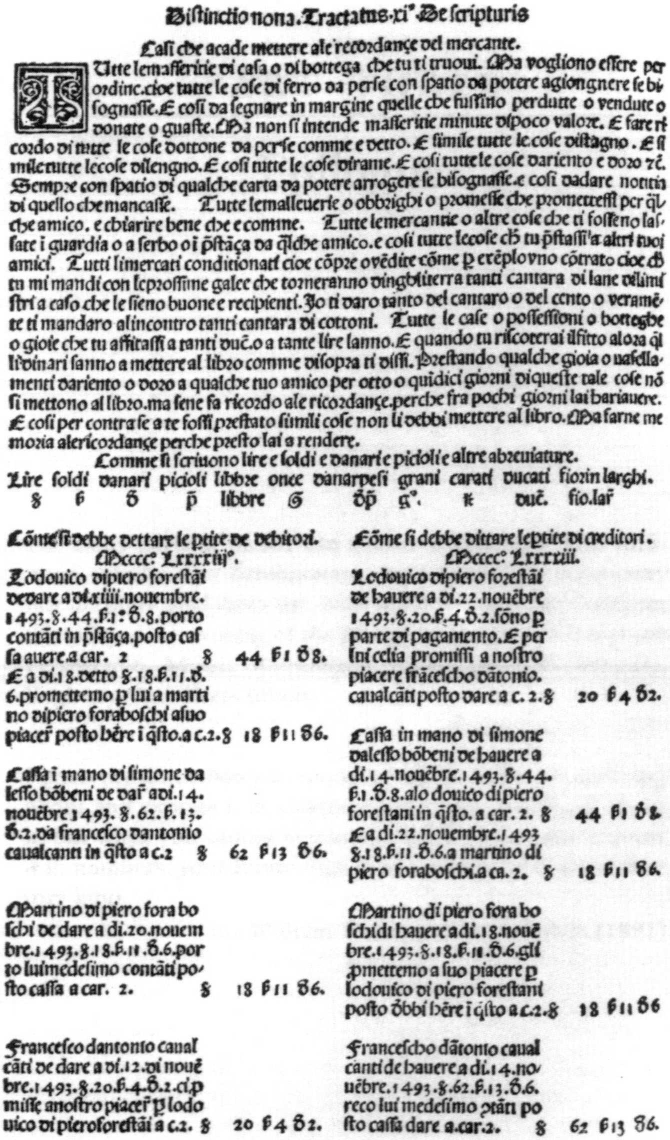

Distinctio nona. Tractatus xi° De scripturis

Cassi che acade mettere ale recordançe del mercante.

Tutte le masseritie di casa o di bottega che tu ti truoui. Ma vogliono essere per ordine. cioe tutte le cose di ferro da perse con spatio da potere agiongnere se bisognasse. E cosi da segnare in margine quelle che fussino perdutte o vendute o donate o guaste. Ma non si intende masseritie minute di poco valore. E fare ricordo di tutte le cose dottone da perse comme e detto. E simile tutte le cose di stagno. E simile tutte le cose di legno. E cosi tutte le cose di rame. E cosi tutte le cose dariento e doro ẽc. Sempre con spatio di qualche carta da potere arrogere se bisognasse. e cosi dadare notitia di quello che mancasse. Tutte le malleuerie o obbrighi o promesse che promettessi per q̃lche amico. e chiarire bene che e comme. Tutte le mercantie o altre cose che ti fosseno lassate i guardia o a serbo o i p̃staça da q̃lche amico. e cosi tutte le cose che tu p̃stassi a altri tuoi amici. Tutti li mercati conditionati cioe cōpre o vēdite cōme p̄ exēplo vno cōtrato cioe che tu mi mandi con le prossime galee che tornerano dinghilterra tanti cantara di lane dilimistri a caso che le sieno buone e recipienti. Jo ti daro tanto del cantaro o del cento o veramēte ti mandaro alincontro tanti cantara di cottoni. Tutte le case o possessioni o botteghe o gioie che tu affitassi a tanti duc. o a tante lire lanno. E quando tu riscoterai il fitto alora q̃lli dinari sanno a mettere al libro comme di sopra ti dissi. Prestando qualche gioia o vasellamenti dariento o doro a qualche tuo amico per otto o quidici giorni di queste tale cose nō si mettono al libro. ma sene fa ricordo ale ricordançe. perche fra pochi giorni lai bariauere. E cosi per contra se a te fossi prestato simili cose non li debbi mettere al libro. Ma farne memoria ale ricordançe perche presto lai a rendere.

Comme si scriuono lire e soldi e danari e picioli e altre abreuiature.

Lire	soldi	danari	picioli	libbre	once	danarpesi	grani	carati	ducati	fiorin larghi.
₤	ß	δ	p̄	libbre	℥	δp	g°.	ҡ	duc.	fio.lar.

Cōme si debbe dettare le ptite de debitori.
Mcccc° Lxxxxiij°.

Lodouico di piero forestāi de dare a dì.xiiii. nouembre. 1493. ₤.44.ß.1.δ.8. porto contāti in p̄staça. posto cassa auere. a car. 2 ₤ 44 ß1 δ8.
E a dì.18. detto ₤.18.ß.11.δ.6. promettemo p̄ lui a martino di piero foraboschi a suo piacer posto hēre i q̃sto. a c.2. ₤ 18 ß11 δ6.

Cassa i mano di simone dalesso bōbeni de dar adì.14. nouēbre 1493. ₤.62.ß.13.δ.2. da francesco dantonio caualcanti in q̃sto a c.2 ₤ 62 ß13 δ6.

Martino di piero foraboschi de dare a dì.20. nouembre. 1493. ₤.18.ß.11.δ.6. porto lui medesimo contāti posto cassa a car. 2. ₤ 18 ß11 δ6.

Francesco dantonio caualcāti de dare a dì.12. di nouēbre. 1493. ₤.20.ß.4.δ.2. cip misse a nostro piacer p̄ lodouico di piero forestāi a c.2. ₤ 20 ß4 δ2.

Cōme si debbe dittare le ptite di creditori.
Mcccc° Lxxxxiij.

Lodouico di piero forestāi de hauere a dì.22. nouēbre 1493. ₤.20.ß.4.δ.2. sōno p̄ parte di pagamento. E per lui cedia promissi a nostro piacere frācescho dātonio. caualcāti posto dare a c.2. ₤ 20 ß4 δ2.

Cassa in mano di simone dalesso bōbeni de hauere a dì.14. nouēbre. 1493. ₤.44. ß.1.δ.8. alo douico di piero forestani in q̃sto. a car. 2. ₤ 44 ß1 δ8.
E a dì.22. nouembre. 1493 ₤.18.ß.11.δ.6. a martino di piero foraboschi a ca. 2. ₤ 18 ß11 δ6.

Martino di piero foraboschi de hauere a dì.18. nouēbre. 1493. ₤.18.ß.11.δ.6. gli p̄mettemo a suo piacere p̄ lodouico di piero forestani posto dobbi hēre i q̃sto a c.2. ₤ 18 ß11 δ6

Francescho dātonio caualcanti de hauere a dì.14. nouēbre. 1493. ₤.62.ß.13.δ.6. reco lui medesimo cōtāti posto cassa dare a car. 2. ₤ 62 ß13 δ6.

FIGURA 17 – Uma página do livro de Luca Pacioli sobre a contabilidade, 1494. John B. Geijsbeek. *Ancient Double-Entry Bookkeeping*. Houston: Scholar's Book Co., 1974. p.80.

Parte III

EPÍLOGO

> Pois que muitas partes da natureza não podem ser inventadas com sutileza suficiente, nem demonstradas com suficiente perspicuidade, nem adaptadas ao uso com suficiente destreza, sem a ajuda e a intervenção da matemática: são desse tipo a Perspectiva, a Música, a Astronomia, a Cosmologia, a Arquitetura, a Engenharia e várias outras.
> *Francis Bacon* (1605)

> Digo com freqüência que, quando podemos medir aquilo de que falamos e expressá-lo em números, sabemos algo a seu respeito; mas, quando não podemos medi-lo, quando não podemos expressá-lo em números, nosso conhecimento é de natureza escassa e insatisfatória.
> *William Thompson*, lord Kelvin (1891)

11

O NOVO MODELO

A contar das miraculosas décadas que cercaram a passagem para o século XIV (décadas que não tiveram paralelo, em suas mudanças radicais de percepção, até a era de Einstein e Picasso), e prosseguindo por gerações, ora com rapidez, ora morosamente, ora neste, ora naquele terreno da *mentalité*, os europeus ocidentais desenvolveram um novo modo, mais puramente visual e quantitativo do que o antigo, de perceber o tempo, o espaço e o ambiente material.

A visão foi e continua a ser um disciplinador rígido e um agressor, invadindo os terrenos dos outros sentidos. Basta os acontecimentos serem registrados em ordem cronológica, sobre pergaminho ou papel, para que se passe a ter uma máquina do tempo. Pode-se recuar um passo e observar, simultaneamente, os começos e os fins. E pode-se alterar a direção do tempo, e também deter o tempo para examinar acontecimentos isolados. E, se você for contador, poderá andar para trás a fim de identificar um erro, e construir um balanço como uma foto instantânea do sibilante torvelinho de transações.

Você poderá comparar com detalhes uma seqüência com outra, ou suplementar uma com outra, ou com várias outras, todas seguindo seus ritmos próprios. Ou poderá partir de agora e acionar uma regressão, ou até uma regressão e uma progressão simultâneas. Os compositores ocidentais foram pioneiros em aventuras dessa ordem, nos séculos XIII e XIV, criando obras-primas para o deleite tanto dos músicos quanto dos matemáticos, até hoje.

A visão facultou a seus aficionados ver o espaço e refletir sobre ele geometricamente. Deslumbrados com a luz, que, ao que parecia, expandia-se instantaneamente em cones e globos de radiação, a luz, que era a única coisa discernível a se portar com a nitidez dos diagramas de um texto euclidiano, eles deixaram que a visão os guiasse para a perspectiva renascentista e para algumas das maiores obras de arte de todas as épocas, e destas, para uma nova astronomia.

O grande benefício auferido pelos aficionados da visão consistiu, simplesmente, na compatibilidade dela com a mensuração, em termos de unidades de quantificação uniformes. São Boaventura, escolástico e superior dos franciscanos, proclamou que "Deus é a luz no sentido mais literal";[1] *ipso facto*, ela funcionava *uniformemente*, através de todo o tempo e espaço. A implicação luminosa-numinosa era que, medindo-se uma légua com exatidão, constatar-se-ia que ela era idêntica em todos os lugares e todos os momentos, o mesmo acontecendo com a hora. Os ocidentais, monoteístas fascinados pela luz, regozijaram-se com a *pantometria*.

Em termos práticos, a nova abordagem foi simplesmente esta: reduza aquilo em que você está tentando pensar ao mínimo exigido por sua definição; visualize-o no papel, ou, pelo menos, em sua mente, quer se trate da oscilação dos preços da lã nos mercados da região de Champagne ou da trajetória de Marte pelos céus; e depois divida-o, de fato ou na imaginação, em unidades quantitativas iguais. A partir daí, você poderá medi-lo, isto é, contar as unidades.

Você possuirá então uma representação quantitativa de seu tema, isto é, por mais simplificada que ela seja, até mesmo em seus erros e omissões, uma representação exata. Poderá pensar nela com rigor. Poderá manipulá-la e fazer experiências com ela, como fazemos hoje com os modelos de computador.[2] Ela terá uma espécie de independência de você. Poderá fazer em seu benefício o que a representação verbal raramente faz: contradizer seus desejos mais diletos

---

[1] Patrick Boyde. *Dante, Philomythes and Philosopher*. Cambridge: Cambridge University Press, 1981. p.210. Para uma exposição sucinta da teoria da luz de Boaventura, ver David C. Lindberg. The Genesis of Kepler's Theory of Light: Light Metaphysics from Plotinus to Kepler. *Osiris*, nova série, v.2, p.17, 1986.

[2] São muitas as fontes destes últimos parágrafos. As mais importantes dentre elas são os livros anteriormente citados de Walter J. Ong e Samuel Y. Edgerton Jr. Ver também Bruno Latour. Visualization and Cognition: Thinking with Eyes and Hands. *Knowledge and Society: Studies in the Sociology of Culture Past and Present, A Research Annual*, v.6, p.1-40, 1986.

e cutucar você a ir em frente, no caminho de uma especulação mais eficaz. Foi a quantificação, e não a estética nem a lógica em si, que barrou cada um dos esforços de Kepler de enfiar o sistema solar na gaiola de seus amados sólidos platônicos, e que o instigou a ir adiante até conceber, de má vontade, suas leis planetárias.[3]

Visualização e quantificação: juntas, elas fecharam o cadeado – a realidade foi posta a ferros (pelo menos com firmeza suficiente e por tempo suficiente para se arrancar dela algum trabalho e, possivelmente, uma ou duas leis da natureza).

A natureza parecia harmonizar-se com essa abordagem (milagre dos milagres) e a mente humana parecia sair-se bem na visualização e nos números: "Somente a estes [os números] apreendemos corretamente", disse Kepler quatrocentos anos atrás, "e, se a devoção nos permite dizê-lo, nossa compreensão, nesse caso, é de tipo semelhante à de Deus, pelo menos na medida em que somos capazes de entendê-la nesta vida mortal."[4]

Já em 1444, Bessarion, o embaixador e cardeal bizantino, escreveu para casa dizendo que os jovens gregos deveriam ser secretamente enviados à Itália para aprender habilidades artesanais.[5] Os ocidentais já estavam liderando o mundo na invenção e utilização das máquinas. No fim do século, haviam-se equiparado ou estavam superando os outros na cartografia, na navegação, na astronomia, nos métodos comerciais e bancários e na matemática prática e teórica. No fim do século seguinte, haviam ampliado sua liderança nas antigas áreas e assumido a dianteira em novos campos.

A liderança global do Ocidente não chegou nem perto da que foi alcançada no século XIX (quando a distância tornou-se, digamos, uma questão da diferença entre o navio a vapor e o junco) e, em algumas áreas, o Ocidente ainda estava atrasado. Por exemplo, os exércitos otomanos eram mais bem organizados e treinados, além de comprovadamente superiores aos ocidentais: em 1529, os turcos chegaram às portas de Viena. Para citar outro exemplo, a versão chinesa do firmamento, sem nenhuma esfera de cristal, mas com corpos celestes que flutuavam no espaço, aproximava-se mais da verdade que

---

3 Arthur Koestler. *The Sleepwalkers*: A History of Man's Changing Vision of the Universe. Harmondsworth: Penguin Books, 1964. p.276.
4 Ibidem, p.535.
5 A. G. Keller. A Byzantine Admirer of "Western" Progress: Cardinal Bessarion. *Cambridge Historical Journal*, v.11, n.3, p.22-3, 1955.

a do Ocidente. Mas a liderança dos ocidentais, em sua maneira de *perceber* a realidade e, portanto, de poder raciocinar sobre ela e então manipulá-la, era imensa. Eles estavam cultivando o que Eviatar Zerubavel chamou de caráter racionalista da cultura moderna: "precisa, pontual, calculável, padronizada, burocrática, rígida, invariável, meticulosamente coordenada e rotineira".[6] Tudo isso, acrescentaríamos, é pertinente ou, pelo menos, cheira ao visual e ao quantitativo.

A imprensa aumentou o prestígio da visualização e acelerou a difusão da quantificação. A demanda aumentada de livros havia criado em torno das universidades as *papelarias* (editoras, poderíamos chamá-las), nas quais os calígrafos, usando a nova escrita gótica, copiavam maiores quantidades de livros, com mais rapidez do que nunca.[7] E então, na década de 1450, um metalúrgico de Mainz, na Alemanha, Johann Gutenberg, começou a imprimir livros usando tipos móveis, tintas formuladas especialmente para essa finalidade, e uma prensa que era uma adaptação da antiga prensa de lagar. Esse acontecimento foi muito mais importante do que a queda contemporânea de Constantinopla na derrota para os turcos, embora nem uma única alma fosse dessa opinião na época.

A imprensa (denominação única e arbitrária de um conjunto de invenções) disseminou-se mais depressa do que qualquer coisa nova e mecânica que houvesse surgido desde a invenção do relógio. Em 1478, havia prensas em Londres, Cracóvia, Budapeste, Palermo, Valência e diversas outras cidades entre elas. No século seguinte, milhões de livros tinham sido impressos.[8] Ao contrário das sociedades do Oriente, o Ocidente estava sedento de aprender, fitando marcas padronizadas no papel.

---

6 Eviatar Zerubavel. *Hidden Rhythms*: Schedules and Calendars in Social Life. Chicago: University of Chicago Press, 1967. p.xvi.
7 Geo. Haven Putnam. *Books and Their Makers During the Middle Ages*. New York: Putnam's, 1896. p.10-1, 184-6, 205; Curt F. Bühler. *The Fifteenth Century Book*. Philadelphia: University of Pennsylvania Press, 1960. p.22.
8 Carlo M. Cipolla. *Before the Industrial Revolution*: European Society and Economy, 1000-1700. New York: Norton, 1980. p.179; Elizabeth L. Eisenstein. *The Printing Revolution in Early Modern Europe*. Cambridge: Cambridge University Press, 1983. p.13-6; Hermann Kellenbenz. Technology in the Age of the Scientific Revolution, 1500-1799. In: Carlo M. Cipolla. (Org.) *The Fontana Economic History of Europe*: The Sixteenth and Seventeenth Centuries. London: William Collins, 1974. p.180; Fernand Braudel. *Civilization and Capitalism, 15th-18th Century*. v.1: "The Structures of Everyday Life: The Limits of the Possible". Trad. Siân Reynolds. New York: Harper & Row, 1981. p.400.

A gama completa dos efeitos dessa sede é ampla demais para ser examinada aqui, e já foi analisada com minúcia e perspicácia por Elizabeth L. Eisenstein.[9] Vamos contentar-nos com uma última escavação arqueológica, com um corte por camadas diretamente sujeitas à influência sísmica da imprensa.

A ilustração ocidental de textos científicos e de engenharia atingiu um pico precoce, além de artisticamente insuperável, nos séculos XV e XVI. Nos cinqüenta anos que antecederam o primeiro livro impresso da Europa, Mariano di Jacopo, geralmente chamado de Taccola, havia utilizado os recursos pictóricos de Giotto e Alberti (a percepção do quadro como uma janela através da qual o espectador divisava uma cena visualmente realista, a partir de um único ponto de vista) para dar origem ao moderno desenho de engenharia. A geração ou gerações seguintes de artistas e artesãos talentosos inventaram muitas das convenções pictóricas – a visão em corte, o corte em perspectiva, a visão transparente – mediante as quais o engenheiro, o arquiteto, o anatomista, o botânico e outros podiam mostrar ao leitor aquilo que seria impossível descrever claramente com palavras. Francesco di Giorgio Martini forneceu-nos um esboço de uma bomba dupla reversa com válvula de charneira que seria indescritível em termos verbais, e Leonardo da Vinci exibiu num desenho o exterior conhecido do lado esquerdo de uma cabeça e, numa visão em corte do lado direito, seu misterioso interior.[10]

Com a imprensa, a utilidade e a importância da ilustração técnica exata deram um salto à frente. Os calígrafos eram capazes de reproduzir textos sem cometer mais do que pequenas omissões e erros, mas nunca ilustrações complexas ou sutis. (Pense só em pedir aos pobres alunos que copiavam textos nas papelarias, para ganhar dinheiro suficiente para pagar suas anuidades, que produzissem cem cópias do desenho do crânio feito por Leonardo.) Os tipógrafos, por sua vez, eram capazes de produzir, uma após outra, cópias perfeitas de qualquer chapa, fosse ela de madeira, metal ou pedra, que colocassem em suas prensas.

Luca Pacioli fez uma gravura em perspectiva do icosaedro que definiu numa fração de segundo, para o confuso estudante de geo-

---
9 Eisenstein, *The Printing Revolution*.
10 Samuel Y. Edgerton Jr. *The Heritage of Giotto's Geometry*: Art and Science on the Eve of the Scientific Revolution. Ithaca, N.Y.: Cornell University Press, 1991. p.126, 129, 131, 136-7, 142.

metria, esse sólido de vinte lados. Cesare Cesariano produziu um híbrido de quadro e diagrama para deixar claros o funcionamento efetivo e a função geométrica da alavanca. Essa tendência atingiu seu clímax nas décadas de meados do século XVI, com a publicação de desenhos técnicos no *De re metallica*, de Georg Bauer Agricola; com as ilustrações elegantes do *Diverse et artificiose machine*, de Agostino Ramelli; e com o que são, até hoje, as ilustrações cientificamente inspiradoras e artisticamente incomparáveis da anatomia humana que aparecem no *De humani corporis fabrica*, de Andreas Vesalius.[11] (Ver, na Figura 18, uma imitação do estilo de Vesalius, feita por um artista e anatomista menor, Juan Valverde di Hamusco.) Não é fácil imaginar a revolução científica do fim do século XVI e do século XVII, na qual tantas coisas eram visualizadas, na preparação e na execução do processo de análise, sem a ilustração impressa.

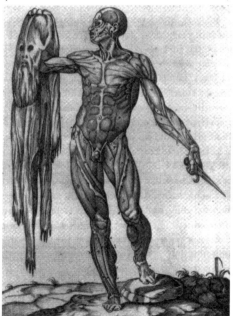

FIGURA 18 – Uma página de *Anatomia del corpo humano*, de Juan Valverde di Hamusco, 1560. Cortesia do Harry Ranson Humanities Research Center, Universidade do Texas, Austin.

---

11 Ibidem, p.168, 172, 181-2, 188, 190.

A perspectiva renascentista deu aos ocidentais o meio não apenas de produzir, sobre superfícies planas, descrições exatas da realidade material, mas também o de brincar com elas, puxando-as e esticando-as de maneiras controladas e úteis. Os seres humanos puderam brincar de Deus, pelo menos no plano bidimensional. Albrecht Dürer, baseando-se no que fora ensinado por Alberti, publicou, em 1537, um tratado de análise e instrução avançadas sobre a perspectiva. Ali ilustrou o modo como o rosto humano, traçado numa grade albertiana, podia ser esticado para um lado e para o outro, alterando a forma do conjunto, mas, surpreendentemente, nunca as proporções dos traços (Figura 19).

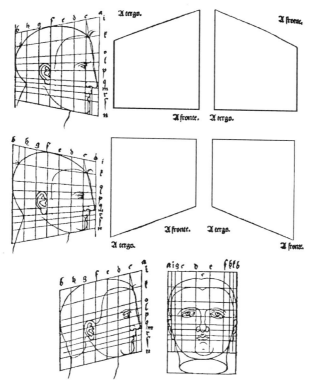

FIGURA 19 – Uma página do *De varietate figurarum*, de Albrecht Dürer, 1537. De propriedade de Abraham Ortelius. Cortesia da Chapin Library of Rare Books, Williams College, Williamstown, Massachusetts.

O livro de Dürer circulou entre os cartógrafos como fizera o de Ptolomeu entre os artistas. Abraham Ortelius, o grande criador de mapas holandês, era dono de um exemplar, e é provável que Gerard Mercator também estivesse familiarizado com o trabalho de Dürer sobre a perspectiva.[12] É provável que Dürer tenha sido pelo menos parte da inspiração do maior feito visual-*cum*-quantitativo do século XVI, ou seja, aquele que até hoje chamamos de projeção de Mercator.

As cartas marítimas conhecidas como *portolani*, que eram apenas um pouquinho mais sofisticadas do que esboços a mão livre de linhas costeiras, podiam ser suficientes para os mares fechados da Europa, mas, nas viagens por águas desconhecidas, os antigos mapas e a velha sabedoria eram inúteis. Os navegadores eram obrigados a apostar a vida de suas embarcações e a deles mesmos não apenas na rota fornecida pela bússola, mas também em dispositivos que eram novos para eles, ainda que não o fossem para os astrônomos, tais como o astrolábio, o quadrante e o esquadro, a fim de poder calcular sua posição pela localização dos corpos celestes. Quando a Estrela do Norte finalmente desapareceu no horizonte dos portugueses que navegavam em direção ao sul da África e à Índia, eles aprenderam a calcular sua posição norte-sul considerando a altitude – *a altura* – do Sol ao meio-dia.

Esses aparelhos e o acúmulo de experiência em mar alto ajudaram os europeus ocidentais a atravessarem oceanos e encontrarem o caminho de volta, mas muita coisa ainda era feita com base em palpites. Os navegadores precisavam de cartas exatas, para traçar as rotas com a bússola. Os mapas com linhas de longitude e latitude igualmente espaçadas, traçadas em ângulos retos, como se o mundo fosse plano, eram úteis nas viagens curtas, mas o mundo é redondo, e, nas viagens longas, eles eram enganadores e até perigosos. Os mapas traçados de acordo com os sistemas de projeção cartográfica herdados de Ptolomeu eram representações geometricamente coerentes e academicamente úteis da superfície da Terra, mas não ajudavam o navegador que quisesse traçar uma rota não por um mar, mas por um oceano.[13]

As linhas da latitude são chamadas de paralelos por serem exatamente isso, paralelas. As linhas da longitude, os meridianos, não o

---

12 Ibidem, p.173-8.
13 Samuel Y. Edgerton Jr. *The Renaissance Rediscovery of Linear Perspective*. New York: Basic Books, 1975. p.99-110.

são: trata-se de curvas que se encontram nos pólos. Num mapa com uma grade uniforme como papel quadriculado, um trajeto de direção constante (um rumo) é uma linha reta, mas não é assim que ele se mostra na superfície da Terra (a menos que o curso seja norte-sul ou leste-oeste, o que raramente leva o sujeito aonde ele quer ir). O rumo corta cada meridiano curvo num ângulo ligeiramente diferente do anterior, e constitui uma curva, ele próprio. O navegador precisa de um paradoxo múltiplo: um mapa plano do mundo redondo, sobre o qual possa traçar um rumo, que na verdade é uma linha curva, usando uma régua.

O geógrafo português Pedro Nuñez descobriu que uma linha de direção constante (a menos, mais uma vez, que esta fosse norte-sul ou leste-oeste), iniciando-se no Equador, era uma longa espiral que terminava num pólo. Seus rumos espiralados parecem ter fascinado Gerard Mercator, o cartógrafo holandês, porque ele traçou várias dessas espirais em seu primeiro globo terrestre.[14] No mapa mundial que imprimiu em 1569, intitulado "Descrição Nova e Aperfeiçoada das Terras do Mundo, corrigida e destinada à Utilização dos Navegadores", Mercator corrigiu os rumos curvos, empregando "uma nova proporção e uma nova disposição dos meridianos em referência aos paralelos". Traçou os meridianos como se fossem paralelos, numa distorção escandalosa que ampliou enormemente as áreas próximas dos pólos. Cometeu mais uma distorção ao aumentar as distâncias entre as linhas da latitude, à medida que elas se afastam do Equador, tornando-as proporcionais ao alargamento artificial das distâncias entre os meridianos. O resultado foi um mapa em que as terras setentrionais, como a Groenlândia, por exemplo, ficaram imensamente maiores do que são na realidade, em proporção às áreas mais meridionais. Entretanto (e um entretanto muito útil), os navegadores podiam traçar suas rotas como linhas retas nos mapas desenhados segundo a projeção de Mercator.[15] Tal como no caso da cabeça distorcida de Dürer, preservou-se a coerência de uma característica isolada, ainda que à custa de praticamente todo o resto.

A perspectiva albertiana foi o resultado dos esforços de preservar o máximo da exatidão espacial e direcional visualizada que fosse

---

14 E. G. R. Taylor. *The Haven-Finding Art*: A History of Navigation from Odysseus to Captain Cook. New York: Abelard-Schuman, 1957. p.157-78.
15 John Noble Wilford. *The Mapmakers*: The Story of the Great Pioneers in Cartography from Antiquity to the Space Age. New York: Vintage Books, 1982. p.73-7.

compatível com a redução de três dimensões a duas. Os pintores maneiristas do século XVI distorceram a perspectiva albertiana, em busca de um efeito dramático. Os *portolani* e os mapas ptolomaicos foram o resultado dos esforços de preservar o máximo de exatidão direcional e espacial ao retratar a curvatura da Terra numa superfície plana. Mercator traçou um mapa que distorceu grosseiramente o tamanho, em benefício de uma coisa só: a conveniência da navegação. Foi uma proeza visual.

Ele não deixou nenhuma explicação sobre a matemática de sua projeção, talvez porque, tal como Giotto, houvesse trabalhado com base na experiência e na intuição, e não numa teoria rigorosa. Um inglês, Edward Wright, expôs a matemática em seu livro de 1599, *Certaine Errors of Navigation*. É possível que tenha utilizado, nos cálculos complicados, uma forma primitiva do que diríamos ter constituído a última dádiva do Renascimento e a primeira da Escócia para a matemática: o sistema de logaritmos que vinha sendo elaborado pelo oitavo senhor do castelo de Merchiston, John Napier.[16]

Napier vinha trabalhando com os logaritmos na década de 1590, mas, como calvinista fanático, teve sua atenção desviada pelos tumultos religiosos da época. Escreveu um tratado sobre o Apocalipse de São João, identificando Roma como "a mãe de toda a profanação espiritual", e projetou espelhos gigantescos para dirigir os raios do Sol para os navios inimigos e destruí-los "a qualquer distância determinada". As pessoas do povo consideravam-no um agente do demônio, como viam a muitos matemáticos. Somente em 1614 foi que Napier publicou seu *Mirifici logarithmorum canonis descriptio* (*Descrição do Maravilhoso Cânon dos Logaritmos*), com suas páginas e páginas de colunas, de cascatas, de cataratas de números e mais números.[17]

O Ocidente do século XVI foi único. Progrediu mais depressa do que qualquer outra grande sociedade, em sua capacidade de subjugar e controlar o ambiente. Poucas outras sociedades, se é que existiam, equiparavam-se a ele em sua ciência e tecnologia, bem como em sua capacidade de projetar seu poderio a longas distâncias e de improvisar novas instituições e novas técnicas comerciais e burocráticas. O

---

16 Ibidem, p.76; Taylor, *The Haven-Finding Art*, p.223, 226; Margaret E. Baron. Napier, John. In: Charles C. Gillispie. (Org.) *The Dictionary of Scientific Biography*. New York: Scribner's, 1970-1980. v.9, p.610.

17 John Napier. *Construction of the Wonderful Canon of Logarithms*. London: Dawsons of Pall Mall, 1966. p.xv-xvi; Carl B. Boyer. *A History of Mathematics*. Princeton, N.J.: Princeton University Press, 1985. p.342-3; John Napier. In: *The Dictionary of National Biography*. Oxford: Oxford University Press, reedição 1922-1923. v.14, p.60-4.

outro lado dessa moeda era a instabilidade do Ocidente. Ele balançava, chacoalhava e efervescia como se estivesse prestes a explodir em pedaços, o que quase chegou a fazer.

Montaigne, sensato numa era insana, protestou contra a guerra religiosa e contra a devastação indiscriminada que a seguia nos calcanhares, uma guerra "tão maligna e tão destrutiva que destrói a si mesma junto com todo o resto, despedaçando-se membro a membro em seu furor". Ele condenou a epidemia da caça às bruxas, comentando que "é valorizar demais as próprias suposições queimar um homem vivo por elas". O Ocidente buscava a segurança religiosa através do massacre – por exemplo, a aniquilação dos anabatistas de Münster – e levou à fogueira, ou baniu do mundo por outros meios, milhares de bruxas, magos e lobisomens.[18]

O Ocidente estalou e chiou, mas sobreviveu e acabou prosperando. O Novo Modelo, visual e quantitativo, foi um de seus antídotos contra a incômoda insuficiência de suas explicações tradicionais para os mistérios da realidade. O Novo Modelo proporcionou um novo modo de examinar a realidade e um arcabouço com que organizar as percepções dessa realidade. Revelou-se extraordinariamente robusto, dando à humanidade um poder sem precedentes e, a muitos seres humanos, o consolo da confiança – que durou séculos – em que eles seriam capazes de uma compreensão íntima de seu universo.

Galileu Galilei, um habilidoso alaudista cujo pai, embora impelido pela necessidade a comprar e vender lã, era músico e foi um dos mais destacados teóricos musicais do século XVI; Galileu Galilei, um artista amador que era hábil na perspectiva, membro da Accademia del Disegno de Florença e admirador efusivo de Michelangelo, Rafael e Ticiano,[19] Galileu, que era, ele mesmo, uma personificação dos

---

18 Brian P. Levack. *The Witch-Hunt in Early Modern Europe*. London: Longman, 1987. p.21.
19 Claude V. Palisca. Scientific Empiricism in Musical Thought. In: Hedley H Rhys. (Org.) *Seventeenth Century Science and the Arts*. Princeton, N.J: Princeton University Press, 1961. p.92; James Reston Jr. *Galileo: A Life*. New York: Harper-Collins, 1994. p.6-10; Stillman Drake. *Galileo at Work*: His Scientific Biography. Chicago: University of Chicago Press, 1978. p.15-7; Stillman Drake. *Galileo Studies*: Personality, Tradition, and Revolution. Ann Arbor: University of Michigan Press, 1970. p.43; Edgerton, *Heritage of Giotto's Geometry*, p.223-53; Galileo Galilei. *Dialogue Concerning the Two Chief World Systems*. Trad. Stillman Drake. Berkeley: University of California Press, 1967. p.104-5. Para maiores informações sobre o envolvimento de Descartes, Stevin, Kepler e outros cientistas contemporâneos na teoria musical, ver H. F. Cohen. *Quantifying Music*: The Science of Music in the First Stage of the Scientific Revolution, 1580-1650. Dordrecht: Reidel, 1984.

principais temas da *Temperança* de Bruegel – Galileu expressou, num famoso parágrafo, o caráter visual e quantitativo do Novo Modelo, bem como o otimismo que ele gerou:

> A filosofia está escrita nesse grande livro, o universo, que se abre permanentemente diante de nossos olhos, mas o livro só pode ser compreendido se primeiro aprendermos a compreender a linguagem e a ler as letras de que se compõe. Ele está escrito na língua da matemática, e seus caracteres são triângulos, círculos e outras figuras geométricas, sem os quais é humanamente impossível entender uma só de suas palavras; sem eles, fica-se vagando por um labirinto tenebroso.[20]

---

20 *Discoveries and Opinions of Galileo*. Trad. Stillman Drake. Garden City, N.Y.: Doubleday, 1957. p.237-8.

ÍNDICE REMISSIVO

ábaco, *ver* tábua de calcular
Abelardo, Pedro, 38, 66-7
Abu Ma'shar, 121-2
Adelardo de Bath, 63
África, 36, 47, 62, 78, 101, 190, 218
Agostinho, Santo, 38-40, 45-6, 48, 54, 81, 86, 105, 112, 133-4
Agricola, Georg Bauer, 216
Al-Khwarizmi, Abu Jafar Muhammad ibn Musa, 114
Alberti, Benedetto, 191
Alberti, Leon Battista, 96, 171, 174-8, 181-3, 185, 187, 191, 198, 215, 217, 219-20
Alberto, o Grande, 67
Alberto da Saxônia, 75
Alculf, 36
Alexandre de Hales, 70
alfabetização, 21, 59, 132
alfabeto, ordem alfabética, 70, 120, 133, 142, 204
Alfonso, El Sabio, 84

algarismos indo-arábicos, 21, 53, 57, 69, 112-7, 119, 129, 193, 201, 207
algarismos romanos, 50, 69, 112-4, 116, 195, 207
álgebra, 20, 72-3, 112, 118-20, 154, 193, 197, 201
algoritmo, *ver* algarismos indo-arábicos
alla veneziana, 194, 205
Ambrósio, Santo, 133-4
Ano Novo, dia de, 41
Anônimo IV, 147
Anônimo de 1279, 147
anos, contagem dos, 96
Apocalipse de São João, Livro do, 54, 121-2, 124, 130, 220
arco-íris, 27, 31, 74
Aristóteles, 25-9, 63-4, 69, 72-4, 104, 106, 147, 149, 170, 205
aritmética, *ver* matemática
Arquimedes, 49, 201

arquitetura, ar-quitetos, 84, 129, 168-9, 171, 173-4, 179, 200, 209, 215
ars antiqua, 31, 147-9, 155
ars nova, 31, 150-1, 153-6, 160, 173, 193
astecas, 79
astronomia, 18, 41, 74, 102, 106, 109, 123, 129, 145, 209, 212-3
Auden, W. H., 25
Avicena, 63

Bacon, Francis, 209
Bacon, Roger, 31, 35, 42, 74-5, 91, 111, 121, 123, 130, 165, 175
banqueiros, *ver* burguesia
Barbari, Jacopo de, 198
Bartolomeu Anglicus, 46
Bento, São, 43, 83
Bessarion, Joannes, 213
Béze, Théodore de, 108
bibliotecas, 69, 134-5
big-bang, 55
Boaventura, São, 67, 147, 212
Boccaccio, Giovanni, 43, 166
Boen, Johannes, 150-2
Boethius, Anicius Manlius (Boécio), 146, 149
Bohannan, Paul, 188
Bonifácio VIII, 132
burguesia, 59, 62, 118, 187-8, 190-1, 195, 202-4, 206
Bouwsma, William J., 64-5
Bradwardine, Thomas, 111
Brahe, Tycho, 109, 125
Bruegel, Pieter, o Velho, 18-23, 29, 129, 131, 222
Brunelleschi, Filippo, 168, 173-4, 182-3

Bruno, Giordano, 61, 99, 107-8
bruxaria, feitiçaria, 221
budismo, 123
Buridan, Jean, 75, 111
Burley, Walter, 75-6
bússola, 99-100, 218

cálculo, *ver* matemática
Cairo, 58
calendário, 29, 40-2, 81-2, 90-6, 103, 105, 116
calendário gregoriano, *ver* calendário
calendário juliano, 41-2, 91-3
caligrafia, *ver* escrita
Camus, Albert, 33, 55
Canção de Rolando, A, 49
canhão, 24, 30
canto gregoriano, 138-40, 143-4
Carlos V, 87, 112, 135, 159
cartografia, *ver* geografia
Cennini, Cennino d'Andrea, 168
César, Júlio, 40, 95, 134
Cesariano, Cesare, 216
Chaucer, Geoffrey, 190
China, chineses, 29, 35, 60, 62, 86, 114, 181, 213
cidades, 58-9, 62, 65-6, 129-30, 144-5, 160, 163, 167, 189, 192
Cipolla, Carlo M., 38
cistercienses, 83, 145
Clark, Kenneth, 183
classe média, *ver* burguesia
Clavius, Christoph, 92-3
Clemente V, 76
Colombo, Cristóvão, 33, 48, 77, 79, 103, 116, 182, 201
comerciantes, *ver* burguesia

cometa, 96, 109
contabilidade, 187-208 (por partidas dobradas, 193-5, 197)
contagem nos dedos, 27, 50-1, 129, 201
contar, *ver* mensuração
Copérnico, Nicolau, 18, 42, 92, 105-6
Cortés, Hernan, 79
costruzione legittima, 177-8, 181-2, 188
Cotrugli, Benedetto de, 187-90
Craft, Robert, 156
Crivelli, Carlo, 178

Daniel, Livro de, 37, 39
Dante Alighieri, 31, 40, 43-4, 48, 54, 60, 85, 131, 164-6
darwinismo social, 11
Datini, Francesco di Marco, 188-91, 193-4, 196
decimais, números, 119, 121, 183
Dee, John, 123-4
Desargues, Girard, 182
Descartes, René, 72, 120, 154, 206
dia juliano, período juliano, 94-7
dinheiro, *ver* moeda
Dionísio, o Pequeno, 41
Docta sanctorum patrum, 153
Domesday Book, 60
Dufay, Guillaume, 173
Dürer, Albrecht, 178, 217-9

Éden, 47-8
Edgerton, Samuel Y., 159
Eisenstein, Elizabeth L., 215
Emerson, Ralph Waldo, 187
escapo, 21, 86, 89-90, 101

escolas do *abacco*, 207
escolasticismo, *ver* escolásticos
escolásticos, 67-74, 102-5, 111, 134-5, 141, 147, 170, 204, 207, 212
escrever, *ver* escrita
escrita, 22, 31, 62, 114-5, 132-6, 138, 140, 214
escrituração por partidas dobradas, *ver* contabilidade
espaço, 22, 31, 34-7, 45, 55, 64, 99, 101-2, 104-5, 107-8, 110-2, 159, 162-5, 170-1, 178, 211-3
Euclides, 30, 74, 104, 164, 171, 173, 198, 212
Europa Ocidental, europeus ocidentais, 17, 23-4, 30-1, 33, 37, 39-40, 44, 49, 51, 53, 61, 68, 77-8, 81, 85-6, 91, 100-2, 111, 116-7, 129, 131, 134-5, 138, 152, 155, 211, 218
Eusébio, 34
Evans, G. R., 53

Fibonacci, Leonardo, 112, 117, 119, 201
Ficino, Marsilio, 103, 132, 170-1
Filipe, o Louro, 59
Fini, Rinieri, 193
Florença, 43, 77-8, 101, 103, 163, 170-1, 173-4, 189, 193, 195, 197-8, 202, 221
frações, 118-9, 183
franciscanos, São Francisco, 165, 198, 207, 212
Franco de Colônia, 147-8
francos, *ver* europeus ocidentais
Froissart, Jean, 87, 89, 131
Fugger, 191, 205
Fulcher de Chartres, 58

Gaddi, Taddeo, 168
Galileu Galilei, 105, 111, 120, 123, 154, 205, 221-2
Galvano della Fiamma, 85
geografia, 18, 36, 47-8, 74, 100-2, 104, 129, 154, 168, 213, 218-20
geometria, 28, 30-1, 49, 72, 112, 123, 145, 164-5, 171, 173, 178-9, 182-3, 198-201, 215
Gerbert, 52-3
Giotto di Bondone, 31, 165-70, 173, 179, 181-2, 193, 215, 220
Gossoin de Metz, 35
Gregório, o Grande, 138-9
Gregório IX, 66
Gregório XIII, 92
Gregório de Rimini, 75
Gregório de Tours, 39, 206
Grosseteste, Roberto, 175
guerra, 20, 23-4, 27, 31, 196, 221
Guidi, Musciatto, 59
Guido d'Arezzo, 53, 142-5, 149-50
Guilherme de Cantuária, 36
Guilherme de Moerbeke, 147
Gurevich, A. J., 87
Gutenberg, Johann, 21, 135, 197, 214

Hamusco, Juan Valverde di, 216
Henrique de Hessen, 75
Hobbes, Thomas, 120
hocket, 153, 156
Hooper, Alfred, 120
horas, 23, 42-3, 81-90, 129-30
horas canónicas, *ver* horas
Hugo de St. Cher, 69
Huizinga, Johan, 64, 131, 136

Ibn Khurradadhbeh, 17
igreja, 31, 39, 43, 47, 59, 61, 64-7, 69, 82, 93, 105, 123, 133-4, 138-9, 144, 154, 173, 195
império romano, 29, 37, 50, 75, 164
imprensa, impressão, 18, 117-8, 156, 197, 201, 214-6
inferno, 48, 121, 164, 203
Inocêncio III, 132
Isidoro de Sevilha, Santo, 68, 138, 152
Islã, 17, 59, 62-3, 75, 77, 93, 121
isorritmo, 151, 156, 173

Jacopo, Mariano di, 215
Jacques de Liège, 140, 146, 153, 156
James, William, 161
Jean de Meun, 84, 164
Jerónimo de Aguilar, 82, 91
Jerusalém, 36-8, 47-8, 64
Johannes de Garlandia, 147
Johannes de Grocheo (Grocheio), 148
Johannes de Muris, 150
João XXII, 61, 153-4
Josquin de Prés, 22
Juros, *ver* usura

Kepler, Johannes, 88, 93, 111, 124-5, 137-8, 152, 154, 183, 200, 213
Kubovy, Michael, 174

Lambertus, 147
Langton, Stephen, 68
Leech-Wilkinson, Daniel, 151

Leonardo da Vinci, 129, 159, 178, 199, 215
Leonin, 144-5, 150, 156
Levi ben Gerson, 155
Livro da Sabedoria (de Salomão), 30
logaritmos, 220
lógica, 71-2, 83-4
Lombardo, Pedro, 64
Lucrécio, 88
Luís da Bavária, 61
Luís IX, 147
Lutero, Martinho, 53

"Ma fin est mon commencement", 156
Machaut, Guillaume de, 31, 156, 160, 165, 182
Mandeville, John, 36, 46-8
mapa de Ebstorf, 49
mapas, *ver* geografia
mapas T-O, 47
Maquiavel, Nicolau, 20
Martini, Francesco di Giorgio, 215
Masaccio, 177, 182-3
Masudi, 17
matemática, 17, 27-30, 37, 41, 49, 53, 65, 70-4, 94-5, 101-3, 106, 108, 111-2, 117, 119-24, 129, 142, 145-7, 149, 159, 170, 178, 182-5, 197-8, 200-1, 207, 209, 213, 220, 222
matemática mística, 124, 185
Mauro, Fra, 64
Médici, 62, 103, 116, 170
meio-dia, 36, 43-4, 218
Melanchthon, Philip, 91
Menninger, Karl, 51, 53

mensuração, medida, 15, 18, 23-7, 29-31, 36, 42, 49, 57-8, 65, 72-8, 81, 86, 96, 99, 101, 105, 108, 111, 127, 130, 145-6, 173-4, 183-5, 188, 202, 212-4
mentalité, 12, 13, 18, 129, 131, 154, 211
Mercator, Gerard, 18, 218-220
Merton College, *ver* Oxford, Universidade de
metrologia, *ver* mensuração
Michelangelo, 168, 179, 221
moeda, 62, 75-9, 102, 118, 188, 190, 201-3, 221
moeda contábil, 77, 203
moinhos d'água, 60, 83
moinhos de vento, 60, 83
monasticismo, *ver* monges
monges, 83
Montaigne, Michel de, 92, 106, 205, 221
muçulmano, *ver* Islã
Mumford, Lewis, 17
música, 20, 22, 24, 131, 137-40, 143-7, 149-50, 152-3, 155-6, 173, 178, 182, 200, 209

Napier, John, 220
navegação, 100, 129-30, 213, 220
negociantes, *ver* burguesia
Nemorarius, Jordanus, 119
neoplatonismo, *ver* Platão
neumas, 141
Newton, Isaac, 97, 110, 120, 123, 125
Nicolau de Cusa, 42, 61, 91, 103-6, 122, 171, 173
nova (estrela), 108, 109
Nuñez, Pedro, 219

Occam, Guilherme de, 31, 61
óculos, 23, 84, 123, 193
Oresme, Nicole, 67, 73-5, 88-9, 102-3, 105-6, 111-2, 136, 142, 155, 170
organização de textos, 70-1
Ortelius, Abraham, 218
otomanos, 37, 213-4
ouro, 37, 48, 77-9, 200, 202, 204
Oxford, Universidade de, 26, 73, 135

Pacioli, Luca, 118, 136, 183, 197-207, 215
Palegrave, John, 113
Panofsky, Erwin, 186
pantometria, 17, 33, 212
papelarias [*stationeries*], 214-5
Papias, 123
Paris, 49, 87, 94, 112, 135, 144-7, 150, 154, 159
Paris, Universidade de, 66-9, 147, 155
Pascal, Blaise, 110, 120, 182
Páscoa, 41-2, 91, 93
Paulo de Middelburg, 92
pauta musical, 24, 53, 73, 141-2
Perotin, 144-5, 147, 150, 156
perspectiva, 129, 154, 159, 165-83, 186, 200, 209, 212, 215, 217-21
Peste Negra, 31, 58, 61, 170, 196
Petavius, Domenicus, 95
Petrarca, Francesco, 96-7, 102, 136, 155, 166
Piero della Francesca, 123, 171, 182-5, 197, 199-200
Piers, o Lavrador, 96
pintura, 24, 31, 76, 129, 154, 159-61, 165-8, 171, 173, 178-9, 181-5

Pitágoras, teorema de Pitágoras, escala pitagórica, 27, 146, 150, 125, 155, 200
Platão, platonismo, neoplatonismo, 25, 27-8, 40, 63, 71-2, 77, 103, 106, 122-3, 170, 183-4, 201
Pollaiuolo, Antonio, 178
Polo, Marco, 59, 79
Pontormo, Jacopo da, 169
população, 42, 58
portolano(i), 31, 99-101, 136, 168, 218, 220
Prester John, 46
Ptolomeu, 29-30, 40, 49, 63, 72, 74, 101-2, 104, 106-7, 171, 173, 175, 178, 218

quadrivium, 145-6, 200
quadros, *ver* pintura
quantificação, *ver* mensuração

Rabelais, François, 21, 83, 90
Rafael, 171, 178, 221
Ramelli, Agostino, 216
realidade, 33-5
Recorde, Robert, 111, 117-8
Reese, William L., 57
Regiomontanus, Johannes, 42, 91, 103, 105
Ricardo de Wallingford, 31, 88, 136
Robert de Chester, 63, 114
Robertus Anglicus, 84-6
Roman de Fauvel, 154
Romance da Rosa, O, 84, 164

Sacrobosco, Johannes de, 115
Saragoça, Tratado de, 108
Scaliger, Joseph Justus, 61, 92-6

Schöner, Johannes, 92
Schwartz, Matthäus, 191
666, *ver* Apocalipse de São João, Livro do
Shakespeare, William, 20, 23, 129, 161, 188
Siger de Brabante, 67, 147
sinais das operações matemáticas, 49, 72, 117-9
sistema de algarismos arábicos, *ver* algarismos indo-arábicos
sólidos platônicos, 124, 200, 213
Stevin, Simon, 118-9
Swineshead, Richard, 72-3
Sylvester II, *ver* Gerbert
Szamosi, Géza, 137

tábua de calcular, 50-3, 59, 113, 115-6, 142, 183, 190
Tallis, Thomas, 22
Tartaglia, Nicolau, 24, 201
tecnologia, 17, 20, 23, 29, 86-7, 89, 116-7, 127, 188, 197, 206, 220
Temperança, A, 18, 23, 29, 129, 131, 222
tempo, 31, 34-5, 37-45, 55, 73, 76-7, 81-97, 99, 101, 111-2, 137-8, 151-2, 155, 161, 163, 171, 181, 195
tempus, tempora, 78, 148
Teodorico de Freiberg, 74, 111
Terra (planeta), 45-7, 72
Thompson, William (Lord Kelvin), 209

Tomás de Aquino, Santo, 38, 54, 64, 67, 70-2, 75, 131, 144, 147, 164
Tordesilhas, Tratado de, 108
Tortelli, Giovanni, 81, 99
turcos, *ver* otomanos
Twain, Mark, 37

Uccello, Paolo, 178-9
universidades, 65-7
universo com a regularidade de um relógio, 88
Urbano II, 36
usura, 76, 78, 118, 192, 195, 203

vácuo, vazio, 45, 107-8, 115, 163,
Vasari, Giorgio, 179-81, 200
Veneza, 58, 77-8
Veneziano, Domenico, 183
Vesalius, Andreas, 216
Vieta, Francis, 120
violência, *ver* guerra
visualização, 129-36, 213-4
Voltaire, 92

Weber, Max, 137
White, Lynn, Jr., 64
Whitehead, Alfred North, 119
Wigner, Eugene P., 122
Wright, Edward, 220

Zaccaria, Benedetto, 59
zero, 51, 114-6, 147
Zerubavel, Eviatar, 90, 214
Zuckerkandl, Victor, 155

SOBRE O LIVRO

Coleção: UNESP/Cambridge
Formato: 14 x 21 cm
Mancha: 23 x 43 paicas
Tipologia: Schneidler 10/12
Papel: Offset 75g/m² (miolo)
Cartão Supremo 250 g/m² (capa)
1ª edição: 1999

EQUIPE DE REALIZAÇÃO

Produção Gráfica
Edson Francisco dos Santos (Assistente)

Edição de Texto
Fábio Gonçalves (Assistente Editorial)
Nelson Luís Barbosa (Preparação de Original)
Carlos Villarruel e
Armando Olivetti Ferreira (Revisão)

Editoração Eletrônica
Lourdes Guacira da Silva Simonelli (Supervisão)
Edmílson Gonçalves (Diagramação)